동남아시아 현대사와
세계열강의 자본주의 팽창

●

상권

「이 도서의 국립중앙도서관 출판시도서목록(CIP)은 e-CIP홈페이지(http://www.nl.go.kr/ecip)와 국가자료공동목록시스템 (http://www.nl.go.kr/kolisnet)에서 이용하실 수 있습니다.(CIP제어번호: CIP2011003766)」

동남아시아 현대사와 세계열강의 자본주의 팽창 ● 상권

초판 1쇄 인쇄 2011년 10월 13일 | **초판 1쇄 발행** 2011년 10월 17일
지은이 이마가와 에이치 | **옮긴이** 이홍배 | **펴낸이** 한혜경 | **펴낸곳** 도서출판 異彩(이채) | **주소** 135-100 서울특별시 강남구 청담동 68-19 리버뷰 오피스텔 1110호 | **출판등록** 1997년 5월 12일 제 16-1465호 | **전화** 02)511-1891, 512-1891 | **팩스** 02)511-1244 | **e-mail** yiche7@dreamwiz.com

新裝版 東南アジア現代史 / 今川瑛一

SHINSOUBAN DOUNAN AZIA GENDAISHI by IMAGAWA Eiichi

Copyright © 1999 by IMAGAWA Eiichi

Original Japanese edition published in Japan by AKISHOBO

Korean translation rights by YICHE PUBLISHING CO. , Korea
arranged with AKISHOBO, Japan
through BESTUN KOREA Agency
All rights reserved.

978-89-88621-89-9 04910
978-89-88621-90-5 04910(상권)

* 값은 뒤표지에 있으며, 잘못된 책은 바꿔 드립니다.

동남아시아 현대사와
세계열강의 자본주의 팽창

●

상권

이마가와 에이치(今川瑛一) 지음 / 이홍배 옮김

이채.

초판 머리말

『동남아시아 현대사와 세계열강의 자본주의 팽창』은 20세기 초 이후 현재에 이르기까지 동남아시아의 정치·경제 구조가 어떻게 형성되었으며, 이를 움직이는 기본적인 동인(動因)은 무엇인가를 사실에 근거하여 명확히 제시하고 있다.

물론 이 책에서 언급하고 있는 동남아시아 현대사의 여러 사실들은 어디까지나 기초적인 것이라고 할 수 있어, 동남아시아 정치·경제의 모든 측면을 모두 설명하고 있는 것은 아니다. 그럼에도 이 책은 20세기 동남아시아의 흐름을 가장 기본적인 사건을 중심으로 체계적으로 정리하고 있어, 동남아시아를 이해하기 위한 하나의 입문서로서의 역할을 수행한다고 할 수 있다.

동남아시아는 많은 국가가 존재하고 여러 민족이 살고 있으며, 또한 국제적으로 정치·경제적 이해관계가 복잡하게 얽혀 있는 지역이다. 이러한 의미에서 동남아시아는 다양성이 풍부한 세계라고 할 수 있다. 동남아시아에 대한 정의를 한마디로 표현할 수 없는 것도 바로 이 때문이다.

그러나 이 책은 동남아시아의 현대사를 국가별, 또는 사건별, 사안별로 기술하지 않고, 동남아시아 전체를 마치 하나의 국가로서 설정하고, 이를 구성하는 실제 국가들을 하나의 지방으로 간주하면서, 동남아시아 전 지역의 정치·경제의 움직임을 포괄적으로 서술하였다.

물론 이러한 서술방법이 각국별, 사안별 분석이 가지는 장점을 살리지 못한다는 아쉬움은 있을 수 있다. 그럼에도 불구하고 굳이 동남아시아 전체의 사적(史的) 분석방법을 채용한 것은 20세기의 국제 정치·경제에서 동남아시아 전체가 차지해 온 지위가 동남아시아 각국의 현대사를 긴밀하게 연결해 주는 요인이 되어, 각국이 가지는 특이성이 역사의 무대에서 그만큼 표출되지 않았다고 생각되기 때문이다. 물론 이러한 서술 형태는 지금까지 동남아시아 현대사에 요구되는 국가별, 사안별 분석이 상당히 축적되어 있었기에 가능했다.

한편 이 책은 상권과 하권으로 구성되어 있다. 상권에서 서술하고 있는 시기는 20세기 초부터 1950년경까지이다. 서구 열강의 식민지화와 일본 제국주의 침략으로 인해 끊임없이 혼란의 시기를 보내야 했던 역사적 현장을 상세하게 서술하고 있다. 물론 이러한 시기적 제한으로 인해 동남아시아의 과거와 현재를 모두 묘사할 수는 없었다. 그러나 20세기 들어 50년 동안의 동남아시아 현대사는 적어도 1950년 이후 1970년대 초에 이르는 동남아시아의 역사적 경험을 이해하는 데 큰 도움이 될 뿐만 아니라 상당히 중요한 부분을 차지한다.

또한 하권에서는 1950년부터 새로운 21세기를 시작하는 시점을 대상으로 서술하고 있다. 1950년 한국전쟁이 발발한 이후 1972년 2월 닉슨 미국 대통령의 중국 방문에 이르는 22년 동안은 이른바 '미·중 대결'의 시대였으며, 동시에 세계는 가장 긴박한 순간을 경험했던 '미·소 냉전' 시대를 겪어야 했다. 미·중 대결 구도와 미·소 냉전체제는 하권 본문에서 설명하는 바와 같이 한국전쟁과 베트남전쟁 등과 함께 이 시기의 동남아시아 정치·경제에 매우 큰 영향을 미쳤다. 따라서 미·중 대결과 미·소 냉전시대가 막을 내린 현시점에서 1950년대까지의 '미·중과 미·소 대립 구도가 동남아시아에 중대한 영향을 끼치지 않았던 시대'의 동남아시아를 알아두는 것은 앞으로 동남아시아의 향방을 예측하는 데 많은 도움이 될 것이다.

이 책을 집필하는 데 있어 필자는 일본 아시아경제연구소의 기무라 테

쓰사부로(木村哲三郎), 아사노 유키호(淺野幸穗), 마쓰오 히로시(松尾大), 노나카 코이치(野中耕一), 다케시타 히데구니(竹下秀邦), 기무라 미치오(木村陸男), 오무라 케이지(尾村敬二), 고토 겐이치(後藤乾一), 이노우에 교코(井上恭子) 등으로부터 받은 많은 조언과 협력에 깊은 감사를 표한다. 또한 태국의 렌 푸홍, 미얀마의 고(故) 코코레이 씨를 비롯하여 필자가 일본과 동남아시아 각지에서 알게 된 동남아시아의 많은 분들에 대해서도 그들의 적절한 조언에 감사를 드린다. 그렇지만 본문 내용의 결함에 대해서는 전적으로 필자에게 책임이 있음을 밝혀 둔다.

마지막으로 이 책의 출판에 즈음해서 아키쇼보(亞紀書房)의 나쓰메다 긴지(棗田金治) 사장을 비롯하여 편집부 분들에게 많은 신세를 졌다. 또한 도쿄대학교 농학부의 오카모토 마사미(岡本雅美), NHK 보도국의 가나자와 간타로(金澤寬太郎) 씨의 협력에 대해 심심한 감사의 뜻을 전하고 싶다.

1972년 2월

이마가와 에이치(今川瑛一)

저자 서문

『동남아시아 현대사와 세계열강의 패권주의』를 세상에 내놓은 지 벌써 40여 년이라는 세월이 흘러가고 있다. 1972년 출판 당시 세계는 미국의 베트남 개입 실패가 명백해지고 대국(大國) 미국의 권위가 실추되기 시작한 무렵이었다. 미국을 물리친 것은 베트남 민족주의자들이었다. 동남아시아의 일개 소국민에게서 어떻게 그런 힘이 나올 수 있었을까, 반문하지 않을 수 없다.

이 책은 동남아시아가 구미(歐美) 열강의 식민지가 되고, 게다가 일본 침략의 피해를 입으면서 끊임없이 독립을 쟁취하기 위해 싸워 온 역사를 1929년의 세계 대공황 전야부터 1950년까지를 중심으로 하여 묘사하고 있으며(상권), 이와 함께 신흥공업국으로서 세계 무대에서 중심축으로 성장하기 위한 끊임없는 전란(戰亂)과 투쟁, 그리고 이를 통한 정치·경제적 발전의 역사를 1950년 이후부터 새로운 세기를 맞이하는 2000년까지를 대상으로 서술하고 있다(하권). 왜냐하면 이들 각 민족이 겪은 시련과 고통의 궤적을 되짚어 봄으로써 베트남을 비롯한 동남아시아 여러 민족이 지니고 있는 힘의 원천을 이해할 수 있으리라 생각했기 때문이다.

또한 이 책은 동남아시아의 정치·경제적 역사를 국가별이 아닌, 시대별로 구분하여 각국에서 발생한 공통의 움직임을 사실에 입각하여 서술하고 있다. 이러한 분석방법은 국가별 역사만을 중요시하기 쉬운 동남아시아 현대사 연구에 새로운 관점을 도입할 수 있을 것이라고 판단했기 때문이다.

그러나 이 책이 출판되고부터 현재에 이르기까지 40여 년간 세계는 너무나 많은 변화를 보였다. 베트남전쟁의 숨은 주역이었던 소련은 붕괴되었고, 미국에 승리한 베트남 사회주의자들을 위시한 아시아 사회주의 국가들은, 경제 발전을 위해 더 이상 자본주의의 성장 패턴을 회피할 수 없는 상황에 이르렀다.

그렇지만 40여 년의 세월 동안 미국의 위상은 약화되고 있는 반면, 아시아의 개발도상국은 ASEAN(동남아시아국가연합) 등의 협력체계를 구축하면서 빠른 속도로 경제성장을 이룩하고 있다. 과거 1차 생산물에 의존하는 수출구조를 보였던 빈곤한 아시아의 이미지는 더 이상 찾아보기 어려울 정도로 동남아시아는 급속히 변모하고 있다. 현재 동남아시아 경제는 공업화에 힘입어 어느덧 첨단기술력이 수반된 공산품 수출국으로 자리매김한 상태이다. 물론 치열한 공업제품 수출 경쟁에서 뒤처지는 국가들은 경기 침체에 직면하는 등 여전히 고난의 세월을 보내고 있다.

이와 같은 동남아시아 경제의 성공 요인을 역사적 관점에서 보면, 1930년대 세계 대공황의 폭풍 속에서 과감하게 전개한 각국의 경제개혁에서 찾아볼 수 있다. 물론 이 책은 각국의 경제개혁 실체를 상세하게 설명하고 있다.

그렇기에 이 책은 현 세계 정세에서 동남아시아 각국의 정치적 열정과 경제적 성공의 원천을 파악하는 데 많은 도움을 줄 것으로 기대하며, 향후 동남아시아의 정치·경제적 향방을 전망하는 데 있어서도 공헌하는 바가 클 것으로 확신한다.

이 책을 통해 보다 많은 독자들이 동남아시아에 대한 이해와 관심을 높일 수 있게 되기를 마음속 깊이 희망한다.

2009년 1월

이마가와 에이치(今川瑛一)

목 차

제 1 장

●

세계 대공황과 동남아시아 경제

1 동남아시아 현대사와 1929년의 세계 대공황

동남아시아의 대지는 풍요롭다. 강렬한 햇빛 아래 자연은 녹색으로 뒤덮여 있고, 광물과 농산물도 풍부하다. 그러나 동남아시아는 이러한 풍요로움으로 인해 서구 열강의 쟁탈 대상이 되어 대부분의 영토를 식민지로 빼앗겼으며, 결국 동남아시아인들의 생활은 풍요로움을 잃게 되었다.

열강에 희생당해 온 동남아시아의 정치, 경제, 사회의 근본 구조는 제2차 세계대전 이후 잇따라 독립국으로 다시 탄생했음에도 불구하고 거의 바뀌지 않았다. 그 때문에 지금도 동남아시아 국가들의 생활은 풍족하지 못하다. 물론 동남아시아 대부분의 국가들은 이와 같은 선진국 경제체제 하에서의 생활을 바라지 않았고 선진국 경제체제를 지탱하는 정치구조 역시 달가워하지 않았다. 그들은 식민지 체제하에서도 투쟁을 해 왔으며, 또한 현재도 계속 저항하고 있다.

동남아시아 현대사는 극적인 파란의 연속이었다. 구미 열강에 의한 동남아시아 식민지 지배와 반복되는 현지 민족들의 저항, 그리고 제2차 세계대전에 의한 일본의 지배, 전후 동남아시아 민족들의 독립과 이로 야기된 미·소, 미·중의 대립, 베트남전쟁으로 대표되는 동남아시아 정치의 격렬한 투쟁 등 동남아시아는 20세기의 세계 정치와 그 동란의 역사에 있어서 중요한 무대가 되었다.

그러나 동남아시아의 동란의 역사를 자세히 살펴보면 거기에는 하나의 기본적인 흐름이 있다는 것을 알 수 있다. 그것은 세계 선진 자본주의 국가에 봉사하기 위하여 만들어진 동남아시아 경제를, 동남아시아인들은 자신들을 위한 경제체제로 변화시키기 위해 선진 열강과 격렬한 투쟁을 전개했다는 것이다. 이것이 동남아시아 현대사를 이해하는 데 있어 가장 기본적인 흐름이다. 더욱이 이와 같은 기본적 흐름에 더하여 또 하나의 중요한 흐름은 무엇보다도 동남아시아의 풍요로움을 둘러싸고 자기들의 몫을 차지하기 위해 싸우는 세계열강들의 다툼이었다. 이 흐름 또한 동남아시아의 현대사를 이해하는 데 중요하다.

이와 같은 흐름과 투쟁의 연속은 동남아시아 현대사의 핵심을 이루고 있으며, 이 기본적 흐름에 동남아시아 각국의 독자적인 정치, 경제, 사회적 요소가 시기에 따라 차례로 나타나면서 현대사 전체를 구성하고 있다. 그리고 선진국 열강의 갈등과 선진국에 대한 동남아시아의 저항이라는 두 가지 요인에 초점을 두고 격동의 동남아시아 역사를 검토해 보면, 체계적으로 동남아시아 현대사의 전체상이 그려진다. 물론 동남아시아 현대사의 모든 움직임을 이러한 관점에서 정리해 가는 것은 매우 어려운 일이다. 그러나 동남아시아 현대사, 특히 20세기 초 이후의 동남아시아 역사를 이러한 관점에서 검토하는 것은 충분히 가능하다고 생각된다.

이 책은 20세기 초 이후 전개된 동남아시아의 정치, 경제에 대한 움직임을 사실적으로 서술하고 있다. 20세기 동남아시아 현대사의 출발점은 1929년 말 미국에서 발발하여 순식간에 1930년대 전반 전 세계의 자본주의 국가로 파급된 '세계 대공황'이 일어난 시점부터이다. 세계 대공황은 선진 자본주의 국가에 종속되어 어쩔 수 없이 변화하는 동남아시아 경제의 기본적 성격과 모순, '위험성'을 동남아시아인들이 뼈저리게 경험하게 된 사상 최대의 사건이었기 때문이다. 선진 자본주의 경제의 붕괴는 이에 종속되어 있던 동남아시아를 포함한 식민지 경제체제에 심각한 경제위기를 가져왔다. 이 위기는 곧바로 정치적 격동으로 이어졌고, 그때까지 산발적으로 전개되어 왔던 동남아시아인의 저항에 불을 붙였다.

그러나 세계 대공황은 선진국에도 중대한 정치적 위기를 가져왔으며, 이러한 위기 가운데 독일군과 일본군이 등장하면서 제2차 세계대전이 일어났다. 그리고 그 즈음에 전개된 세계열강의 군사 확대 경쟁은 세계경제를 공황의 늪에서 벗어나게 함에 따라 동남아시아 경제에도 호황을 가져왔다. 이로 인해 동남아시아의 정치적 위기는 완화되었으나, 동남아시아의 경기 호황은 동남아시아 경제가 다시 세계열강의 경제체제에 종속되었음을 의미하고 있어 자립적인 경제로의 변화를 불가능하게 했다. 제2차 세계대전 시기, 일본군의 점령은 이러한 동남아시아 경제구조에 치명적인 위험을 초래했지만, 결국 이 경제구조는 세계대전 이후 다시 소생하게 된다. 그러나 대공황 이후에도 동남아시아 민중은 정치적으로 후퇴하지 않았으며, 경제·정치 변혁을 위한 투쟁은 일본군 점령기와 그 후에도 계속 전개되었다.

이러한 점을 고려해 볼 때, 1929년에 시작된 세계 대공황과 그것이 동남아시아 경제에 미친 영향의 관점에서 20세기 동남아시아 현대사를 서술하는 것은 매우 중요하다. 이를 통해 과거부터 현재에 이르기까지의 동남아시아 경제의 구조적 특징을 명확하게 파악할 수 있으며, 나아가 세계 대공황의 여파로 야기된 정치적 위기의 실상과 이러한 정치 상황이 다소 차이는 있더라도 현재에도 계속 반복되면서 일정한 흐름을 이루고 있음을 알 수 있을 것이다.

2 대공황 당시의 동남아시아 경제구조

세계 대공황은 1929년 10월 24일 뉴욕 월스트리트에서 주가가 폭락하면서 시작되었다. 주가 폭락은 곧바로 미국 금융업계를 공황으로 몰고 가고 순식간에 제조업계로 확산되었다. 또한 이러한 미국 경제의 공황은 유럽으로 파급되면서 전 세계로 확대되었다. 물론 동남아시아도 공황의 여파로 큰 피해를 입었다. 여기에서는 세계 대공황의 전개와 동남아시아에 미친 영향을 구체적으로 서술하고자 한다. 우선 당시 동남아시아 경제의 전체 구조에 대해 간략하게 설명하는 것이 좋을 듯하다. 세계 대공황이 동남아시아 경제에 직접적인 영향을 미칠 수밖에 없었던 요인을 살펴보자.

동남아시아 경제의 두 가지 구성요소

동남아시아 경제는 크게 두 가지 요소로 구성되어 있으며, 이들은 각각의 특징을 보이면서 서로 밀접한 관계를 가지고 있다.

첫 번째 구성요소인 동남아시아는 선진 자본주의 국가들이 직접적으로 필요로 하는 상품을 생산하고 있는 지역으로, 주석·석유·구리·철광석·니켈 등의 광산물과 고무·팜유·설탕·차 등의 농산물이 생산된다. 지역별로 보면 필리핀군도(群島), 인도네시아 제도, 말레이반도가 이에 해당되며, 대공황 발발 당시에는 필리핀은 미국령, 인도네시아 제도의 대부분은 네덜란드령, 말레이반도와 인도네시아 제도의 일부분인 보르네오(Borneo)섬 북쪽 해안은 영국령으로 되어 있었다.

두 번째 구성요소는 첫 번째 구성요소 이외의 부분인 식량, 특히 주식인 쌀을 제공하는 역할을 담당하는 지역이다. 인도차이나반도의 메콩삼각주 지구, 태국의 차오프라야 삼각주, 미얀마의 이라와디 삼각주 등 3대 삼각주 지대가 여기에 해당한다. 대공황 당시에는 인도차이나가 프랑스령, 미얀마가 영국령이었고, 태국만이 동남아시아 유일의 독립국이었다.

동남아시아 상품의 수출

한편 필리핀, 인도네시아, 말레이시아에서 생산되는 광물과 농산물은 대부분 서구 열강과 미국, 일본 등으로 수출되었으며, 인도차이나와 태국·미얀마의 쌀은 필리핀, 인도네시아, 말레이시아 및 인도 등 주식이 부족한 구미 식민지 국가로 수출되고 있었다(〈표 1〉 참고). 또한 제1차 세계대전 이후의 특징으로 나타난 서구 여러 나라의 경제력 약화를 반영하여, 동남아시아의 미국과 일본에 대한 상품 수출은 급격히 증가하고 있었다(〈표 2〉 참고).

그러나 동남아시아 경제는 누가 보더라도 구미 및 일본의 공업과 그 사회가 필요로 하는 물자를 공급함으로써 성립되는 구조였다. 그렇기에 구미 경제가 불황에 빠지면 동남아시아의 수출은 감소하였고, 연달아 인도네시아와 필리핀, 말레이시아의 경제를 곤경에 빠트리는 결과를 가져왔다. 이들 지역은 물론 비슷한 처지에 있는 인도의 구매력도 낮아져 미얀마와 태국, 인도차이나의 쌀 수출이 감소함에 따라, 결국 이들 모든 지역에 불황을 초래했다. 결국 대공황이라는 미증유의 구미 경제 불황에 동남아시아 경제가 심각한 타격을 받은 데는 이와 같은 동남아시아의 단순한 경제구조가 가장 큰 요인이었음을 말해 주고 있다.

〈표 1〉 인도네시아, 필리핀, 말레이시아의 총수출액 중 유럽·미국의 비율

(단위: %)

국가	1913년	1927년	1928년
네덜란드령 인도네시아	41.8	49.4	49.4
필리핀	83.3	90.0	90.0
영국령 말레이시아	54.4	71.2	66.0

자료: 日本三菱經濟硏究所(1933), 『東洋及び南洋諸國の國際貿易と日本の地位』참고.

〈표 2〉 주요 국가의 대동남아시아 수입 추이

국가	1913년	1928년	1929년
일 본	100	198	185
미 국	100	424	455
영 국	100	128	138
프랑스	100	173	177
독 일	100	137	125

주: 1) 1913년=100으로 한 지수.
　　2) 동남아시아는 영국령 인도, 네덜란드령 인도네시아, 영국령 말레이시아, 실론(현 스리랑카), 필리핀, 태국, 프랑스령 인도차이나, 영국령 보르네오의 합계.
자료: 〈표 1〉과 동일.

1920년대의 호황과 동남아시아형(型) 경제구조 정착

더욱이 동남아시아의 불행은 그 경제구조의 '단순성'으로부터 기인한다. 다시 말하면 구미 경제에 대한 과도한 의존체제가 이미 대공황 발발에 앞

서 10년 동안 현저하게 진전되고 있었다는 점을 들 수 있다.

제1차 세계대전 이후 전개된 유럽 경제의 부흥, 미국의 번영, 일본의 경제 발전 등으로 대표되는 1920년대에는 자본주의의 상대적 안정기로 부를 정도로 자본주의 경제가 호황 국면을 누렸다. 이로 인해 동남아시아의 광물과 농산물에 대한 수요가 빠른 속도로 증가하면서, 이들 각국의 수출은 제1차 세계대전 이후부터 1920년대에 걸쳐 급격히 확대되었다(〈표 3〉 참고).

그 결과 필리핀과 인도네시아, 말레이시아는 고무·주석·설탕 등 광물과 농산물 생산이 급증한 반면, 쌀과 같은 내수용 상품이 제한되면서 지역 경제는 구미 및 일본에 대한 수출품 위주의 생산으로 편중되었다. 그러나 이와는 반대로 미얀마, 태국, 인도차이나에서는 쌀 수출이 호전되어 경제생활에서 쌀이 차지하는 비중이 급격히 높아졌다. 이러한 흐름은 〈표 4〉에서도 잘 나타나고 있다. 즉 1920년대 구미 경제의 호황은 동남아시아 경제의 대(對)구미 의존도를 급격히 심화시킴과 동시에, 특정 품목에 대해 과도하게 의존하게 하는 경제구조로 변형시켰다. 따라서 동남아시아 경제는 1929년 당시 구미 경제의 불황에 직접적인 영향을 받는 구조적 문제점을 안고 있었다고 할 수 있다.

<표 3> 동남아시아 국가의 수출 추이

(단위: 백만 달러)

국가	1913년	1928년	1929년
영국령 인도(미얀마 포함)	786	1,207	1,168
네덜란드령 인도네시아	270	635	581
영국령 말레이시아	193	479	521
필리핀	48	154	163
태국	43	109	94
프랑스령 인도차이나	59	115	102

주: 제1차 세계대전 전과 1920년대 말 비교.
자료: 〈표 1〉과 동일.

<표 4> 동남아시아 각국의 주요 수출품 생산규모의 증가 추이(1909~1927년)

국가	품목(단위)	1909~1913 평균	1920~1924 평균	1925년	1926년	1927년
필리핀	설탕(천 퀸틀)	3,704	4,881	5,590	6,967	–
	담배(천 퀸틀)	295	448	419	454	502
	코프라(천 퀸틀)	1,270	3,286	3,120	3,602	4,310
네덜란드령 인도네시아	설탕(천 퀸틀)①	13,474	17,743	22,999	19,893	20,077
	차(천 퀸틀)②	300	470	527	629	667
	코프라(천 퀸틀)	2,330	3,389	3,675	4,041	4,160
	고무(천 톤)	5③	100	188	208	237
	주석(천 톤)	21	24	33	33	36
영국령 말레이시아	고무(천 톤)	33③	175	201	299	246
	주석(천 톤)	51	38	47	47	53
프랑스령 인도차이나	쌀(천 퀸틀)	53,880④	56,446⑤	57,620	60,812	–
태국	쌀(천 퀸틀)	28,499	44,800	42,266	52,678	–
미얀마	쌀(천 톤)⑥	2,588	2,416	3,406	2,898	3,216

주: ① 자바에 한함. ② 자바와 수마트라의 플랜테이션(대규모 재배) 생산에 한함. ③ 1913년. ④ 1912~1913년 평균. ⑤ 1921~1925년 평균. ⑥ 수출량에 한함.
자료: 미얀마에 대해서는 『국제연맹통계연감』, 1926, 1927, 1928년판. J. S. Furivall, 『An Introduction to the Political Economy of Burma』 참고.

3 세계 대공황의 영향과 동남아시아 경제의 파탄

세계 대공황은 1930년대에 들어서면서 미국은 물론 영국, 프랑스, 독일 등 주요 구미 국가의 공업에 막대한 타격을 주었으며 그 여파가 일본에까지 미쳤다. 1929년을 100으로 하여 주요 공업국의 공업생산지수를 보면, 공황이 맹위를 떨친 1932년 미국은 54 , 영국 84, 독일 53, 프랑스 72 등으로 크게 낮아졌으며, 특히 미국과 독일의 불황이 심각했다. 일본은 92로 상대적으로 지수가 높았지만, 이것은 후술하는 바와 같이 1931년 만주사변에 의한 군수(軍需)경기 호황이 공황의 영향을 완화시켰기 때문이다.

그러나 과거 유례가 없었던 세계 경기의 후퇴 국면은 선진국 공업에 크게 의존하는 동남아시아 경제에 곧바로 파급되었다. 동남아시아는 물론 동일한 처지였던 중국, 인도 등은 수출이 큰 폭으로 하락했으며, 고무와 주석 등 공업용 원료는 물론 설탕, 차 등 선진국용 식료품과 인도차이나 반도의 쌀 등 아시아의 주요 수출상품은 모두 수출 규모와 가격이 하락하는 타격을 입었다.

〈그림 1〉세계 대공황기 아시아 국가들의 수출무역 감소 추이

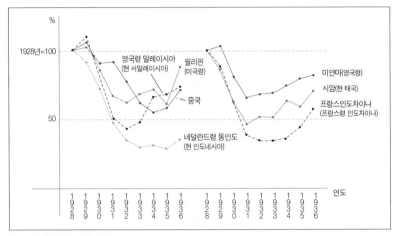

주: 1928년을 100으로 한 지수.
자료: 각국의 무역통계를 토대로 작성.

동남아시아 국가의 수출 감소와 경제위기

1930년대 전반 동남아시아 국가들의 수출 추이를 살펴보면, 1932~1933년경에는 인도네시아를 비롯한 대부분의 수출국들이 1928년 당시의 50% 전후 수준까지 떨어졌다. 이는 제1차 세계대전 이후 급격히 증가한 동남아시아 국가의 수출품 대부분이 빠른 속도로 경기 후퇴의 영향을 받고 있음을 의미하며, 동시에 수출품 생산을 중심으로 구성되어 있는 동남아시아 국가들이 한결같이 경제 불황에 직면했음을 보여 주고 있다.

수출용 농산물과 광산물의 생산, 가공에 종사하는 대부분의 사람들은 도산과 실업, 생활고에 시달렸다. 무역업자와 농산물 가공업자, 광산경영주 역시 대부분 도산하거나 경영난에 빠지면서 노동자의 실업도 크게 증가했다. 또한 농촌에서는 수출용 설탕과 쌀 등 농산물 생산에 종사하는 대농장 및 소농민(小農民)들의 경영이 모두 어려움에 봉착했다. 이에 따라 대부분의 소농은 대지주나 고리대금업자에 의존할 수밖에 없었으며,

결국 이들은 부채를 감당하지 못해 토지를 버리고 소작인이나 농업노동자로 전락했다. 소작인이나 농업노동자로 전락한 농민들은 자기 집도 없이 농기구와 생필품을 지주와 고리대금업자에게 빌려서 농작하였으며, 대부분의 수확물도 지주에게 빼앗겼다. 이러한 과정을 거치면서 결국은 부채가 부채를 낳는 악순환을 반복하여 악덕 고리대금업자의 노예가 되는 경우가 많았다.

1920년대 세계경제의 호황에 힘입어 성장을 거듭해 온 소농 경영의 붕괴가 대공황을 거치면서 각 지역으로 급속히 확산되었다. 농촌에서 먹고 살 길이 막막해지자 농촌을 버리고 일을 찾아 떠나는 사람들이 속출했다. 도시 또한 대공황으로 이미 실업자가 넘쳐났기에 농촌의 이러한 상황은 실업 문제를 더욱 악화시켰다.

대공황은 동남아시아 국가들의 수출을 급격히 감소시킴으로써 각국의 외화 부족난을 가져왔고, 이는 다시 각국의 수입을 감소시켰다. 이러한 악순환은 제조 및 생산 거점을 확보하지 못한 상태에서 공산품의 대부분을 수입에 의존했던 동남아시아 경제에 심각한 충격을 주었다. 공산품 가격의 상승과 이에 따른 물가 상승 압력은 수출산업 붕괴로 어려움을 겪고 있던 동남아시아 사람들에게는 혹독한 시련을 안겨주었다. 이와 같이 대공황은 선진국 경제에 의존하는 동남아시아의 경제와 사회 전반에 미증유의 위기를 초래했다. 이러한 상황을 각 지역별로 살펴보면 다음과 같다.

인도네시아에 미친 영향

우선 인도네시아의 석유 수출에 미친 영향을 1929년과 1935년 시점에서 비교해 보면 약 1억 7,900만 길더(guilder, 네덜란드 화폐 단위)에서 8,650만 길더로 감소했으며, 고무는 같은 기간 2억 3,730만 길더에서 7,000만 길더로, 차는 8,600만 길더에서 3,670만 길더로, 주석은 7,930만 길더에서 3,610만 길더로, 코프라(코코스야자의 딱딱한 배젖) 역시 9,760만 길더에서 2,600만 길더로 모든 수출액이 큰 폭으로 감소하였고, 설탕은 3억 700만 길더에서 3,515만 길더로 급감했다.[1]

이러한 수출액 감소는 같은 상품을 생산하는 네덜란드 중심의 구미계(歐美系) 대규모 농장과 석유기업, 주식회사에도 큰 타격을 주었으며, 고무와 설탕, 기타 농산물을 생산하고 있던 많은 영세농에도 심각한 피해를 입혔다. 결국 수출량과 수출가격의 급락은 수출산업 전체를 파산으로 몰고 감으로써, 대규모 농장의 도산과 실업자 양산이라는 초유의 사태를 가져왔다. 그나마 정부의 강력한 대기업 보호정책으로 몇몇 산업은 간신히 파국을 면했다. 수마트라섬과 서부 자바를 중심으로 하는 대규모 고무농장과 차, 커피 등의 대농장은 겨우 살아남을 수 있었다. 또한 로열더치(Royal Dutch), 스탠더드오일(Standard Oil)을 중심으로 하는 국제 석유자본이 경영하는 수마트라섬, 보르네오섬의 석유산업, 네덜란드 식민지 정부가 경영하는 주석 광업도 공황에 따른 영향을 적게 받았다.

그러나 여기서 주목해야 할 것은 정부의 보호 정책에도 불구하고, 대공황으로 인해 세계 최대를 자랑했던 자바섬, 마두라섬의 설탕 생산이 회생 불가능할 정도로 타격을 받았다는 사실이다. 네덜란드 식민지의 가장 중요한 수출품의 하나인 설탕은 공황의 여파로 수출이 급격히 감소한데다가, 각국의 설탕 자급 움직임까지 확산되면서 심한 타격을 받아, 생산 규모는 1930년 291만 톤에서 1935년 51만 톤으로 급격히 줄었다. 그리고 자바섬의 주요 구미계 대규모 설탕농장 수는 1930년 179개에서 1935년 43개로 감소, 대부분이 도산하는 사태가 발생했다.[2] 특히 자바섬 동부와 중부, 마두라섬에 집중해 있던 설탕농장의 파산은 이 지역 농민 전체에 막대한 손해를 입혔다.

이러한 상황은 영세한 설탕 생산 농민의 경영 악화와 이에 따른 실업자 증가를 초래했다. 그전까지만 해도 이 지역의 대규모 설탕농장은 모두 이 지방의 농민들로부터 토지를 임대받아 경영되었기에, 큰 액수의 지대(地代)가 이 지방으로 환원되어 생활을 안정시켰다. 그러나 대공황의 영향으로 설탕 경영이 붕괴되면서 지대 수입은 크게 축소되어 생활고가 심각해졌다. 자바섬에서 1931년부터 1935년까지 지불된 지대는 2,500만 길더에서 380만 길더로 크게 감소했으며, 같은 기간에 설탕농장이 지불해야 할 임금도 8,397만 길더에서 727만 길더로 줄었다.[3]

이와 같이 대공황은 여러 형태로 인도네시아 경제를 위협했고 주민은 큰 피해를 입어 실업과 수입 감소에 고통을 겪었다. 1926년에서 1932년 사이 인도네시아 주민 1인당 소득은 자바와 마두라에서 47.6길더에서 20.3길더로, 그 외 지역에서는 52.5길더에서 18.8길더로 큰 폭으로 하락했다.[4] 또한 실업자에 대해 살펴보면, 1929년부터 5년 사이에 고무농장과 설탕농장에서 일하는 근로자 수는 52만 1,381명에서 23만 1,763명으로 절반이나 감소했으며, 자바 설탕공장에서 일하는 근로자 수는 1927년 약 13만 명에서 1934년은 2만 5,000명으로 크게 줄었다.[5] 1930년의 국세조사에 의하면 인도네시아의 총인구 약 6천만 명 중에서 대농장 근로자 총수는 약 2백만 명이었는데, 대공황은 이들의 일자리를 빼앗고 고향을 버리게 했다.

필리핀에 미친 영향

필리핀은 미국 식민지로서 미국과 서로 관세를 부과하지 않는 자유무역을 행하고 있어, 설탕 등 주요 수출품은 무관세로 미국 시장에 대량으로 수출되고 있었다.

그러나 대공황은 이러한 필리핀의 수출구조에 큰 시련을 안겨 주었다. 핵심 수출품목이었던 설탕은 1934년까지는 미국의 보호 아래 순조롭게 증가했으나, 미국의 또 다른 설탕 수입국인 쿠바와 이해관계가 얽혀 필리핀 설탕의 무제한적인 미국 수입에 제동이 걸렸고 따라서 1935년 이후 필리핀의 대미 수출은 할당제로 바뀌었다. 그 결과 1935년 필리핀의 설탕 수출은 전년대비 1억 3,100만 페소에서 6,600만 페소로 크게 감소했다. 1936년 이후 할당액이 늘면서 수출은 다시 1억 페소를 상회했지만, 이 할당제의 충격으로 필리핀 설탕 생산은 1934년 148만 7,000천 톤에서 1935년 87만 7,000천 톤으로, 1936년에는 100만 톤 남짓까지 크게 축소되었다.[6]

이뿐만 아니라 필리핀은 대공황으로 다른 주요 수출품까지 큰 타격을 입었다. 예를 들면 야자유의 수출은 1929년 5,840만 페소에서 1934년 1,360만 페소를 기록, 급격히 감소했으며, 마닐라마(麻)는 5,680만 페소에서 1,730만 페소로, 코프라는 3,110만에서 1,720만 페소, 담배는 1,760만에서 1,040만 페소로 각각 하락했다.[7]

이러한 수출 감소는 수출산업에 종사하는 필리핀 농민과 근로자의 생활을 압박했다. 필리핀의 농산물 관련 수출산업은 인도네시아에 비해 그렇게 큰 규모는 아니었으나, 주요 부분은 대농장과 대지주 경영으로 운영되었기 때문에 대농장에 고용된 근로자, 또는 대농장·대지주와 계약된 소작인에 의해 생산이 이루어지고 있었다. 이러한 방식은 루손(Luzon)섬(필리핀의 북부, 필리핀 제도 중 최대의 섬) 중부 지방, 네그로스(Negros)섬(필리핀 비사얀제도 서부에 있는 섬)의 설탕 생산에서 찾아볼 수 있다. 담배 역시 위에 설명한 방식으로 농장이 경영되었다. 마닐라마의 원료인 아바카(마닐라삼) 생산, 코프라의 원료인 코코넛 생산은 대부분 자작농으로 이루어졌다. 그러나 어떤 분야에서도 1920년대 이후에는 미국 자본과 과거 필리핀을 지배했던 에스파냐 자본, 그리고 그 혼혈 자손을 중심으로 구성된 필리핀 자본에 의해 경영되는 대농장, 대지주제가 확대되었다. 이러한 경향은 비수출품인 쌀에 대해서도 동일했다. 특히 설탕과 함께 벼농사의 중심인 루손섬 중부에서는 대부분 대지주가 다수의 소작인을 고용하는 형태로 벼농사가 이루어졌다. 그리고 1930년대 전반 대공황으로 필리핀 농민생활이 궁핍해짐에 따라 대농원, 대지주에 의한 지배체제는 더욱 확대되었다.

대지주와 대농원은 생활고에 허덕이는 가난한 농민들에게 빌려준 생활자금에 높은 이자를 부과하는 방법으로 채무상환이 불가능해진 농민들의 토지를 빼앗고 그들을 소작인으로 전락시킴에 따라, 대공황에 의한 농업 불황은 소작인을 양산하는 결과를 가져왔다. 1918년과 1938년을 비교해 보면, 자작농장 수는 필리핀 전체에서 152만 개에서 80만 5,000개로 감소했으며, 반면 소작농장 수는 같은 기간에 43만 5,000개에서 57만 5,000개로 증가했다.[8] 이 숫자는 어디까지나 일반적인 소작인이 늘어난 상황을 보여주는 것으로, 소작제도가 정착되어 있던 중부 루손 지방에서의 소작인 증가 비율은 더욱 높았다. 일례로 설탕 생산으로 유명한 팜팡가주(Pampanga)에서는 농지의 90%가 실질적으로 경작하는 농민이 아닌 지주들이 소유하고 있었다.[9]

중부 루손 지방의 지주는 소작인에게 토지, 물소, 종자, 그리고 생활에 필요한 쌀과 자금을 미리 제공하고, 연이율 150~200%의 이자를 붙여 수확물 또는 현물로 갚도록 했다. 이뿐만 아니라 소작인이 거둔 수확물의 50%도 이미 지주의 몫으로 정해져 있었다. 소작농들은 수확해도 자신의 몫은 배당되지 않았기에 어쩔 수 없이 그다음 해에도 지주에게 토지와 자금, 농기구들을 빌려 경작할 수밖에 없었다. 결국 이러한 지주와 소작인의 관계는 지주가 소작인의 경작 방법, 작물 종류, 가축 사용은 물론 결혼

을 포함하는 가정생활까지 모든 것을 지배하게 했다.[10] 이와 같은 지주와
소작인 관계는 필리핀뿐만 아니라 동남아시아 각지에서 볼 수 있지만, 특
히 대공황에 따른 소작인의 급증은 필리핀에서 두드러졌다.

영국령 말레이시아

인도네시아, 필리핀과 함께 광물과 농산물 수출국인 영국령 말레이(현재
의 말레이시아)의 경우에도 주요 수출품목인 고무와 주석 산업이 큰 타격
을 입었다.

고무 수출은 1929년 4억 3,264만 달러(해협달러로도 사용)에서 1935년
2억 5,910만 달러로, 주석의 경우는 1929년 1억 8,213만 달러에서 1932년
5,569만 달러로 크게 감소했다. 고무 생산은 거의 보합세를 유지하고 있
었지만, 주석은 1929년 10만 톤 수준에서 1932년 4만 8,000톤으로 절반이
나 축소되었다.[11] 그리고 이러한 고무, 주석 산업의 불황은 말할 것도 없
이 이 분야 종사자들에게 심각한 위기의식을 안겨 주었다.

그러나 주의해야 할 사항은 말레이반도에서 생산되는 고무와 주석의
대부분은 다른 지역과 달리 특이한 형태를 취하고 있었다는 점이다. 즉
영국을 중심으로 일부 화교가 참여한 자본이 대부분의 고무와 주석 산업
을 차지하고 있었으며, 이 외에는 소수의 영세한 중국인 또는 말레이시아
인에 의해 고무 재배가 이루어지고 있었다. 그리고 고무와 주석은 지역적
으로 말레이반도의 서해 연안, 즉 말라카(Malacca)해협을 따라 분포해 있
어서, 말라카해협 남쪽 섬과 그 반대편 강가의 수마트라섬에 있는 네덜란
드령의 고무, 주석 생산을 통합함으로써, 말라카해협 양안(兩岸)에 세계
최대의 고무와 주석의 산업권이 형성되어 있었다.

한편 말레이반도 반대쪽, 동해 연안은 쌀농사가 중심을 이루었고 현지

주민인 말레이시아인이 살고 있었다. 이들은 전통사회를 고수하는 경향이 강했기에, 서해안의 대규모 수출산업 사회에 쉽게 융화되지 않았다. 이에 따라 서해안에서 급속히 발전한 고무, 주석 산업의 노동력은 당연히 비(非)말레이시아인으로 충당되었다.

물론 고무, 주석 생산에는 중국과 인도로부터 이주해 온 노동자가 대량 투입되었다. 1931년 국세조사에 의하면 중국인은 171만 명, 인도인은 61만 명이었다. 그리고 말레이시아의 고무, 주석 산업을 엄습한 대공황의 피해를 입은 것은 주로 중국인, 인도인 노동자들이었다. 대공황으로 야기된 고무, 주석 산업의 대불황은 곧바로 이 분야의 실업자 증가와 임금 인하로 이어졌으며, 동시에 말레이시아로 이주하는 이민 노동자의 수를 급격히 감소시켰다.

1929년 말레이시아에 들어온 이주자는 중국인 39만 5,000명, 인도인 약 9만 명 정도였지만, 1932년에는 중국인 약 14만 명, 인도인 약 4만 5,000명으로 격감했다. 한편 말레이시아를 떠난 인구는 1929년 중국인 28만 5,000명, 인도인 7만 8,000명에서 1931년 중국인 약 30만 5,000명, 인도인 12만 명으로 증가했다. 1931년부터 1933년 동안 중국인과 인도인을 합한 총유입인구(누계 기준)는 40만 명 수준이었다.[12] 이는 곧 같은 기간 동안 얼마나 많은 사람들이 일자리를 잃었는지를 명백하게 보여 주고 있다.

그러나 고무, 주석 산업에서 일자리를 잃고 귀국조차 하지 못했던 노동자들 중에는 먹을 것을 찾아 정글로 들어가 작은 공터에서 벼농사를 짓고 새로운 소농이 되는 사람들도 있었다. 이에 따라 정글 곳곳에는 중국인과 인도인의 소집단이 새롭게 형성되었다. 그리고 말레이시아의 불황은 고무 산업에서는 인도네시아와 마찬가지로 많은 영세 경영자의 파산을 가져왔고 이들은 대부분 벼농사 등 다른 품종으로 전환하였다.

이상과 같은 대공황으로 인해 광물과 농산물의 대(對)구미 수출에 의존하는 인도네시아, 필리핀, 말레이시아는 큰 타격을 받았지만, 이것은 이 지역으로의 쌀 수출에 의존하는 프랑스령 인도차이나, 태국, 미얀마의 경제에도 지대한 영향을 미쳤다.

프랑스령 인도차이나

프랑스령 인도차이나의 쌀 수출은 1929년에 19억 5,100만 프랑이었으나, 1934년에는 4억 5,110프랑으로 크게 감소했다. 그리고 수출의 대부분을 쌀 수출에 의존하는 태국도 1297년 약 2억 바트에서 1931년에는 7,750만 바트로 급격히 감소했다. 미얀마의 쌀 수출 역시 1928년 3억 7,930만 루피에서 1933년 1억 9,490만 루피 규모로 줄어들었다.[13]

이러한 쌀 수출의 급격한 감소는 이들 3개국 경제는 물론 쌀 경작 농민들에게도 심각한 타격을 주었다. 이 국가들의 쌀은 프랑스령 인도차이나에서는 메콩삼각주 지대, 태국에서는 차오프라야 삼각주, 미얀마에서는 이라와디강 삼각주에서 생산되고 있었다. 그리고 대공황을 거치면서 이들 지역이 직면한 상황에는 약간의 차이는 있었지만, 농민들이 생활고로 빚에 허덕이면서 토지를 잃고 소작인이나 농업노동자로 전락해 버렸다는 점은 공통적이었다.

프랑스령 인도차이나에서의 수출용 벼농사는 당시 코친차이나(Cochinchina, 베트남 남부)라 불린 메콩삼각주를 중심으로 전개되었다. 그러나 이 지역은 이미 1920년대부터 베트남인 대부업자와 중국인 상인, 프랑스인이 대지주가 되어 많은 토지를 소유하고, 소작인을 이용하여 벼농사를 짓고 있었다. 또한 프랑스인이 경영하는 고무농원도 있었다. 이러한 코친차이나의 상황은 현재의 북부와 중부 베트남에 해당하는 통킹, 안남(安南) 양 지역의 농업이 자급자족적인 소농 경영으로 벼농사를 전개했던 것과는 대조적이었다.

대공황의 여파는 코친차이나에서 쌀 거래를 하고 있던 프랑스인, 중국인 상인, 그리고 금융업자에게 큰 타격을 주었으며 이들 대부분을 파산으로 몰고 갔지만, 역시 가장 큰 피해를 입은 것은 영세 자작농이었다. 이들은 여러 가지 명목으로 부과되는 세금으로 비용 상승(1929년과 비교하여 1932년에는 두 배 이상 증가)의 어려움을 겪었다. 이에 더하여 쌀값이 하락하면서 수입이 크게 줄어듦에 따라 결국 가축과 농기구는 물론 토지까지 팔아야 하는 상황에 직면했다.[14] 1932년 프랑스와 인도의 정부자료에 의하면, 코친차이나의 벼농사 토지 45%는 50헥타르 이상의 토지를 가지고 있는 대지주가 소유하고 있었다.[15] 1934년 50헥타르 이상의 대지주가 소유하고 있는 벼농사 토지의 비율은 48.5%로 늘어났다. 그 후에도 대지주 소유의 비율은 꾸준히 증가했다.[16] 이와 같이 대공황은 인도차이나의 대지주 소유제를 강화하는 결과를 가져왔으며, 이와 반대로 자작농은 몰락하고 소작인, 농업노동자의 생활은 더욱 비참해졌다.

또한 코친차이나 지역에서 지주는 소작료로서 수확의 40%를 받았고, 그 외에 물소·집·음식·현금 등을 소작인에게 빌려준 대가로 연이율 150% 정도의 이자를 부과하여 그것을 수확에서 공제했다. 결국 지주는 소작인이 수확한 대부분을 차지하게 되는 셈이었으며, 이는 곧 지주가 소작인을 지배하게 되는 것을 의미했다.[17]

태국에 미친 영향

태국 역시 대공황으로 야기된 쌀 수출의 감소는 벼농사를 짓는 농민들에게 큰 타격을 주었다. 태국의 수출용 벼농사 중심지는 차오프라야강(메남강) 하류였지만, 여기에서도 대공황으로 인해 토지를 잃고 소작인이나 농업노동자로 전락하는 상황은 여전했으며 그 숫자는 갈수록 증가했다.

1930~1931년의 조사에 의하면, 차오프라야강 하류의 토지를 소유하고 있지 않은 농민은 전체의 36%에 달했으며 주요 도·군 등에서는 40%를 상회했다. 이는 자급자족 농업 경영이 많은 태국 동북부의 18%, 북부의 27% 수준을 크게 상회하는 비율이었다.[18]

태국의 농민들이 토지를 잃게 된 원인 역시 농촌 상인, 미곡업자, 지주들로부터 빌린 생활비와 관련 비용을 상환하지 못한 데 따른 것이었다. 그리고 태국에서는 중국인이 쌀 거래와 농촌 상업의 대부분을 독점하고 있었기에 태국인 지주와 함께 중국인 지주가 크게 증가했다. 물론 대공황은 중국인 상인들에게도 타격을 주었으나, 농민들의 수입 감소는 중국인 상인과 지주들에 대한 부채를 더욱 증가시켰다. 차오프라야강 하류의 농가 1가구당 부채는 1929년 136%에서 1933년 234%로 늘어났으며, 1931년과 1934년에 걸쳐 부채가 있는 농가 수는 전체의 49%에서 62%로 증가했다.[19] 이는 곧 태국 농민도 다른 동남아시아 국가의 소작인들과 마찬가지로 비참한 운명에 직면해 있었음을 말해 주고 있다.

미얀마에 미친 영향

미얀마에서는 이라와디강 하류 지역을 중심으로 미얀마족과 소수 민족인 카렌족이 벼농사를 하고 있었다. 반면 쌀 거래와 농촌 상업은 대부분 인도인과 중국인들이 장악했다. 특히 농촌에서의 금융, 즉 농민을 상대로 하는 고리대금은 인도인 대부업자들이 대부분 소유하고 있었다. 이곳 또한 대공황으로 벼농사가 불황에 빠지면서 농민들이 토지를 잃어버리게 되자, 농촌 상인과 인도인 대부업자 등으로 구성된 부재(不在)지주들이 증가했다. 〈표 5〉는 이러한 과정을 상세하게 나타내고 있다. 특히 인도인

지주들에게는 자신의 토지에 대해 가장 높은 소작료를 지불할 것을 약속한 소작인에게 토지를 빌려주는 것이 상례였기에, 미얀마 소작인들은 현재 자신이 경작하고 있는 토지를 다음에도 경작할 수 있을지 여부는 불투명했다. 결국 이들 소작인들은 대부분 소작지를 구하기 위해 이곳저곳을 전전했다. 미얀마 정부자료에 의하면, 1930년대 후반 동일한 소작지를 2년 동안 계속 경작해 온 소작인은 전체의 20%에도 미치지 못했다.[20] 즉 대부분의 소작인은 농업노동자와 같이 매년 경작할 토지를 찾아서 이라와디 삼각주 등 광대한 벼 경작지를 찾아 돌아다녀야 했다.

〈표 5〉 미얀마 벼 경작지의 부재지주 증가 추이

연 도	총경지면적(1,000ac)	비농업자 소유지 비율(%)	인도인 대부업자 소유지 비율(%)
1930	9,249	19	6
1931	9,305	25	9
1932	9,246	36	15
1933	9,266	43	19
1934	9,335	47	22
1935	9,408	49	24
1936	9,499	49	25
1937	9,650	50	25

주: 1ac(에이커)=4840yd²(평방야드), 4046.9m²
자료: J. R. Andrus(1947), 『Burmese Economic Life』, p. 70.

이상과 같이 대공황은 동남아시아 전역에 심각한 경제위기를 가져왔으며, 그 과정에서 수출산업이 큰 타격을 입음과 동시에 수출산업에 종사하는 노동자와 농민의 생활을 매우 어렵게 했다. 특히 설탕산업이 큰 타격을 입은 자바섬의 동부와 중부, 루손섬 중부, 벼농사 경제가 위기에 빠진 프랑스와 인도의 메콩삼각주, 미얀마의 이라와디 삼각주 등의 특정 지역에서 농민들의 경제적인 고통은 더욱 심각했다.

4 화교 · 인교 문제의 표면화

대공황은 동남아시아 경제에 과거와는 비교할 수 없는 위기를 가져왔다. 그런데 1920년대 순조롭게 발전하는 것처럼 보였던 동남아시아 경제가 안고 있던 구조적인 모순도 위기를 초래하는 요인 중 하나였다. 즉, 동남아시아의 경제위기는, 동남아시아의 경제구조가 선진국이 필요로 하는 특정 광물과 농산물의 수출에 너무 의존한 데 따른 것이었다.

그리고 대공황은 경제 외에도 동남아시아 사회가 안고 있는 또 다른 모순을 표면화시켰다. 그것은 중국인과 인도인에 대한 문제, 즉 화교(華僑)·인교(印僑)의 문제였다. 우선 동남아시아 사회의 독특한 사회, 경제, 정치 문제에 대하여 간략하게 살펴보면 다음과 같다.

화교·인교와 동남아시아

동남아시아는 식민지 지배자들 또는 토착 지배자가 이 지역의 경제개발, 즉 식민지형 수출산업 개발을 추진하는 과정에서 하나의 공통된 문제에 직면했다. 그것은 당초 현지 토착민들이 상업화된 경제구조에 좀처럼 적응하지 못하고 과거의 자급자족적인 농촌사회에 대한 고정관념을 버리지 못한다는 것이었다. 이러한 현상은 선진국 시장을 겨냥하여 상품화된 농업 경영 확대를 추진하는 지배자들에게 있어 큰 고민이었다.

또한 수출용 상품의 집하(集荷), 수출, 그리고 선진국 상품을 수입하여 국내에 판매하는 일은 현지의 비상업적 사회에 살고 있는 사람들에게는 감당하기 어려운 일이었다. 이 때문에 지배자들은 개발 초기단계부터 많은 지역에 외부 노동자를 투입하여 상업화된 농업 생산에 종사하게 했다. 외부 노동자의 신분으로 이주해 온 사람들은 이미 상업경제를 경험한 중국인과 인도인이었다. 물론 상거래와 농산물 가공 등의 작업에 종사하기 위해 이주한 것도 중국인과 인도인이었다. 농업에 종사하던 현지인들도 점차 상업형 농업에 참여하게 되면서 중국인과 인도인의 역할이 상대적으로 낮아졌으나, 말레이시아의 고무·주석 산업 등에서 나타나듯이 특수한 업종과 농번기에 요구되는 계절노동자 등의 형태로 그들의 역할은 계속되었다. 그러나 상거래 등 도시형 직종에서는 중국인과 인도인이 압도적인 숫자를 차지했다. 그들 중에는 농장, 광산, 농산물 가공 공장의 경영 등에 진출하는 사람이 점차 늘어갔으며, 그중에는 금융업자도 있었다. 중국인과 인도인의 차이점은, 중국인은 대부분 동남아시아 전역에 분포하고 있었지만, 인도인은 미얀마와 말레이시아에 집중해 있었다는 점이다.

이와 같이 중국인과 인도인이 동남아시아 경제에 차지하는 비중은 매우 중요했으나, 대공황을 계기로 불거진 이들에 대한 문제는 오히려 동남아시아 경제에 중대한 구조적 모순을 가져왔다.

화교·인교 문제의 표면화

그 이유는 우선 1920년대 동남아시아 경제가 수출 호황기에 있을 때, 중국인과 인도인의 동남아시아 유입이 비약적으로 증가했던 점을 들 수 있다. 1920년대 들어 중국인과 인도인이 얼마만큼 동남아시아에 유입했는지는 정확히 나타나지 않고 있다. 그러나 그 수가 1900년대와 1910년대에 비해 증가했다는 것은 〈표 6〉의 홍콩발 중국인 이민 출항 수 통계를 통해 명확히 알 수 있다.[21]

이 통계에는 기타 국가로의 이주까지 포함되어 있지만 대부분 동남아시아로의 이주라고 볼 수 있다. 따라서 1920년대에 얼마나 많은 중국인이 동남아시아에 유입되었는지를 쉽게 파악할 수 있을 것이다.

〈표 6〉 홍콩발 중국인 이민 출항 수 추이

	1901~1910년	1911~1920년	1921~1930년
이민자 수	805,775명	968,560명	1,820,726명

자료: 福田省三(1939), 『華僑經濟論』.

이와 같이 1920년대 동남아시아에 사는 중국인, 그리고 일부에서는 인도인 인구가 큰 폭으로 증가한 것이 1920년대 말부터 1930년대 초에 걸쳐 그들의 존재를 부각시키는 큰 원인이 되었다. 이들이 주로 도시적 성격을 띤 직업을 가지고 있었기에, 현지인의 눈에는 도시나 마을이 마치 이방인의 세계로 바뀌는 듯한 인상을 심어 주었다. 〈표 7〉은 1929~1933년에 걸쳐 동남아시아 국가 총인구와 함께 중국인과 인도인이 차지하는 비율을 나타내고 있다.

태국과 말레이시아에서는 중국인이 높은 비율을 차지하고 있으며, 말레이시아와 미얀마에서는 인도인이 많은 것을 알 수 있다. 그러나 총인구에서 차지하는 비율이 낮은 나라일지라도 도시에서 차지하는 중국인의 비율은 높으며, 인도차이나의 사이공(Saigon, 현재의 호찌민), 쇼롱(Shorong)에는 총인구 16만 9,000명의 절반이 중국인으로 나타났다. 또한 인도차이나의 바타비아(Batavia, 현 자카르타)에는 7만 2,000명 중 12%, 스마랑(Semarang), 수라바야(Surabaya), 반둥(Bandung) 등 인도네시아 자바의 주요 도시 역시 10% 정도이며, 수마트라의 메단(Medan)에는 2만 7,000명 중 36%를 차지하고 있었다. 더욱이 태국의 방콕은 10만 명 중 33%, 영국령 말레이시아는 주요 도시 인구의 60~80%를 점하고 있었다.[22] 한편 미얀마 랑군(Rangoon, 미얀마 최대의 도시로 정치·경제 활동의 중심지, 1989년 양곤으로 개칭: 역주)에는 40% 이상이 인도인이었다.

〈표 7〉 동남아시아 인구에 차지하는 중국인과 인도인의 비율(1929~1933년)

(단위: 천 명)

	총인구	중국인	비율(%)	인도인
영국령 말레이시아	4,300	1,800	42	630
프랑스령 인도차이나	21,000	452	2	–
태 국	11,500	2,500	22	–
네덜란드령 인도네시아	60,730	1,240	2	–
필리핀	12,200	160	1	–
미얀마	14,600	300	2	1,078

자료: 福田省三(1939), 『華僑經濟論』 및 1931년 미얀마 센서스.

그러나 중국인과 인도인의 존재가 동남아시아 사회에서 중요한 존재가 된 것은 단지 그 수가 많아서라기보다는, 1920년대 후반부터 1930년대 초에 걸쳐 이들의 경제적 역할이 급격하게 확대되었기 때문이다.

이들은 각 마을에서 무역, 소매업, 경공업, 운송업 및 항만노동자를 비롯한 여러 형태의 직업에 종사하고 있었다. 1920년대 수출경제의 호황은 무역, 상업에서 차지하는 중국인과 인도인의 역할을 현저하게 증대시켰다. 농산물과 광물의 가공업을 중심으로 세력을 확대하였고, 일용잡화, 섬유 등의 제조업에도 진출하기 시작했다. 더욱이 자바섬 바틱(batik, 사라사, 납염의 일종인 납힐, 납을 이용한 염색) 산업에서 볼 수 있듯이, 토착 수공업에도 진출하여 영세한 직공들을 이른바 도매 가내공업과 같은 형태로 지배해 가는 사례가 늘었다.

이들의 모습은 농촌에서도 쉽게 발견할 수 있다. 이들은 1920년대 수출이 호조를 보이면서 농촌 경제가 자급자족형에서 상업, 농업형으로 빠르게 전환되었다는 점에 착안하여 농촌으로 진출했다. 물자의 매입이나 소매업, 그리고 농산물 가공 등에 종사하면서 자체적으로 농장 경영과 광업 등에도 손을 댔다. 이들 중에는 농민들에게 돈을 빌려주어 자신이 필요로 하는 수출용 농작물을 재배시키는 사람도 있었다. 또한 수확기에는 수출품으로 예약 매입하는 등 실질적으로는 농민을 그들의 채무자로 만들면서 농작물을 재배하게 했다. 이들 중에는 빌려준 돈을 갚지 못하는 농민의 토지를 몰수하는 악덕 지주도 있었다.

대공황의 과정에서 동남아시아 각국에서 표면화된 중국인과 인도인 문제는 바로 이들이 현지 경제를 지배하는 것과 직결됐다. 첫 번째 문제점은 이미 설명했듯이 대공황을 거치면서 농민들이 빚 때문에 토지를 잃고 소작인이 되었으나, 이때 그 토지를 몰수하는 사람들의 대부분이 중국인과 인도인이었다는 점을 들 수 있다. 미얀마에서의 인도인 대부업자의 경우와 태국, 인도차이나의 중국인 상인에 대해서는 이미 설명한 바 있다. 이 외에도 필리핀에서 쌀 거래와 국내 소매업을 장악한 중국인들이 빈곤에 빠진 농민들에 대한 지배력을 강화했으리라는 것은 쉽게 예측할 수 있다. 또한 자바섬에서도 대공황을 계기로 중국인 상인들의 농민 지배가 크게 확대되고 있었다.

중국인과 인도인이 경제에서 차지하는 역할이 커지면서 발생된 두 번째 문제점도 역시 대공황과 밀접하다. 그것은 농업 공황에 의해 대부분의 현지 농민들이 농사를 그만두고 농촌을 떠나 도시로 들어왔다는 것과, 농장노동자로서 일자리를 잃은 많은 사람들이 도시로 유입된 것과 관계된다. 여기에서 문제가 된 것은 항만노동자나 인력거꾼 등의 단순노동 현장마저 중국인과 인도인이 차지함으로써, 단순노동밖에 할 수 없는 농촌 출신 현지인들이 더욱 일자리를 구하기 어려운 상황이 되었다는 점이다. 이러한 상황은 각국 민족의 반(反)중국인, 반(反)인도인 감정을 고조시켰다.

이와 같이 대공황은 중국인, 인도인의 현지인에 대한 경제적 종속을 강화시켜 양자 간 경제적 이해관계가 첨예하게 대립하는 결과를 가져옴으로써, 동남아시아 경제가 안고 있던 중대한 문제 중 하나를 표면화시켰다.

대공황으로 표면화된 동남아시아 경제의 모순

이상 살펴본 바와 같이 대공황은 선진국 경제의 번영에 의존하고 있는 동남아시아 경제의 근본적인 모순을 표면화시켰으며, 이와 동시에 대농장, 대지주와 소작인, 노동자 간의 대립을 심화시키면서 중국인, 인도인 문제라는 특수한 모순까지도 부상시키는 계기가 되었다.

동남아시아는 이러한 근본 문제가 표면화되면서 중대한 정치적 위기를 맞게 되었으며, 동시에 이 지역의 집권자에게는 권력을 유지하는 데 중대한 시련을 안겨 주었다. 대공황은 동남아시아가 구미의 식민지로서 겪게 되는 불이익과 위험성을 이 지역민들에게 확실하게 인식시켜 주었다. 사람들은 구미의 번영에 의존하는 경제가 아니라 스스로 자립할 수 있는 경제, 즉 '자립경제 체제'의 확립을 진심으로 갈구했다. 그리고 이를 가능하게 하는 정치적인 전제인 '독립' 달성을 보다 강력하게 원했다. 대공황 아래서 독립을 요구하는 정치적 투쟁은 크게 고조되었고, 이러한 움직임이 절망적인 경제고로 허덕이는 농민들과 노동자들의 정치인에 대한 공공연한 저항으로 나타남에 따라, 동남아시아는 과거에 경험해 보지 못한 초유의 정치위기에 직면하게 된다. 구미 식민주의자와 태국 국왕을 비롯한 정치가들은 이 심각한 정치위기를 타개하기 위한 대책 마련에 전전긍긍했다. 이에 대한 대책이 없다는 것은 곧 지배체제의 붕괴를 의미하기 때문이다. 대공황기의 동남아시아에서는 독립과 경제적 안정을 요구하는 사람들과 지금까지의 정치, 경제 체제를 유지하려는 사람들 간의 팽팽한 대규모 투쟁이 전개되었다.

그러나 이러한 대공황기의 격렬한 정치적 투쟁의 내용을 보다 정확하게 이해하기 위해서는 대공황이 발발하기 전의 동남아시아 정치에 대해 살펴볼 필요가 있다. 특히 동남아시아에서의 구미 식민 지배의 전개와 이에 대한 동남아시아인의 저항의 역사에 대한 지식이 어느 정도 요구된다고 할 수 있다. 이를 통해 동남아시아 정치에 있어 대공황은 과연 무엇이었는가가 더욱 명확해질 것이다.

註
••

1) 日本三菱經濟硏究所(1937), 『太平洋に於ける國際經濟關係』 참고.

2) 浜田恒一(1941), 『蘭印の資本と民族經濟』, pp. 89~90.

3) エリック, H. ジャコビー(1957), 『東南アジアの農業不安』(井上・瀧川 譯), p. 54.

4) G. M. Kahin(1952), 『Nationalism and Revolution in Indonesia』, p. 26.

5) Matsuo Hiroshi(1970), 『The Development of Javanese Cotton Industry』, p. 21.

6) 東亞經濟調査局 編(1939), 『比律賓』 南洋叢書 第5卷, pp. 143~148.

7) 日本三菱經濟硏究所(1937), 『太平洋に於ける國際經濟關係』 참고.

8) エリック, H. ジャコビー(1957), 『東南アジアの農業不安』, p. 190.

9) Luis Taruc(1967), 『He Who Rides the Tiger』, London, p. 12.

10) 南方年鑑刊行會 編(1944), 『南方年鑑』, 1943年版, p. 1089.

11) 日本三菱經濟硏究所(1937), 『太平洋に於ける國際經濟關係』 참고.

12) 滿鐵東亞經濟調査局 編(1942), 『英領マレー』, 南洋叢書 第3卷, p. 14

13) 『ビルマ經濟資源』(1942), 『南方經濟資源總覽』 第7卷, p. 134.

14) イブ・マンリ(1942), 『佛領印度支那の農業經濟』(東亞硏究所 譯) 中卷, p. 209.

15) 太平洋協會 編(1940), 『佛領印度支那』, p. 90.

16) 木村哲三郎, 『ベトナムの土地改革』, アジア經濟硏究所 カレントレポート, No. 12, p. 28.

17) イブ・マンリ(1942), 『佛領印度支那の農業經濟』, pp. 103~105.

18) C. C. Zimmerman(1931), 『Siam : Rural Economic Survey 1930~31』, p. 25.

19) 滿鐵東亞經濟調査局 編(1938), 『シャム』, 南洋叢書 第4卷, p. 191.

20) J. R. Andrus(1947), 『Burmese Economic Life』, Stanford Univ. Press, p. 72.

21) 福田省三(1939), 『華僑經濟論』, pp. 68~74.

22) 福田省三(1939), 『華僑經濟論』, p. 85.

제 2 장

●

세계 대공황과 동남아시아 정치

1 20세기 초의 반식민지 투쟁

식민지화에 대한 동남아시아의 저항

구미 열강에 의한 동남아시아 식민지 지배는 〈표 8〉에서 알 수 있듯이 19세기 후반부터 말기에 걸쳐 확립되었다고 할 수 있다.

그러나 구미 열강의 동남아시아 지배는 결코 쉽게 달성되었다고 할 수 없다. 이들은 이 지역을 어떠한 형태로 나눌 것인가를 둘러싸고 서로 격렬하게 싸워야 했다. 자바, 수마트라, 말레이반도의 지배를 둘러싼 네덜란드와 영국의 전쟁, 인도차이나반도를 둘러싼 영국과 프랑스의 전쟁, 필리핀을 지배하고 있던 에스파냐의 지배권을 미국이 쟁취한 것 등이 전형적인 예이다.

한편 구미 열강은 식민지 지배 과정에서 현지 민족과 그 지도자들로부터 집요한 저항을 받았다. 그런데 이러한 저항은 식민지화 과정에서 현지의 왕조와 지방 호족들의 투쟁이라는 형태로 나타났다.

예를 들면 미얀마 왕조는 1885년 영국 침략군에게 최종적으로 굴복하기 전까지 1825년 이후 세 차례나 대대적인 전쟁을 시도했다. 자바에서는

1925~1930년 사이 중부의 욕야카르타(Jogjakarta) 토후(土侯)의 아들 디포느고로(Pangeran Dipo Negoro, 디포네고로, 자바섬의 민족운동지도자)가 중심이 된 반(反)네덜란드 투쟁이 자바 전 지역을 휩쓸었다. 이 전쟁으로 네덜란드인 8천 명과 자바인 20만 명이 사망했다.[1] 네덜란드는 또 수마트라 북부의 원주민 아체(Aceh)인의 국가를 정복하는 데 군사적으로 많은 희생을 치르고 1908년에야 겨우 평정했다. 발리(Bali)섬, 셀레베스(Celebes)섬 등 인도네시아 섬들을 지배하기 위한 네덜란드의 군사활동은 20세기 초까지 계속되었다.

영국과 프랑스도 말레이시아, 보르네오, 인도차이나 동해안 등을 식민지화하기 위해 상당한 어려움을 겪어야 했다. 베트남의 왕들은 프랑스 지배에 강하게 저항했고 인도차이나반도 중심부의 태국 왕국은 근대화로 무장한 군사력을 배경으로 결국 프랑스와 영국의 압력을 물리치고 독립을 유지하는 데 성공할 수 있었다.

19세기 말부터 20세기 초까지는 구미 열강의 식민지 지배체제가 일단 확립되었던 때라고 할 수 있다. 그러나 그 속에서도 현지 민족들의 식민지 지배 타도를 위한 투쟁은 멈추지 않았다.

20세기 초 반식민지 투쟁의 주요 형태는, 식민지 세력의 영토 확대에 반대하는 소수 민족과 주변에 사는 여러 민족의 투쟁, 정복된 구(舊)왕조 유신들에 의한 집요한 저항 등 19세기형 투쟁의 연속이라고 할 수 있다. 전술한 수마트라 아체인들의 저항으로 대표되는 인도네시아의 반네덜란드 투쟁, 인도차이나와 미얀마 산악지대에 이르는 여러 소수 민족의 반프랑스, 반영국 투쟁 등은 전자의 예이다. 후자의 구왕조 유신들에 의한 저항으로는 19세기 말에 죽은 베트남 왕조의 유신(遺臣) 판딘풍(Phan Dinh Phung)의 반란과, 그것을 이어받아 중부 베트남을 중심으로 1913년 살해되기까지 반프랑스 무력투쟁을 멈추지 않았던 호앙호아탐[Hoang Hoa

Tham, 프랑스의 인도차이나 침략에 항거한 전설적 영웅, 데탐(De Tham)은 그의 별칭]과 그 군대의 투쟁 등이 대표적이다.

〈표 8〉 동남아시아의 식민지 지배 지역과 시기

지 역	식민 지배가 시작된 시기
프랑스령 인도차이나	
코친차이나 식민지	1867년
통킹, 안남보호령	1884년
캄보디아 보호국	1863년
라오스 보호국	1893년
영국령 미얀마	1885년
영국령 말레이시아	
해협 식민지(페낭, 싱가포르, 말라카)	1786~1824년
말레이시아연방주 보호국(페라크, 셀랑고르, 네그리 셈빌란)	1826~1887년
말레이시아비연방주 보호국(조호르, 케다, 켈란탄)	1895~1930년
북보르네오	1877~1891년
네덜란드령 동인도	
자바섬	1816~1830년
수마트라섬	1850~1908년
발리섬	1906년
셀레베스섬	1910년
보르네오섬(남쪽)	1818~1891년
필리핀	
에스파냐 통치	1576~1898년
미국 통치	1898년

자료: B · グラント(1968), 『インドネシア 現代史』참고.

필리핀 혁명의 의의

그러나 19세기 말부터 20세기 초에 이르는 대체적인 반식민지 투쟁은 새롭게 몰려오는 외세에 대한 저항인 데 반해, 19세기 말 필리핀의 투쟁은 오래된 외세의 지배를 내부로부터 타파하려는 투쟁이었다. 따라서 이것은 종래의 '반식민지' 투쟁과는 전혀 다른 새로운 형태의 투쟁이었다. 20세기 초 이후 동남아시아에서 일어난 반식민지 투쟁이 점차 '정착된 외국 지배'에 대한 내부로부터의 저항이라는 형태로 이행되고 있었다는 점을 고려하면, 필리핀 혁명은 20세기 반식민지 투쟁의 선구적인 역할을 한 획기적인 사건이라고 할 수 있다.

필리핀의 에스파냐 통치에 대한 대규모 저항은 1896년 중부 루손에서 민족주의자인 '카티푸난(Katipunan)'의 통솔 아래 대중봉기로 시작되었다. 이 운동은 에스파냐 통치하에서 육성된 필리핀 재산가와 지식인의 지도 아래, 에스파냐의 가혹한 지배하에 있던 중부 루손의 빈농들이 지원한 반에스파냐 독립투쟁이었으며, 그들의 봉기는 순식간에 중부 루손 전 지역으로 확대되어 에스파냐 통치를 크게 뒤흔들었다. 그러나 이들이 투쟁하는 사이에 필리핀의 통치자는 1898년 미국·에스파냐 전쟁에서 승리한 미국으로 바뀌었다. 이것을 계기로 투쟁의 대상이 에스파냐에서 미국으로 바뀌었다. 미국 역시 필리핀을 식민지로서 지배하기를 원했다.

또한 필리핀의 경제권을 장악한 에스파냐와 그 혼혈 자손들은 미국과 손을 잡고 필리핀의 독립을 방해하는 데 주력했다. 민족주의자들은 1898년 4월 중부 루손에서 '임시혁명정부'를 수립했으며, 미군이 필리핀으로 들어온 직후인 1898년 6월에는 '독립'을 선언하기에 이르렀다. 그러나 미국 정부는 필리핀의 독립을 인정하지 않았으며 결국 1899년 2월 독립국 혁명군에 대해 전면 공격을 개시했다.

필리핀 독립군은 12만 6,000명의 대군을 투입한 미국에 맞서 처절하게 싸웠지만, 결국 1902년 4월 미국에 굴복하고 말았다. 그러나 미군은 이 전쟁에서 4천 명의 전사자와 3천 명의 부상자를 냈으며, 필리핀군도 20만 명이 사망했다.[2] 또한 혁명군 잔존 부대는 1906년까지 반미 게릴라전을 계속했다.[3]

한편 이와 같은 필리핀의 격렬한 반에스파냐, 반미 독립투쟁은 필리핀이 훗날 다른 동남아시아 국가에 앞서 '독립'을 쟁취하는 데 밑거름이 되었고 동남아시아의 반식민지 투쟁에 큰 영향을 미쳤다.

1910년대 민족주의 투쟁

필리핀 독립군이 결과적으로 미국에 굴복하면서, 1910년 이후 들어 서구 열강의 식민지화에 대한 동남아시아 다른 지역의 무력 저항도 일시적으로 자취를 감춘다. 그러나 그 대신 식민지 본국에 압력을 가하면서 현지인의 정치권력을 회복하려는 정치적 운동이 전개되었다. 이러한 운동은 현지 자산가나 지식인이 주도했는데, 경우에 따라서는 정치적 암살과 폭력 등의 수단도 사용되었지만, 의회를 통한 독립 달성이라는 합법적 수단에 입각한 정치활동에 더 큰 비중을 두었다.

물론 이러한 합법주의적 운동이 대두된 배경에는 서구 열강이 군사적, 정치적으로 동남아시아 각 지역을 지배하고 있던 점을 들 수 있다. 또한 1장에서 언급했듯이 1869년 수에즈운하 개통을 계기로 산업혁명이 가속화된 서구 경제권에 동남아시아를 포함시켜 자신들의 식민지 권력을 강화하려 했던 점도 작용한다. 즉 서구 열강은 동남아시아를 광물과 농산물의 생산 거점으로 활용한다는 구상을 하였고, 이러한 구상이 20세기에 와서 마침내 현실화되어 동남아시아에 서구 경제에 필요한 새로운 경제체제가 확립된 것도 중요 요인이었다. 그리고 이것은 구미인 식민지 거주자, 화교·인교라는 외국인이 만들어 낸 경제구조 안에 현지인도 일부 합세하여, 농장주·부농·지주·경공업 자영업자 등으로 이루어진 현지인 자본계급이 탄생하기 시작했다는 것을 의미했다. 이들이야말로 20세기 초 민족주의 운동의 주인공이었다.

필리핀 독립운동의 진전

이러한 민족주의 운동 가운데 가장 주목할 만한 것은 역시 필리핀의 정치적 발전 과정이었다. 격렬했던 반미 전쟁을 교훈 삼아 미국 정부는 필리핀에 대한 자치와 향후 독립을 보장한다는 태도를 적극적으로 내보였다. 정당 활동은 일찍부터 인정되어 1905년 12월에는 시군 선거, 1906년 2월에는 지사 선거가 이루어졌다. 1907년 7월에는 성인 남자의 지식인, 재력가를 중심으로 하는 제한된 국회선거가 실시되어 독립을 주장하는 민족주의 당이 압승함으로써, 필리핀은 일단 자치를 위한 발판을 마련했다. 그러나 독립을 요구하는 필리핀인의 운동은 점점 고조되어 마침내 미국 의회는 1916년 필리핀의 완전 독립을 약속하는 존스법[Jones Law, 필리핀에 안정된 정부가 수립되면 필리핀 제도에서 미국 총독부를 철수시키겠다고 미국 정부가 천명한 법률로서, 정식 명칭은 필리핀 자치법(Philippine Autonomy Act): 역주]을 통과시켰다. 그리고 이와 함께 국가 행정에 필리핀인을 대폭 등용하는 방안을 마련하여, 양원제 의회 도입과 의회의 임명 의원제를 크게 축소하는 등의 개혁이 단행되었다. 이로 인해 과거 반미 전쟁을 전개한 혁명군의 간부들이 잇따라 의회와 행정부로 진출했다.

이와 같이 필리핀 독립운동의 급진전은 1905년 러일전쟁에서 일본의 승리와 1911년에 시작된 중국의 신해혁명 등과 함께 동남아시아의 독립운동에 강한 자극을 주었으며, 이를 통해 인도네시아에서는 사레카트이슬람(Sarekat Islam, 회교연합)이 대두되면서 인도차이나의 새로운 민족해방투쟁이 심화되는 움직임까지 나타났다.

인도네시아의 사레카트이슬람

인도네시아에서는 1906년에 바타비아 현지 지식인 사이에서 자바 민족의 생활 향상을 위한 일종의 교육운동 단체인 '부디 우토모(Budi Utomo, 아름다운 노력)'가 결성되었다. 이 단체는 새로운 형태의 반네덜란드 투쟁의 대두를 의미했다. 부디 우토모는 1909년 1만 명이나 회원을 모집하였지만[4] 결국 반식민지적 계몽운동의 수준을 벗어나지 못했다. 한편 이에 대응해서 1907년에 발족한 자바의 토착 자산가들의 단체인 사레카트이슬람은 그 후 자바의 모든 정치운동을 장악하기에 이른다.

사레카트이슬람은 1907년 중부 자바의 스라카르타에서 조직된 '회교상업연합'의 후신이다. 중심 멤버는 그 지방의 특산물인 바틱(사라사) 제조업자들이고, 설립 목적은 중국인의 바틱 산업 지배에 맞서는 것이었다.

'회교상업연합'은 1912년 8월 중부 자바에서 중국인들과 큰 충돌을 일으켜 정부에 의해 해산되었지만 이 단체 지도자들은 같은 해 9월 사레카트이슬람으로 단체를 재건했으며, 그 후 그들의 운동은 중국인과의 경제투쟁이 아니라 정부에 대한 자치 요구를 중심으로 하는 정치투쟁으로 급속히 바뀌면서 세력 또한 확대되었다. 1916년 네덜란드는 자바에서 자치운동의 열기가 높아지자 타협의 일환으로 1918년 정부의 자문기관인 인민참의회를 설립했다. 그리하여 1916년 사레카트이슬람은 정부로부터 합법적인 조직으로 공인되어 같은 해 6월 전국 36만 명의 회원을 대표하는 대의원이 참석한 제1회 전국대회를 반둥에서 개최할 수 있었다.[5] 회장에는 중국인 세력이 강한 상업 항구 수라바야의 대표 '트조크로아미노토(Oemar Said Tjokroaminoto)'가 선출되었는데, 그 이래 사레카트이슬람은 트조크로아미노토 회장의 지도하에 1920년대 초까지 인도네시아 독립운동의 중심이 된다.

인도차이나의 판보이쩌우

한편 인도차이나에서는 베트남 왕조의 유신(遺臣)에 의해 주도된 저항이 한풀 꺾인 1910년, 새로운 형태의 반식민지 투쟁이 일어났다. 이 투쟁 역시 지식인과 유산계급의 주도로 이루어졌으나, 그 목표는 베트남 왕조의 복권이 아니라 프랑스 식민지로부터의 독립과 함께 경제혁명, 민주주의 정치를 확립하는 것이었다. 그러나 이 투쟁은 사레카트이슬람의 합법적 활동주의와는 달리 다소 폭력적이었다.

이 운동의 지도자는 베트남 북부 출신의 지식인 '판보이쩌우(Phan Boi Chau)'였다. 판과 그의 동지들은 일본, 중국에서도 투쟁을 확산시켰고, 베트남 유산계급으로부터 자금 지원을 받아 반프랑스 투쟁을 전개했다. 그들은 1912년에 광둥에서 '베트남 광복회'를 결성하여 군대를 조직하려 했으며, 1914~1915년에는 안남(중부 베트남)을 중심으로 프랑스에 대한 테러활동도 펼쳤다. 물론 프랑스의 가혹한 탄압으로 많은 활동가가 체포되거나 처형되었지만, 그들의 반프랑스 투쟁은 베트남 민족주의 운동에 새로운 바람을 불러일으켜, 1916년 코친차이나 각지에서 일어난 반프랑스 폭동을 유발시켰다. 이에 프랑스는 베트남인의 정치 참여를 심각하게 고려하지 않을 수 없게 되었으며, 결국 지방행정에 베트남인 정치 참여의 제한을 축소하기에 이른다.

이 밖에도 동남아시아에서는 1912년 2월 태국에서 발각된 청년군 장교단의 국왕제 타도 쿠데타 미수사건, 1914년의 미얀마 '청년불교도연맹'의 설립 및 자치운동이 시작되는 등 주목할 만한 사건들이 잇달았다. 이러한 움직임은 동남아시아 및 아시아 전체에 걸친 정치변혁의 태동을 반영했으며, 이와 함께 미얀마의 자치운동은 당시 영국령 인도의 일부였던 미얀마를 인도로부터 분리하여 자치권을 획득하고자 한 시도이기도 했다.

2 1920년대의 정치적 급진주의

우선 1900년대 후반부터 1910년대에 걸쳐 전개된 동남아시아 정치가 식민지 정권에 대한 유산계급과 지식인 등을 중심으로 하는 현지 민족주의자의 '온건한' 자치운동이 주류였다면, 1920년대 들어서는 온건한 자치운동은 후퇴하고 '과격한' 수단을 사용하는 급진주의적 반식민지주의 투쟁이 표면화하기 시작했다고 할 수 있다.

정치적 급진주의의 기반

물론 1910년대와 1920년대의 동남아시아 정치운동이 명확한 대조를 보이는 데는 충분한 이유가 있다. 첫째는 1914년 7월부터 1918년 11월까지 유럽을 중심으로 제1차 세계대전이 발발했고, 그 사이 1917년 2월 러시아에서는 소비에트혁명이 성공했다.

소비에트혁명의 성공은, 세계 각지에서 '혁명'을 원하는 근로자와 농민에게 커다란 자극과 희망을 주었는데, 이는 동남아시아 민족에게도 커다란 영향을 미쳤다. 자치와 독립운동에 자극제가 되었을 뿐만 아니라, 이러한 운동에 노동자나 공산주의자들의 참여가 확산되기 시작했고, 그 운동 형태도 소비에트혁명과 같은 과격한 무력투쟁의 성격을 띠었다. 그러나 반대로 소비에트혁명은 세계의 자본가 계급에는 큰 충격을 안겨 주었다. 동남아시아 식민지에서도 독립을 요구하는 현지 민족주의자들의 움직임과 근로자, 농민의 운동은 서구 열강의 지배자들에게 강한 경계심을 갖게 했다. 기존의 자치운동에 대해서도 부정적으로 인식하게 되었으며 합법적인 정치활동과 독립운동마저도 억압하는 결과를 초래했지만 정치적으로 급진적 과격과 노선의 대두를 촉진했다.

1920년대의 동남아시아 정치가 빠르게 급진적인 성격을 보인 데에는 또 하나의 이유가 있었다. 그것은 이미 제1장에서 설명했듯이, 1920년대에 동남아시아 경제가 특정 상품을 중심으로 한 수출산업으로 급격히 변화했을 뿐 아니라, 화교·인교 문제의 발생, 그리고 대농장 소유주와 대지주의 지배구조 확대라는 새로운 경제적 문제들이 노출되었기 때문이다.

이러한 동남아시아 경제구조의 변화는 우선 지배층 자본가, 대농장 소유주, 대지주 등에 대한 빈민층의 저항이 확산되면서 노동조합, 농민단체의 결성을 촉발시켰으며, 아시아에 공산당이 첫 출현하는 등 동남아시아 정치를 급진전시킨 요인으로 작용했다. 그러나 반대로 1920년대 동남아시아의 수출 호황은 당시 동남아시아 경제체제하에서 큰 이익을 얻을 수 있는 계층을 급속히 확대시켰다. 무역상인, 대농장 소유주, 광산 소유자, 대지주 등이 중심이 된 경제적 지배계급의 대부분이 그러한 부류에 속했다. 요컨대 현지 자산가들의 대부분은 당시 식민지 지배하의 동남아시아 경제체제가 자신들에게 이익이 된다는 것을 알았으며, 이로 인해 그 후 점차적으로 반식민지 투쟁에 대한 의욕을 잃어 갔다는 뜻으로 해석할 수 있다. 그리고 이것은 합법적 자치, 독립투쟁에서 유력한 지지세력이 이탈하고 있다는 것을 의미한다. 또한 이러한 인식 변화는 독립투쟁의 주역이 양적으로도 확대되고 스스로 조직을 가질 수 있게 된 노동자와 농민으로 이동하고 있었음을 말해 준다.

소비에트혁명으로 대표되는 국제 정세의 발전과 동남아시아 사회 내부의 첨예한 대립은 1920년대의 동남아시아 정치운동을 매우 급진적이고 과격하게 만들었다. 물론 동남아시아에서의 과격한 정치투쟁의 진전은, 같은 시기에 진행되고 있던 중국혁명, 이른바 중국국민당·공산당의 결성과 북벌전쟁의 발발, 그리고 1919년 3월 모스크바에서 창립된 코민테른(Comintern, Communist International, 제3국제당 또는 제3인터내셔널은 블라디미르 레닌(Vladimir I. Lenin)의 발기에 의해 1919년 3월 창설되어 1943년 5월 15일 해체된 마르크스-레닌 공산당의 국제적 조직체: 역주)과 공산당 활동가들의 동남아시아 정치운동에의 개입 등으로 인해 큰 영향을 받았음을 보여 준다.

아래에서 계속해서 1920년 동남아시아 정치투쟁이 어떠한 형태로 전개되었는지 살펴보기로 하자.

필리핀의 반미 움직임과 급진주의 대두

1920년대의 동남아시아 정치운동은 우선 제1단계에서는 1910년대의 자산가와 지식인이 중심이 된 반식민지 투쟁, 그리고 자치와 독립을 획득하기 위한 투쟁의 연속으로 시작되었다. 그러나 이러한 정치운동은 앞서 언급한 국제적, 국내적 정세 변화로 인해 대부분 가혹한 시련에 빠지면서 후퇴했는데, 합법적 자치운동의 쇠퇴는 곧 정치적 급진주의의 대두를 촉발시켰다.

필리핀에서는 1920년부터 대공황에 이르기까지 자치운동의 발전에 큰 장애요소가 있었는데, 그것은 다름 아닌 미국 정부의 대(對)필리핀 정책의 변화였다.

제1차 세계대전 이전에 매우 활발했던 필리핀 독립투쟁은 전쟁 중에는 잠시 휴전상태에 들어갔으나, 전후 1919년 필리핀의회 대표단이 독립을 요구하기 위해 미국을 방문하면서 재개되었다. 그러나 1920년 미국 대통령선거에서 지금까지 필리핀 독립에 호의적이었던 민주당이 패배하고 공화당의 하딩(Warren Gamaliel Harding, 미국 제29대 대통령, 1921~1923년 재임: 역주) 대통령이 당선되면서, 미국 정부의 대필리핀 정책은 크게 변화했다. 공화당 정권은 계속해서 필리핀을 식민지로 지배하기를 희망하고 있었던 것이다.

공화당 정부는 필리핀의 독립을 허용할 수 없는 이유로 필리핀의 자치능력 결여 등 여러 가지 구실을 내세웠으나, 실질적 이유는 제1차 세계대전 후 세계 최강이 된 미국에게 있어서 필리핀은 풍부한 자원과 함께 아시아의 안보전략상 그 필요성과 중요성이 전쟁 이전보다도 훨씬 커졌기 때문이다. 한편 미 해군은 1910년 1월 아시아 함대를 창설하고 제1차 세계대전 이후에는 이를 더욱 강화시키는 등 아시아에 있어서 중요한 군사거점이 된 필리핀을 보다 강력하게 지배했다.

그러나 미국 정부가 대필리핀 정책을 수정하고, 필리핀 통치방법도 기존의 통치행정보다 강화된 방식을 도입하여 필리핀의 독립 의지를 억누르려 하자 필리핀 지도자들은 크게 분노했다. 1923년 7월 1일 미국의 반필리핀화 정책에 항의하고, 반미 독립전쟁에서 강한 인상을 받은 골수 민족주의자인 케손(Manuel Luis Quezon) 상원의장을 비롯하여 로하스(Manuel Roxas) 하원의장 등 내무, 재무 각처의 필리핀 장관들이 일제히 총사퇴하는 사태가 일어났다. 이러한 필리핀의 '미국 민주주의의 역행'은 1929년의 대공황으로 필리핀의 경제적, 정치적 환경이 바뀔 때까지 계속되었다. 1920년대 미국의 '시대에 역행하는' 대필리핀 정책이 가능했던 것은 무엇보다도 1920년대 필리핀 수출경제가 유례없는 호황을 맞이하고 있었으며, 이로 인해 이익을 챙긴 필리핀 자산가와 지식인 집단이 대거 증가한 데 따른 요인도 크게 작용했다. 한편 필리핀의 독립운동이 후퇴하자, 이것은 오히려 지금까지와는 달리 급진적 수단을 사용하여 독립운동을 꾀하는 세력이 등장하게끔 하였다.

필리핀 노농(勞農)운동의 발생과 발전

필리핀에서 정치적 급진주의의 최초의 징후는 각지에서 노동조합과 농민단체가 지속적으로 결성되고 이러한 노동운동, 농민운동 속에서 공산주의자와 사회주의자가 출현한 것에서 찾을 수 있다.

필리핀에서 노동조합이 결성된 것은 1899년 중부 루손에서 인쇄노동조합연합(UIF)이 조직된 것이 그 시초이다.[6] 그 후 마닐라의 인쇄업·출판 관계 노동자, 항만·공장노동자 등이 계속해서 조합을 결성했다. 그러나 제1차 세계대전까지의 초기 노동운동은 인쇄·출판 관련 노조가 주도권을 가지고 있었으며, 그들은 공산주의와 사회주의를 선전하는 인쇄물을 발행하고, 미국의 지배에 반대하는 시위를 일으켰다. 처음으로 메이데이(May Day)가 경축일이 된 1913년 5월 1일 결성된 필리핀 최초의 본격적인 노동조합 통합조직인 '필리핀노동자회의(Congreso Obrero de Filipinas=COF)'의 초대 의장인 쿠루스(Hermenegildo Cruz)와 핵심 인물인 에반젤리스따(Crisanto Evangelista)를 비롯한 구성원은 모두 이 인쇄·출판 노동조합의 지도자들이었다.[7] 그리고 그들의 지도하에 필리핀노동회의는 생산력 확대와 함께 점차 늘어나는 노동조합들을 산하에 두면서 1920년대의 노동조합운동의 중심이 되었다. 1924년 필리핀의 노동자단체 수는 약 150개, 조합원 수는 약 9만 명에 달했다.[8] 노동조합 활동의 진전을 반영하듯 노동쟁의 건수도 제1차 세계대전 후 급격히 증가하여, 1914~1918년까지 142건(참가자 2만 8,600명)이었던 것이, 1919~1923년 사이에는 220건(참가자 5만 8천여 명)으로 증가했다.[9]

이렇게 필리핀의 도시에서 노동조합이 결성될 때 농촌에서도 극심한 생활고로 괴로워하는 농장노동자와 소작인들 사이에서도 조직화가 진행되었다. 1919년 처음으로 소작인조합이 빈농과 소작인이 몰려 있는 중부 루손의 벼 농사지인 불라칸(Bulacan)주에서 '필리핀소작인조합'라는 이름으로 설립되었다. 이 조합은 중부 루손 전 지역으로 활동을 확대하고, 1922년에는 '필리핀소작인·농업노동자연맹'으로 이름을 바꾸었으며, 1924년에는 '필리핀전국농민연맹'으로 발전했다.[10]

노농운동의 정치 참여

이와 같이 도시와 농촌을 가리지 않고 빈민과 노동자들이 조직화되자 당연히 노동운동과 농민운동의 정치적 지위가 높아졌을 뿐 아니라, 노동조합 지도자들도 적극적으로 정치에 참여했다. 더욱이 1920년대 초반 미국의 대필리핀 정책이 반동화되고, 이에 따라 필리핀 민족주의 지도자들의 반발이 거세지자 일부 노동운동 지도자들은 강한 반미·반제국주의의 성향을 띠게 되었다. 또한 수출경기가 호황을 이루고 국내의 계급 대립이 첨예화되자, 농민운동 지도자 가운데서도 공산주의자와 마르크스주의자들이 생겨났다. 인쇄·출판 노동조합의 에반젤리스따와 소작인·농업노동자연맹의 지도자 마나한(J. G. Manahan) 등이 공산주의를 신봉하게 되었으며, 기존의 내셔널리스트당 주도의 합법적 독립운동 노선과도 결별했다. 이로 인해 1924년 7월 에반젤리스따 등 필리핀 노동운동의 좌파 지도자가 노동당을 결성하게 되는데, 이는 필리핀 농민운동의 정치적 급진화를 명확하게 보여주는 중요한 사건이었다. 여기서 필리핀 노동운동의 발전에 대해서 기술하기 전에 1920년대 격렬한 정치투쟁이 전개되고 있던 인도네시아의 동향을 살펴볼 필요가 있다. 인도네시아에서는 1920년 아시아 최초로 공산당이 결성되었으며, 그 급속한 과격화는 1920년대 동남아시아 정치에서 가장 주목할 만한 사건이었다.

사레카트이슬람 급진파의 대두

인도네시아, 즉 당시의 네덜란드령 동인도에서는 제1차 세계대전 후 잠시 동안 사레카트이슬람의 합법주의적 독립투쟁이 정치운동의 주류로서 중요한 위치를 차지하고 있었다. 독립과 반식민지 투쟁을 주장했던 사레카트이슬람은, 1917년 이후 점차 강한 지지를 얻어 1916년 제1회 대회 당시 회원이 36만 명에서 1918년의 제3회 대회에서는 45만 명, 1919년의 제4회 대회에서는 250만 명으로 비약적으로 증가했다.[11] 그리고 1918년 11월에 열린 제1회 인민참의회(정부의 자문기관)에는 트조크로아미노토 회장 이외에 사레카트이슬람이 회원으로 참가했다.

그러나 사레카트이슬람의 회원이 급증한 것은 내부에 중대한 모순을 내포하고 있음을 의미했다. 사레카트이슬람은 본래 중동부 자바의 바틱 직물업자를 중심으로 결성되었고 여기에 그 지방 부농 등이 반화교, 반네덜란드 감정을 가지고 참가해 온 조직이었다. 따라서 인원을 늘리기에는 처음부터 한계가 있었다. 조직이 확대된 것은 사레카트이슬람에 실업가나 부유층 이외의 '대중' 회원이 대거 가입했음을 나타내는 것이며, 실제 가난한 농민과 가내수공업자, 도시노동자 등의 빈민이 여기에 다수 참가했는데 그것은 사레카트이슬람 내부에 심각한 '계급 대립'이 일어난 것을 의미했다.

　물론 네덜란드 지배로부터 독립하고자 하는 데에는 의견이 일치했다. 그러나 반식민지 투쟁과 동시에 자신들을 착취하는 자본주의를 타도하자는 주장도 있었고, 반네덜란드 투쟁 역시 단순히 인민참의회에 참가하는 미온적 수단을 넘어 직접적인 혁명 방식을 희망하는 사람도 있었다. 이러한 주장에는 당연히 자산가와 부농 출신들이 동조할 수 없었다. 그렇지만 사레카트이슬람의 다수는 자산가와 부농 및 그들의 영향하에 있는 소농과 노동자였고 그러한 보수파의 힘은 도시노동자가 대부분인 좌파에 대해 숫자상으로 우위를 차지했다. 따라서 '좌파'의 반대에도 불구하고 '온건'한 독립투쟁 노선이 여전히 사레카트이슬람의 기본노선이 되었다.

　그러나 자바에서 노동조합운동이 확산되고 생활고에 찌든 농민의 반정부운동이 격화되자 사레카트이슬람 내 과격파의 주장이 힘을 얻었다. 노동조합운동 지도자가 주축이 된 사레카트이슬람 내 좌파는 노동자와 빈농층의 지지를 등에 업고 온건파 지도자에게 압력을 넣어 사레카트이슬람의 방침을 과격화시키기 위해 전력을 다했는데, 이는 온건파와 급진파의 심각한 대립을 초래하여 결국 사레카트이슬람의 분열로 이어졌다.

　사레카트이슬람의 동향을 언급하기 전에 온건파 지도자들에게 강한 압력을 행사할 수 있게 된 인도네시아의 노동자 계급과 그 지도자의 힘이 강력해진 배경, 또한 거기에서 출현한 새로운 정치사상을 가진 정치집단에 대해 먼저 살펴보면 다음과 같다.

인도네시아 노동조합운동의 발전

네덜란드령 동인도(인도네시아)에서 노동자 계급의 힘이 강해진 원인은 무엇보다도 꾸준히 결성되었던 노동조합 안에서 찾을 수 있다. 1894년 최초로 결성된 노동조합인 란인(蘭印, 네덜란드령 인도네시아)교원조합을 비롯해 1905년의 국철직원조합, 우편직원조합, 1908년 철도·전차직원조합에 이르는 각 조합[12]은 주로 인도네시아에서 일하는 네덜란드인이 각 분야에서 처우 개선을 위해 결성한 것이었고, 여기에 일부 인도네시아 노동자들이 참가하고 있었다.

그러나 1910년대에 들어서면서부터는 인도네시아인의 노동조합 결성이 본격화되었다. 우선 공기업 직원들 사이에서 확산되어, 1911년에 세관사조합, 1912년 교원조합, 1913년에 관영전당포직원조합, 1916년에는 아편전매소조합, 1917년은 공공사업조합, 재정부관사조합 등이 연이어 결성되었다. 1915년에는 민간임금 근로자조합과 농장근로자조합이, 또 1917년에는 공장근로자조합이 결성되었다.

1910년대 중반 인도네시아인의 노동자 조직이 결성된 것은, 결과적으로 인도네시아의 반네덜란드 투쟁에 새로운 전투부대가 참가하는 것을 의미했다. 관영기관조합 또는 민간조합에서 벌이는 임금인상투쟁이나 그 밖의 조합활동은 모두 네덜란드 정부 고관이나 기업 경영자를 대상으로 한 것이었기 때문에 조합투쟁은 필연적으로 민족투쟁의 색채를 띠었다. 실제 조합운동과 지도자의 투쟁은 점차 반네덜란드 성향이 짙어졌고 반식민지 운동의 핵심인 사레카트이슬람에 참가하기를 바랐다. 세력 확대를 꾀했던 사레카트이슬람이 그들을 관대히 받아들였던 것은, 조직의 확산과 더불어 인도네시아의 반네덜란드 투쟁에 새로운 전투부대가 필요했기 때문이다. 그러나 그 결과 사레카트이슬람 내부에 반(反)주류 '급진파'가 탄생하게 된다. 1919년 12월 사레카트이슬람 중앙지도부 산하에는 7만 5천 명의 조합원을 포함하는 22개의 노동조합이 포진하고 있었다.[13]

인도네시아의 공산주의

그러나 인도네시아 노동운동의 발전이 가져온 문제는 단순히 조합원의 양적 확대뿐만이 아니었다. 지도부 가운데 종래 인도네시아의 반식민지 운동에서는 찾아볼 수 없었던 사상, 즉 공산주의를 신봉하는 사람들이 출현했다는 사실이 더 큰 문제였다.

인도네시아의 공산주의 사상은 역시 네덜란드인에 의해 비롯되었다. 구체적인 공산주의 선전활동은 1912년 네덜란드 사회민주노동당원 스네이플리트(Hendricus Josephus Franciscus Marie Sneevliet, 헨드리퀴스 마링으로 불림)가 중부 자바의 상업 항구도시 스마랑[semarang, 인도네시아 자와텡가(Jawa Tengah)주의 주도(州都). 중요 무역항으로 해륙 교통의 요지: 역주][14]을 거점으로 활동하면서 시작되었다. 스네이플리트는 1913년 네덜란드의 철도노조 회장이었던 경험을 살려 스마랑에 본부를 두고, 1908년 네덜란드인을 중심으로 결성된 철도·전차직원조합의 위원장에 취임하는 등 적극적으로 정치활동을 전개했다. 그리고 1914년 5월에는 수라바야(Surabaja, 동자바주의 주도: 역주)에서 '인도사회민주주의연맹'을 설립하고, 그다음 해 1915년 네덜란드어 기관지 「자유의 목소리」를 간행했으며, 인도네시아에 거주하는 네덜란드인과 네덜란드어를 이해하는 현지 지식인을 대상으로 공산주의 사상을 선전했다. 또한 1917년부터는 인도네시아어판 기관지도 발행했다. [15]

'사회민주주의연맹'의 회원은 1915년 85명에서 1916년 134명으로 늘어났으나 극히 소수였으며 네덜란드인이 중심이었다. 1917년 들어 100여 명 정도의 인도네시아인이 합류했으나 정당으로서의 힘은 약할 수밖에 없었다. [16] 스네이플리트는 '연맹' 자체의 강화보다는 다른 조직이나 정당에 조직원을 잠입시켜 각 조직 내에서 동조자들을 규합하고, 나아가 그 조직 전체를 자신의 수하에 두는 것에 초점을 맞췄다. 이러한 전략의 가장 중요한 목표는 사레카트이슬람이었다.

　스네이플리트와 동지 바루스 등은 사레카트이슬람 회의에 참가하여, 반식민지·반자본주의 사상을 호소하고 동조자들을 규합했다. 그러나 보다 영향력이 컸던 것은 '사회민주주의연맹'에 속해 있던 소수의 인도네시아인들이 직접 사레카트이슬람에 가입하는 것이었다. 그들은 새로 생겨나는 노동조합에 접근하여 내부 지지자들을 만들어 냈다. '연맹'의 회원으로서, 또한 지지자가 된 인도네시아인 중에는 이후 인도네시아 좌익운동의 중요한 지도자가 된 서마운(Semaun), 다르소노(Darsono), 탄 말라카(Tan Malaka) 등 당시 인도네시아에서 부유계급에 속하고 네덜란드어를 이해하는 청년들이 있었다.

　스네이플리트는 대중단체의 좌경화에 전력을 쏟는 한편, 러시아혁명을 모방하여 네덜란드 식민지 정부군의 '소비에트화'를 전개했다. 1918년 초에는 식민지군 3만 명 중 3천 명이 스네이플리트의 수하로 들어왔다.[17]

　그러나 스네이플리트 등 네덜란드 사회민주당원(1918년에 네덜란드 사회민주당은 공산당으로 이름을 변경)의 활동이 활발해지자, 식민지 정부는 1918년 말 군내의 소비에트 활동 등을 이유로 스네이플리트를 인도네시아에서 추방해 버렸다. 물론 바루스도 마찬가지였다. 추방된 스네이플리트는 모스크바로 건너갔으며, 1921년 6월 코민테른에서 중국으로 파견되어 코민테른 극동국 초대 국장으로 1923년 1월까지 중국에서 마링이라는 이름으로 활동했다. 그 후 모스크바를 떠나 네덜란드로 돌아가 네덜란드 공산당 위원장이 된다.[18]

인도네시아공산당의 결성과 사레카트이슬람의 분열

스네이플리트 등은 이와 같이 자바에서 수년간 활동 후 인도네시아를 떠났지만, 그들의 사상에 영향을 받은 인도네시아 청년들은 그 후 인도네시아 정치에서 중대한 역할을 맡게 되었다. 이들 청년들의 활동은 스네이플리트 추방 직후부터 급격히 활발해졌다.

'사회민주주의연맹' 계열의 청년 활동가들은 1919년 이후 사레카트이슬람의 '혁명화'에 매진했으며, 이를 위한 수단으로 노동조합을 장악하는 데 힘을 쏟았다. 또한 그들은 중동부 자바의 설탕농장 노동자 등을 대상으로 농촌에서 조직을 확대하고자 했다. 그리하여 1918년 1월 중부 자바에 '노동자·농민연맹'이 설립되었다.[19]

이러한 활동의 결과는 이미 지적한 사레카트이슬람 내부에서 '온건파'와 '급진파'가 격렬하게 대립하는 결과를 가져왔다. 사레카트이슬람 내부의 대립으로 러시아혁명 후 유럽의 혁명운동이 고조되었고, 국내 노동운동이 활기를 띠며 농민의 반정부 감정은 끓어올랐다. 더욱이 이에 자극받은 '급진파'가 1920년대에 들어서면서 '온건파' 지도부를 공격했으며, '인민참의회'의 보이콧을 비롯하여 정부에 대한 시위와 파업, 그리고 폭동이라는 직접적인 저항활동을 요구하여 대립이 더욱 날카로워졌다. 특히 농촌에서 일어난 반정부 운동의 열기는 급진파를 분발하도록 자극하여 사레카트이슬람 내 대립을 한층 심화시켰다.

제1차 세계대전 중 정부가 부과한 과중한 세금에 반발하여 각지에서 인도네시아 농민들이 일시적으로 들고 일어났다. 제1차 세계대전으로 국제무역이 혼란스러워지자 인도네시아 식민지 정권은 쌀 수입을 감소시켰다. 쌀 수입이 줄어들자 농민들의 불만은 더욱 높아졌다. 수입쌀에 의존하는 중동부 자바의 설탕농장 농민들과 농장노동자 사이에 쌀이 부족했기 때문이다. 쌀 농작보다 사탕 생산에 중점을 둔 네덜란드인 농장주와 이를 지지하는 식민지 정권에 대해 농민들의 불만은 사그라질 줄 몰랐다. 더욱이 정부가 자바의 농민들로부터 쌀을 강제 공출하여 쌀 부족 사태를 해결하려 하자 농민들의 분노가 폭발하여 각지에서 일시적인 폭동이 일어났다. 물론 농민폭동은 사레카트이슬람에 의해 주도된 측면도 부정할 수는 없었다. 1919년 7월 서(西)자바 가루트(Garut, 자와바라트주의 도시) 지역에서는 강제 공출에 반대한 일부 부농과 그 가족들이 경찰에 의해 살해되고, 관련된 농민 수십 명이 체포되는 사건이 발생했다. 이 사건을 사레카트이슬람의 반네덜란드 음모로 간주한 식민지 당국은, 사레카트이슬람의 일원인 사르조노(Sardjono)와 알리민(Alimin), 무소(Muso) 등 나중에 인도네시아공산당의 중요 간부가 될 사람들을 체포했다.[20]

이 사건에서 알 수 있듯이 당시 국내외 정세 변화로 인해 급속히 과격 노선을 걷게 된 급진파는 1920년 사레카트이슬람의 내부 대립을 촉발시키는 결정적인 행동을 감행했다. 이른바 1920년 5월 23일 사레카트이슬람 내 급진파를 이끄는 '인도사회민주주의연맹'은 명칭을 '인도공산당'으로 변경했는데, 이것은 아시아 최초의 공산당인 '인도네시아공산당'의 설립을 의미했다. 의장에는 서마운, 부의장에는 다르소노가 선출되었고 같은 해 12월 모스크바의 코민테른에 가입했다.

1921년에도 사레카트이슬람 내 공산당 그룹의 활동은 계속 격화되었다. 서마운 의장과 다르소노 부의장이 소련을 방문하여 국제적 연대를 과시했으며 사레카트이슬람 산하의 노동조합에도 침투공작을 계속했다. 1921년 6월 철도·전차직원조합 등 14개 조합을 결집하여[21] 공산당 계열의 '혁명적 노동조합연맹'을 조직하고 사레카트이슬람 지도부에 대해서는 자본주의를 지지하고 있는 반동그룹으로 몰아 강도 높게 공격했다.

사레카트이슬람 내의 분열과 대립이 격화되자 같은 조직 내에 공존하는 것이 불가능했다. 1921년 10월 사레카트이슬람 제6차 대회에서 '온건파' 지도부가 공산당 그룹의 배제를 골자로 하는 결의를 통과시키자 공산당 그룹과 산하 조직은 사레카트이슬람을 탈퇴하고 같은 해 12월 적색 사레카트이슬람인 '사레카트라야트(Sarekat Rakyat, 인민동맹)'를 설립하여 본래의 사레카트이슬람에 대항했다. 온건파와 결별한 공산당 그룹은 누구의 눈치를 볼 필요도 없이 독자적인 급진노선을 추구하게 되었다.

과격노선을 걷는 인도네시아공산당

과격한 혁명노선을 표방하며 인도네시아공산당이 출현하자 식민지 당국은 경계심을 높이고 공산당 지도부에 대한 탄압을 강화했다. 1922년 2월에는 연초부터 5천 명에 달하는 관영전당포 근로자의 파업을 주도한 공산당 최고지도자 탄 말라카가 체포되어 3월에 인도네시아에서 추방되었다. 그다음 해인 1923년 식민지 정부는 불온한 노동운동의 확대를 경계하여 강도 높은 탄압을 전개하면서 집회, 결사의 자유를 제한하고 폭력적이고 정치적인 파업을 금지했다.[22] 그리고 1923년 5월 소련에서 귀국한 후 관영철도 노동자 2,500명을 이끌었던 공산당 의장 서마운 역시 체포되어 추방되었다.

이러한 노동운동에 대한 규제 강화와 지도부에 대한 탄압에도 불구하고, 1924년 이후에도 공산주의자들의 급진노선은 변화가 없었다. 계속되는 탄압으로 궁지에 몰려 존립이 위태로울수록 더욱더 투쟁은 과격해졌다. 그러나 계속되는 정부의 탄압, 사레카트이슬람 주류파와의 결별, 1920년대에 들어 수출경기의 호황에 따른 농촌의 불안감 해소와 이로 인한 농민의 정치의식 냉각 등은 공산주의 운동을 급속하게 고립시켰다. 결국 스마랑이나 수라바야와 같은 도심부에서 노동조합에 의한 투쟁에 의지할 수밖에 없었다. 그렇지만 당시 인도네시아 도시노동자의 수는 적었고, 조직력에도 한계가 있어서 공산주의자의 급진적 투쟁에 부응하기에는 역부족이었다. 인도네시아 공산주의자의 고립된 투쟁은 상당히 위험했으나 불행하게도 이들의 과격한 투쟁노선을 제어할 수는 없었다. 특히 네덜란드 공산주의자와 이들에 의해 육성된 서마운과 탄 말라카 등이 추방되자 당 지도부의 관심은 급속히 인도네시아 중심주의로 옮겨졌다. 인도네시아 공산주의자는 국제적인 정세 변화를 냉정하게 판단하여 인도네시아를 바라보지 못하고, 당면한 국내 정세를 주관주의적이고 희망적으로 인식하여 혁명의 절박함을 강조했다. 더욱이 네덜란드 공산주의자가 추방되자, 1924년 1월 레닌 사망 후 소련과 코민테른은 세계자본주의 체제가 세계혁명을 허용할 만큼 약하지 않다는 것을 인식하고, 점진적인 자본주의와의 평화공존 노선을 채택하게 했다. 이에 따라 동남아시아에서의 구미 식민지 혁명에 대해서도 점차 냉담해지는 정세 변화를 인도네시아공산당에게 설득할 사람이 없어졌다. 네덜란드공산당이 설득한다 하더라도 인도네시아공산당은 이를 객관적으로 받아들이지 않았고, 그들은 점점 인도네시아 중심주의와 고립주의에 더 깊이 빠져들었다.

이렇게 인도네시아 공산주의자의 인도네시아 중심주의를 반영한 것인지, 이들은 1924년 6월 당명을 인도네시아어인 '인도네시아공산당(Partai Komunis Indonesia)'으로 바꾸었다. 같은 해 12월에 열린 전당대회에서 당 세력은 공산당원이 1,140명, 지지단체인 사레카트라야트가 3만 1천 명에 달했다. 이 대회에서 당 지도부는 약화된 당 세력을 동원해 식민지 정부와 대결하기로 결의하고, 도시노동자의 직접적인 투쟁방침을 분명하게 밝혔다.[23] 당의 과격화를 반영한 것인지 가루트 지역 사건으로 체포되었다가 공산당에 입당한 사르조노를 의장으로 선출했다.

1925년 들어서면서 인도네시아공산당은 스마랑과 수라바야 같은 중동부 자바의 항만도시에서 파업을 강행했다. 같은 해 중반 스마랑에서는 인쇄공, 간호사, 거룻배 노동자의 시위가, 수라바야에서는 부두노동자, 금속 공장 노동자들의 파업이 일어났다. 식민지 정부의 탄압은 날로 강경해졌다. 다르소노 등 공산당 간부와 노동운동 지도자가 다수 체포되어 투옥되었다. 또한 거점인 수라바야와 수라카르타(Surakarta, 자바주의 도시)에서는 집회가 전면 금지되었고, 전국적으로 공산당 사레카트라야트의 산하 단체에 대한 집회권 또한 박탈했다. 이것은 사실상 공산당 조직의 공공연한 활동을 전면적으로 부정하는 행위였다.

상황이 이렇게 되자 공산당 지도부가 택할 수 있는 길은, 지하활동과 무장봉기를 준비하는 것뿐이었다. 물론 당시 공산당 세력과 식민지 정부군의 역학관계를 고려하면 무장봉기의 성공 가능성은 없었다. 그러나 1925년 12월 25일 중부 자바의 중심 욕야카르타와 수라카르타 중간의 프람바난(Prambanan)에 모인 사르조노 등의 당 간부들은, 1926년 중반에 무장봉기를 단행하기로 결정했다.

인도네시아공산당의 무장봉기와 붕괴

한편 인도네시아공산당의 무장봉기 소식을 전해 듣고 놀란 코민테른 지도부와 탄 말라카 등 망명 중인 당 간부들이 봉기 중지를 요청하였지만, 1926년 11월 12일 밤 그들은 봉기를 결행했다.

물론 무장봉기는 당연히 실패했다. 봉기 직전, 이에 대한 정보를 입수한 당국에 의해 공산당 지도자들은 그들의 거점인 중부 자바에서 사전에 체포되었다. 서부 자바에서는 수도 바타비아, 반탐(Bantam, 자바섬 북서부 해안 도시)과 프리안간(Priangan) 등의 지방에서 봉기가 일어났다. 바타비아에서는 무장한 수백 명이 파출소와 형무소, 전화국 등을 공격했으나, 곧 체포되거나 사방으로 흩어졌고 지방에서의 반란도 곧 진압되었다.

이듬해인 1927년 1월 초 공산당이 수마트라섬 최대의 거점인 파당 (Padang, 수마트라바랏주의 주도)에서 정부의 공산당 탄압에 반대하여 무장봉기를 일으켰지만 역시 반년 만에 붕괴되었다.

1920년 창당 이래 도시노동자를 중심으로 정부와 직접 대결해 온 인도네시아공산당은 마지막 힘을 다해 무장봉기를 일으켰으나, 결국 약화된 조직력과 준비 부족으로 패배하고 말았다. 이로 인해 각지의 공산주의자 1만 3천 명이 체포되고 그 중 4,500명은 투옥, 1,300명 정도가 유배되었다.[24] 말 그대로 인도네시아공산당은 붕괴했다. 그리고 인도네시아공산당이 붕괴되고 곧 닥친 세계 대공황으로 인해 인도네시아는 일대 혼란에 빠졌고 농민과 노동자들은 사상 초유의 생활고에 시달렸다. 인도네시아의 정치는 공산당이 아닌 인도네시아국민당이 주도권을 잡았는데, 그 지도자는 금세기 인도네시아에서 가장 사랑받았던 정치가 수카르노(Sukarno)였다.

수카르노가 이끄는 인도네시아국민당의 대두에 대해 서술하기 전에, 1927년 초 인도네시아공산당이 붕괴되기까지 다른 동남아시아 국가의 정세는 어떠했는지를 살펴보기로 한다.

필리핀의 공산주의 운동

1924년까지 필리핀에서 전개된 미국의 반동정책과 이에 따른 노동운동의 대두, 그리고 일부 지도부가 공산주의자가 되었다는 상황은 이미 설명했다. 그 후 1925~1926년의 필리핀 정치운동에서 주목할 만한 움직임은, 미국의 반동정책이 계속되는 가운데 국제공산주의 운동이 필리핀 노동운동에 개입하려 했다는 것과, 에반젤리스따 등 노동운동 지도자가 그것에 협조했다는 사실이다. 여기에서 조직책 역할을 한 것은 미국공산당이었다. 미국공산당 대표의 중개로 1924년 중국 광둥에서 열린 코민테른 계열의 태평양운수노동자회의에는 5명의 필리핀 노동운동 지도자가 출석했는데, 그들은 귀국 후 소수 공산주의 동지들과 함께 사무국을 설립하여[25] 노동운동 내부에 공산주의를 정착시키는 계기를 만들었다.

　필리핀 노동운동에 대한 국제공산주의의 두 번째 공작은, 1925년 7월 인도네시아공산당의 최고 지도자의 한 사람이며 인도네시아 추방 후 모스크바로 옮겨가 코민테른 동남아시아 지구대표에 임명된 탄 말라카가 필리핀에 입국한 것이었다. 그는 1924년에 열린 광둥회의에서 필리핀 노동자대표로부터 초대를 받았으나 네덜란드 정부에 쫓기고 있어서 상하이를 거쳐 음악가 신분으로 필리핀에 들어갔다. 탄 말라카는 1926년 5월경까지 필리핀에 머물렀는데 겉으로는 정직한 인도네시아 민족주의자로 행동하여 케손 상원의장 등과 친분을 맺었으나 이면에서는 에반젤리스따 등 친공산주의 노동운동가와 접촉했다.[26] 이렇듯 1925~1926년 필리핀에서는 국제공산주의의 정착과 장래 필리핀공산당의 설립을 위한 공작이 진행되고 있었다.

인도차이나 민족운동의 전환

제1차 세계대전 이전 필리핀과 인도네시아에 이어 새로운 형태의 민족주의 운동을 보여준 인도차이나, 특히 베트남의 정세는 어떠했는지 알아보도록 하자.

　제1차 세계대전 이후 판보이쩌우의 활동에서도 알 수 있듯이, 1916년의 반프랑스 투쟁에 의해 충격을 받은 프랑스 당국은, 현지 주민의 관료 채용 허가, 공공사업의 확충 및 현지어 교육의 충실, 지방행정에 주민의 의견을 반영하기 위해 제한선거제를 통한 '지방자치 행정회의'의 설립

(1920년), 코친차이나 행정자문기관인 '코친차이나 식민지회의'에 현지인 대표자 확대 등 위로부터의 개혁을 시행하여 어떻게든 고조되고 있는 민족운동을 억제하기 위해 필사적으로 노력했다.[27] 그러나 이러한 프랑스의 노력에도 불구하고 반드시 베트남 독립을 획득하고자 하는 급진주의자의 움직임이 점차 표면 위로 떠오르기 시작했다.

베트남 급진주의자의 활동이 주목받은 첫 번째 사건은, 1924년 중순 중국 광둥에서 그곳을 방문한 프랑스령 인도네시아 총독 메르랑(Martial Merlin)이 판보이쩌우 계열의 베트남 혁명결사인 '떰떰싸(心心社)'의 젊은 투사 판홍타이(Phan Hong Thai)에 의해 폭탄테러로 목숨을 잃을 뻔했던 사건이다. 이것은 예전의 베트남광복회에 의해 저질러진 테러의 최후의 잔재와도 같은 것이었다. 이 사건은 프랑스에 충격을 주어 베트남 민족주의자에 대한 감시를 한층 더 철저하게 했다. 1925년에 판보이쩌우도 프랑스령 인도차이나 당국에 의해 체포되는 바람에 판보이쩌우 계열의 운동은 급속히 침체되었다.

그러나 이 사건은 베트남 정치에 중대한 영향을 미치게 되었고, 결과적으로 새로운 급진주의 운동이 그 모습을 드러냈다. 바로 공산주의자의 운동이었다. 베트남 공산주의자를 육성하고 결집하여 새로운 정치적인 힘을 얻게 된 인물은 베트남 출신의 코민테른 활동가 호찌민(胡志明, 호지명)이었다.

호찌민의 등장

호찌민은 1890년 중부 베트남의 가난하지만 많은 혁명가와 반골 지식인을 낳은 농촌지대인 응혜안주에서 관료 출신의 아들로 태어났다. 아버지가 판보이쩌우와 친하게 지낸 민족주의자였고 호찌민은 아버지의 영향을 받아 젊어서 반프랑스주의자가 되었다. 15살 때 후에(Fue)의 대학교에 들어갔으나 2년 후 학업을 포기했다. 교사생활을 하기도 하였고, 1911년 21살 때에는 해외 문화를 체험하기 위해 프랑스-인도차이나 항로의 선원이 되었다. 2년간의 선원생활 후 1914년 프랑스에 입국하였다가 영국으로 건너가 어러 직업에 종사했다. 선원생활과 유럽에서의 경험을 통해서 식민지 해방투쟁의 중요성을 확실하게 인식하게 된 그는, 프랑스에서 공산주의자들과 만나면서 반식민지 투쟁을 위한 여러 활동을 하다가 프랑스 공산당원이 되었다. 저명한 활동가이자 확고한 공산주의자가 된 그는 1924년 모스크바에 갔다가 그 후 코민테른의 일원으로서 국제공산주의 운동의 일선에 등장했다. 코민테른의 지시를 받고 첫 번째 부임지 광둥에 파견된 것은 1924년 12월이었는데, 그곳에서는 6개월 전에 프랑스 총독에 대한 암살미수 사건이 있었다.[28]

호찌민은 광둥에서 소련이 중국국민당 정부에 파견한 고문인 미하일 보로딘(Mikhail Markovich Borodin)을 보좌하는 임무를 받았다. 그러나 그가 행한 중요 임무는 광둥을 발판으로 베트남 해방투쟁을 재조직하는 일이었다. 호찌민의 방식은 소수의 동지들로 하여금 식민지 지배자들에게 테러를 하는 단순한 것이 아니었다. 베트남 독립을 슬로건으로 내걸고 가능한 많은 반식민지파 베트남인을 집결시켜, 우선 광범위한 독립투쟁 세력을 베트남 내에서 규합하여 제1의 독립을 획득하고, 결국 베트남을 공산화하려는 것이었다.

광둥에서 주력했던 일은 다수의 망명 베트남 민족주의자들을 조직하고, 그들을 독립투쟁의 첨병으로 베트남에 잠입시키는 일이었다. 그 결과 1925년 6월 광둥에 '베트남청년혁명동지회'가 결성되었다.

베트남청년혁명동지회는 기관지 「탄넨(靑年)」을 발행하고 민족주의 사상을 선전하는 한편, 동지들을 훈련시키기 위해 광둥에 있는 중국국민당·공산당 합작의 황푸군관학교[黃埔軍官學校, 중국국민당 지도자 쑨원(孫文)이 세운 학교: 역주]로 보냈다. 또한 베트남에서 청년들을 불러들여 교육시키고 훈련을 끝낸 동지들을 다시 조국 베트남에 잠입시켜, 비탄에 빠진 농민과 통킹(Tonking, 북베트남) 지방을 중심으로 증가하고 있던 도시노동자와 반프랑스 민족주의자들과 접촉하는 등 조직화에 힘쓰게 했다. 광둥에서 베트남으로 파견된 청년들 속에는 후에 북베트남 수상이 된 '팜반동(Pham Van Dong)'도 있었다.[29] 이와 같이 1926~1929년 초순까지 조국에 잠입한 청년들은 1천 명에 달했다고 한다.[30] 이렇게 베트남에도 공산주의 활동이 착실히 뿌리를 내리고 있었다. 공산주의자의 활동은 베트남 민족운동을 자극하여 공산주의의 조직화와는 별도로 새로운 민족주의 정당인 '베트남국민당'을 대두시켰다. 1927년 이후의 국민당과 공산당 활동에 대해서는 다른 지면을 할애하여 살펴보기로 한다.

이렇듯 인도네시아에서 1927년 초반 공산당이 붕괴될 때까지 필리핀과 인도네시아의 급진주의자 활동을 중심으로 하는 정세는 이미 살펴본 바와 같으며, 이어서 기타 동남아시아 지역에서는 어떠한 운동이 전개되었는지에 대해 알아보자.

난양(南洋)공산당의 결성

전통적 농촌사회인 영국령 말레이시아에서는 눈에 띄는 정치적 활동은 없었으며, 말레이시아인 외의 주요 거주자인 인도인과 중국인들에게도 정치적 동요는 찾아볼 수 없었다. 중국인과 인도인은 '타지에서 돈을 벌기 위한 노동자'가 대부분이었으며, 모국의 정치에 큰 관심을 가지고 있었지만 말레이시아 현지의 정치에는 거의 흥미를 보이지 않았다.

그러나 돈벌이를 하고 있는 말레이시아보다 본국의 정치에 강한 관심을 갖고 있었던 탓에, 본국의 정치운동을 거꾸로 말레이시아로 들여오게 하는 데 일조하였다. 그리고 이러한 현상은 쑨원의 혁명 이후, 정치활동에 크게 눈을 뜬 중국인에 의해 구체화되었다. 말레이시아에서도 1919년 이후에는 이미 중국국민당 지부가 탄생하여 당국의 금지령에도 불구하고 비밀리에 활동이 확산되었다.[31] 또한 1921년 중국공산당의 결성은 1922년 싱가포르에 중국공산당 지부, 속칭 '난양공산당'을 성립시켰다.[32] 이들 조직은 한곳에 정착하는 경향이 낮은 중국인 사회에서 강력한 조직을 갖추지 못하고 1920년대 본국 조직의 첫 번째 해외지부 정도의 성격에 머물렀다. 난양공산당은 중국공산당 및 코민테른의 동남아시아 공작의 연락기관 역할을 했다. 따라서 1927년경까지 말레이시아에서는 중국인의 새로운 조직이 결성된 것을 제외하고는 그렇게 중대한 정치문제는 제기되지 않았다.

미얀마 독립운동의 진전

한편 미얀마에서는 독립운동에 약간의 진전이 있었다. 1914년에 '청년불교도연맹'이 설립되어, 영국령 인도에서 미얀마를 분리시켜 독립을 쟁취하려는 운동이 시작된 것은 이미 언급하였다. 제1차 세계대전과 그 이후 이 연맹을 중심으로 영국에 독립을 요구하는 운동이 점차 고조되었고, 그 결과 1922년부터 미얀마는 영국령 인도의 주로 승격되었다. 또한 영국인 총독 밑에서 부분적인 독립을 허락받고, 제한선거제도를 통해 의회를 수립하는 것도 인정되었다.

그러나 이러한 영국 측의 양보는 이제 막 성장하고 있는 미얀마 자산가 계급과 지식인의 독립운동에 불을 붙이는 결과를 초래하여, 1922년 보다 완전한 독립을 요구하기 위한 미얀마 민족주의자의 전체회의라고 할 수 있는 '미얀마인연합협의회(GCBA)' 설립에 결정적 역할을 했다. 그러나 이 협의회는 같은 해 가을 제1회 의회선거에의 참가 여부를 둘러싸고 보이콧을 요구하는 급진파와 의회 내 개혁을 주장하는 국민당, 중간 입장에 있는 진보당의 세 파로 분열되었다. 선거 결과는 국민당의 승리로 끝나, 이곳에서도 독립의 방법을 둘러싸고 민족주의자들은 급진파와 온건파로 나누어졌다.

1925년의 선거에서는 중간파의 진보당이 '독립당'으로, 급진파는 '자치당'으로 이름을 바꿔 독자적으로 선거에 참가했는데, 그 결과 독립당이 국민당을 제치고 제1당이 되었다. 그런데 독립당은 제1당이 되자마자 보수화되어 영국 총독정부에 협력했다. 이 때문에 독립을 요구하는 여론은 점차 급진적인 자치당으로 기울기 시작하여, 1928년의 제3차 총선거에서는 자치당이 제1당이 되었다. 그러나 이 자치당도 제1당이 되자 변질되어 영국 통치의 지지파로 바뀌었다. 기존 정당들이 점차 보수화하자 미얀마 대중은 독립 쟁취를 위해 완전히 새롭고 전투적인 정치집단이 출현하기를 원했으나, 이 새로운 조직은 1930년대의 세계 대공황으로 미얀마가 큰 고난을 겪을 때까지 나타나지 않았다.

태국 변혁의 새로운 힘

끝으로 태국은 동남아시아 유일의 독립국이었기 때문에 독립운동은 존재하지 않았다. 1782년에 세워진 방콕왕조(짜끄리왕조)의 통치 아래 세계에서도 유례없는 국왕 전제정치가 계속되었다. 라마 6세 와치라웃(Vajiravudh)왕이 1910년부터 1925년까지 통치하고, 1925년부터는 라마 7세 쁘라짜티뽁(Prajadhipok)왕이 통치했다. 그러나 정치적 실권은 국왕에게 없었으며 왕족 중에 원로로 구성된 최고고문회의가 실질적으로 지배했다. 또한 정부 요직은 왕족과 귀족이 독점하고, 격변하는 아시아 정세 속에서 1인 통치라는 낡은 전통에 의존하여 국가 경영이 이루어졌다. 태국에서의 정치적 급진주의의 과제는 독립투쟁이 아니라 뒤처진 전제정치의 타파였다. 태국에서도 새로운 인물이 나타났으며, 1920년대 들어서는 새로운 정치집단이 각지에서 발흥했다.

이러한 정치집단 가운데 이후의 태국 정치에 족적을 남기게 된 그룹은 태국의 군·관계 내의 청년혁명파라고 칭하는 사람들이었다. 관계(官界)에서의 이 그룹 지도자는 쁘리디 파놈용(Pridi Banomyong)이었고, 그는 1922년 프랑스 유학 중 학생 동지들을 모아 서둘러 혁명준비회의를 개최했다고 한다. 한편 군대는 프라야 파혼(Phraya Phahon)을 비롯한 영관급 장교가 이끌었으며 루안 피분 등의 위관(尉官)급 청년장교들로부터 지지를 받았다. 국내 혁신파의 다수는 독일 유학파였으며, 왕족의 독단적인 군부 운영을 폐지하고, 군의 합리화와 근대화를 도모했다.[33] 이런 군·관 양 진영의 혁신파가 결집하자 태국 정치에도 급격한 변혁의 바람이 불었지만 실질적인 변혁은 대공황에 의해 지연되었다. 1920년대에 유입된 중국인에 의해 중국국민당 지부가 탄생하고, 1920년대 말경 공산당이 결성되었으나 특별한 활동은 없었다.[34]

1927년 정치적 급진주의의 전환기와 중국혁명

제1차 세계대전 전후부터 1927년에 이르기까지 동남아시아의 정세는, 합법적 수단에 의한 독립투쟁이 더디게 진행되고 그것에 반발한 급진주의 운동이 급속히 대두한 것으로 특징지을 수 있다. 특히 필리핀과 인도네시아, 인도차이나에서 공산주의자들이 주도한 운동이 활발했고, 미얀마와 태국에서도 변혁을 위한 준비 작업이 착실히 진행되었다. 그러나 1920년대의 정치적 급진주의는 1927년에 중대한 시련을 맞는다. 제1차 세계대전 후 동남아시아에서 가장 급진적이고 활발한 활동을 보였던 인도네시아공산당이 1927년 초 완전히 붕괴된 것이 가장 큰 이유 중 하나였다. 그러나 1927년이 정치적 급진주의 발전에 중대한 전기(轉機)를 가져온 또 하나의 중대한 사건은 중국에서 일어났다.

그동안 공산당과 합작하여 화북과 화중 지방의 군벌정권을 토벌해 온 중국국민당이, 1927년 4월 국민당군 총사령관인 장제스(蔣介石, 장개석)의 지휘 아래 돌연 공산당과의 합작을 포기하고 공산당과 그 군대를 탄압하기 시작했다. 이것은 장제스가 공산당의 세력 확대를 두려워하여 중국 자본가 및 일본, 구미 세력의 지원 아래 반공 쿠데타를 일으킨 것이다. 길고 긴 국민당과 공산당 간의 내전이 시작된 것을 의미했으나 단기적으로는 소련과 코민테른, 중국공산당과 국민당과의 협조관계가 종결되었음을 뜻했다. 이로 인해 중국 중남부를 거점으로 하는 공산주의자의 활동은 국내외적으로 중대한 어려움에 직면했다.

사태는 긴박하게 돌아갔고 공산당은 장제스의 공격에 시급히 대처해야만 했다. 다행히 이때 남중국 장쑤성(江西省) 난창(南昌)에서 공산당 세력이 강했던 국민당군 제4군이 반란을 일으켰다. 난창봉기가 일어난 1927년 8월 1일은 현재 중국인민해방군 창립일이 되었다. 그러나 봉기군은 패하고 공산군은 남쪽으로 도망갔다. 1928년 9월 장쑤성과 후난성(湖南省) 등에서 공산당이 주도하는 대규모 농민폭동도 국민당군의 탄압을 받았다. 농민 반란군 중에는 국민당군의 탄압을 이겨내고 성공적으로 작은 '해방구'를 만들어낸 조직도 있었다. 그 해방구 중 하나가 장쑤성과 후난성 사이에 있던 징강산(井岡山)이었는데 이곳으로 후난성 출신의 중국공산당 간부 마오쩌둥(毛澤東, 모택동)이 잠입한 것은 1927년 10월의 일이었다. 마오쩌둥이 그곳을 거점으로 농민군과 난창봉기에서 생존한 병사들을 중심으로 어떻게 현재의 중국인민해방군과 중국인민공화국을 건설했는지는 지금도 주지할 만한 사실이다. 그가 1927년 10월 처음으로 징강산에 들어간 것은 지금까지 세계 공산주의운동에 있어서 전례 없는 혁명방식의 시작에 불과했다.

공산주의자의 두 번째 대응은 그렇게까지 새로운 것만은 아니었다. 도시노동자의 무장부대를 주력군으로 하여 도시봉기를 일으키고 파리코뮌식의 혁명도시를 건설하려고 했던 것이다. 봉기의 표적이 된 도시는 중국공산당과 국제공산주의운동의 활동거점인 광둥이었다. 1927년 12월 12일의 광둥소비에트 봉기가 바로 그것이다. 그러나 저우언라이(周恩來, 주은래)에 의해 주도된 이 봉기는 3일 만에 붕괴되었고 노동자병사들은 장제스군에 의해 가차 없이 학살되었다. 그곳에 있던 소련인들은 국외로 추방되었고 호찌민과 혁명동지 회원들도 광둥을 빠져나와 홍콩이나 국외로 도망칠 수밖에 없었다. 이 사건을 계기로 중국공산당은 그 후 오랫동안 도시 중심부로부터 내몰리고 농촌을 거점으로 혁명활동을 하게 된다.

1927년 중국공산당의 일시적인 패퇴와 함께 같은 시기에 일어난 인도네시아공산당의 붕괴는 1917년 소비에트혁명 이후 아시아에서 순풍에 돛단 듯했던 급진주의적 정치운동에 찬물을 끼얹은 격이 되었다. 두 사건의 영향은 컸고 그를 통해 얻게 된 교훈도 많았다.

코민테른 지도자들은 아시아 혁명에 대해 전면적인 재검토를 하지 않을 수 없었다. 모스크바 지도부에서는 날카롭게 대립했고, 아시아 혁명뿐 아니라 소비에트혁명과 서구에서의 혁명방법에 대해서도 대립이 생겼다. 결국 소련공산당의 실력자 스탈린(Iosif Vissarionovich Stalin)과 항상 대립해 온 레온 트로츠키(Leon Trotskii)가 1927년 12월 공산당에서 제명되었다. 같은 해 6월에는 코민테른의 아시아 공작 책임자인 인도의 로이(Manabendra Nath Roy)가 스탈린의 압박을 받고 있었다. 아마 모험주의적 작풍에 대한 책임을 추궁 당했는지도 모른다.

최고지도부도, 현장의 활동가도 모두 고민에 빠졌다. 중국공산당과 지도자들은 농민병사를 혁명의 주력부대로 하는 마오쩌둥 방식이 좋을지, 노동자병사를 주력부대로 하는 것이 좋을지에 관해 오랫동안 의견이 분분했다. 동남아시아에서는 이미 붕괴된 거점인 인도네시아에 다시 잠입해서 필리핀과 말레이시아, 인도네시아, 미얀마, 태국에 공산당을 어떻게 건설할 것인지가 지상과제였다. 어떤 경우에도 인도네시아의 전철을 밟는 것은 피해야만 했다. 그러나 새로운 공산당을 건설하기 위해서 주력군이 도시노동자인지 농민인지에 관해서는 그다지 중요하게 생각하지 않은 것 같지만, 도시를 중심으로 한 거점 확보에 힘을 기울인 것만은 사실인 듯하다. 당시만 해도 마오쩌둥이 제기한 혁명방식은 광범위한 지지를 받지 못했다. 인도네시아공산당도 패배 후에는 마오쩌둥과 같이 농촌 세력을 재건할 수 있는 인물을 탄생시키지 못했고 동남아시아 혁명의 새로운 방식은 제시되지 않았다.

그러나 농촌혁명 방식의 중요성은 곧 밝혀졌다. 아시아 전역을 휩쓴, 특히 중국과 동남아시아를 뒤흔든 세계 대공황이 지역 농업에 심각한 타격을 주었기 때문이다. 농민들은 과감히 봉기했으며 생활고와 공황을 초래한 지배층에 맞서 항거했다. 이러한 농민들을 효과적으로 조직한 공산당은 중국의 마오쩌둥뿐이었다. 동남아시아 농민들은 지도자가 없는 상태에서 일회성 시위로 그쳤고 극히 한정된 지방에서만 지도자의 지휘를 받거나, 혹은 공산당 이외의 정당이 투쟁을 지도했다. 단지 베트남의 일부 지역에서만 공산주의자가 농민봉기를 조직했는데 그것은 1930년대 동남아시아에 있어서는 예외적 현상이었다.

인도네시아공산당의 붕괴와 중국국민당의 공산당에 대한 일시적인 승리는, 동남아시아의 민족운동을 자극했다. 각국에서 공산주의와는 차별

화된 민족주의자가 '국민당'을 설립하여, 새로운 기세로 반식민지 독립투쟁을 개시했다. 하지만 각국 국민당 역시 공산주의자와 함께 식민지 지배권력의 혹독한 탄압을 견뎌야 했다. 국민당의 등장과 더불어 1927~1928년 이후 동남아시아의 정치투쟁은 곧 대공황에 휩쓸리게 된다.

註
••

1) B·グラント(1968), 『インドネシア 現代史』(駒城 譯), 世界思想社, p. 25.

2) A. Guerrero(1970), 『Philippine Society and Revolution』, p. 31.

3) T. A. Agoncillo, O. M. Alfonso(1967), 『History of The Filipino People』, p. 299.

4) 南方年鑑刊行會 編(1944), 『南方年鑑』, 1943年版, 東邦社, p. 901.

5) 南方年鑑刊行會 編(1944), 『南方年鑑』, 1943年版, 東邦社, p. 902.

6) A. B. Saulo(1969), 『Communism in the Philippines』, p. 7.

7) A. B. Saulo(1969), 『Communism in the Philippines』, p. 10.

8) 隅谷三喜男 編(1962), 『フィリピンの經濟構造と勞動構造』, アジア經濟研究所, p. 10.

9) 『Yearbook of Philippine Statistics: 1946』, p. 211, より算定.

10) J. H. Brimmell(1959), 『Communism in South East Asia』, p. 101.

11) G. M. Kahin(1952), 『Nationalism and Revolution in Indonesia』, pp. 73~74.

12) 增田 與(1971), 『インドネシア現代史』, 中央公論社, p. 37.

13) G. M. Kahin(1952), 『Nationalism and Revolution in Indonesia』, p. 75.

14) 南方年鑑刊行會 編(1944), 『南方年鑑』, 1943年版, 東邦社, p. 902.

15) R. T. Mcvey(1965), 『The Rise of Indonesian Communism』, pp. 14~17.

16) R. T. Mcvey(1965), 『The Rise of Indonesian Communism』, p. 15, 17.

17) R. T. Mcvey(1965), 『The Rise of Indonesian Communism』, p. 29.

18) 增田 與(1971), 『インドネシア現代史』, 中央公論社, pp.38~39.

19) R. T. Mcvey(1965), 『The Rise of Indonesian Communism』, p. 42.

20) 增田 與(1971), 『インドネシア現代史』, 中央公論社, p. 36.

21) 增田 與(1971), 『インドネシア現代史』, 中央公論社, p. 40.

22) 南方年鑑刊行會 編(1944), 『南方年鑑』, 1943年版, 東邦社, p. 904.

23) R. T. Mcvey(1965), 『The Rise of Indonesian Communism』, pp. 262~263.

24) 增田 與(1971), 『インドネシア現代史』, 中央公論社, p. 67.

25) J. H. Brimmell(1959), 『Communism in South East Asia』, p. 101.

26) A. B. Saulo(1969), 『Communism in the Philippines』, pp. 14~15.

27) 南方年鑑刊行會 編(1944), 『南方年鑑』, 1943年版, 東邦社, pp. 355~356.

28) ジャン·ラクチュール(1968), 『ベトナムの星』(吉田·伴野 譯), サイマル出版會, p. 37.

29) ジャン·ラクチュール(1968), 『ベトナムの星』(吉田·伴野 譯), サイマル出版會, p. 40.

30) Nguyen Phut Tan(1964), 『A modern history of VietNam』, Saigon, p. 440.

31) H. Miller(1954), 『The Communist Menace in Malaya』, p. 19.

32) E. O'Ballance(1966), 『Malaya: The Communist Insurgent War, 1949~1960』, p. 20.

33) 矢野 暢(1968), 『タイ·ビルマ現代政治史研究』, pp. 40~43.

34) J. H. Brimmell(1959), 『Communism in South East Asia』, p. 114.

제 3 장

●

세계 대공황기의 정치·경제적 격동

1 국민당과 공산당

수카르노와 인도네시아 국민당

1927년 7월 4일 자바섬 서쪽의 고원도시 반둥에서 '인도네시아 국민동맹'이 결성되었는데,[1] 네덜란드 유학 경험이 있는 인도네시아 청년 엘리트들이 주축이었다. 그런데 지도자는 유학파 출신이 아니라 1926년 5월 반둥의 한 공과대학을 졸업하고 기사자격증을 가진 한 청년이었다. 그의 이름은 다름 아닌 수카르노였다.

수카르노는 1901년 6월 6일 동부 자바의 항구 수라바야에서 태어나 가난한 유년생활을 보냈다. 아버지는 초등학교 교사였지만 강한 민족의식을 가진 사람이었다. 그의 부모는 수카르노가 고등교육을 받도록 하기 위해 수카르노를 네덜란드인이 운영하는 학교에 보냈으며, 수라바야가 자랑하는 민족지도자인 트조크로아미노토의 집에 수카르노를 기숙하게 했다. 트조크로아미노토는 사레카트이슬람의 최고지도자였는데 그의 집에서 지내게 된 것은 수카르노의 인생을 결정짓는 계기가 되었다. 수카르노는 트조크로아미노토 및 그의 집을 드나드는 사레카트이슬람의 청년활동가들, 즉 훗날 공산당의 간부가 되는 알리민이나 무소 등과의 만남을 통해 열렬한 민족주의자가 되었고, 자연스럽게 사레카트이슬람의 회원이 되었다. 수카르노가 스무 살이 될 때 트조크로아미노토의 딸과 결혼한 사실에서도 알 수 있듯이 트조크로아미노토와의 강한 개인적 유대 때문인지 사레카트이슬람 내에서는 공산주의자 그룹과는 선을 긋고 항상 온건파에 속해 활동했다. 트조크로아미노토와 마찬가지로 수카르노는 대중연설에 뛰어난 능력을 발휘하여 점차 연설가의 길을 걷게 되었다. 1921년부터 1926년까지의 반둥 공과대학 시절, 대중선동형 정치가로서의 재능은 한층 더 빛을 발하여 민족운동가로서 널리 알려졌다. 대학 졸업 후 그는 우선 경제적 독립을 위해 토목사무소를 개업하고, 동시에 민족운동에 관심을 가진 네덜란드 유학파 엘리트들과 정치연구회를 조직하여 정치활동도 이어나갔다. 정치활동에 쫓겨 곧 토목사무소는 문을 닫고 본격적인 활동에 전념했다.[2]

1927년 7월 수카르노가 인도네시아 국민동맹의 위원장으로 등장한 것은 바로 이러한 배경에서였다. 즉 국민동맹이 등장한 때는 그때까지 수년간 인도네시아 정치를 움직여 온 공산당이 완전히 붕괴되고, 공산당의 라이벌이며 트조크로아미노토가 지휘하던 사레카트이슬람도 기력이 쇠퇴하면서 인도네시아 대중이 의지할 수 있는 새로운 정치세력이 필요한 시점이었다.

수카르노의 국민동맹에는 각지의 인텔리 민족주의 그룹과 공산당에 희망을 걸었던 사람들, 그리고 사레카트이슬람에 불만을 가지고 있던 사람들이 속속 모여들었다. 1928년 5월 인도네시아 국민동맹이 '인도네시아 국민당(Partai National Indonesia)'으로 이름을 바꾸었을 때에는 당원이 6천 명에 달했다.

네덜란드의 국민당 탄압

인도네시아의 해방과 독립을 슬로건으로 내건 국민당은 각지에서 대중집회를 조직하고, 수카르노의 연설을 통해 대중들로부터 지지를 얻었다. 한편 공산당의 실패에서 얻은 교훈을 바탕으로 독립운동을 위한 광범위한 대중조직을 건설한다는 목표하에 1928년 12월, 사레카트이슬람과 부디 우토모(Budi Utomo) 등 민족주의 정치단체를 집결하여 '인도네시아 민족정치단체연합회'를 결성했다. 국민당은 또한 노동조합의 조직화에도 노력했다. 1929년 5월 제2차 국민당대회가 열렸을 때, 당원은 1만 명에 달했다. 그것은 국민당이 인도네시아에서 새로운 민족주의 정치운동의 핵심 정당으로서 자격을 갖추었다는 것을 의미했다.

국민당이 반제국주의, 반네덜란드의 기치 아래 각지에서 대중집회를 조직하여 다시 한 번 반네덜란드 독립투쟁의 열기를 고조시키는 데 전력하자 네덜란드 식민지 당국은 경계심을 높였다. 공산당 봉기의 충격이 말끔히 가시지 않는 상태에 있던 식민지 정부는 국민당이 더 세력을 키우기 전에 뿌리 뽑을 작정이었다. 1929년 12월 24일 식민지 정부는 수카르노 등 국민당 지도자 8명을 체포하고, 그 중 4명은 1930년 9월 정부 전복 음모를 이유로 유죄 판결을 내렸다. 또한 인도네시아 국민당을 불법단체로 규정하고 해산시키려 했으며, 이로 인해 공산당 붕괴 후 인도네시아의 새로운 지도정당이 되려 했던 수카르노의 국민당도 예기치 못한 좌절을 겪게 되었다. 그러나 수카르노가 3년의 형기를 받고 반둥의 감옥으로 보내질 무렵, 인도네시아에는 세계 대공황의 그림자가 드리워지기 시작했다. 그것은 수카르노가 1931년 12월 31일 식민지 정부의 선처로 형기를 1년 남짓 남기고 석방되었을 때, 대공황의 타격으로 위협받고 있던 인도네시아 대중 앞에서 수카르노가 다시 한 번 열변을 토할 무대가 준비되어 있음을 의미했다.[3]

베트남국민당의 결성과 과격노선

인도네시아에서 수카르노의 국민당이 탄생하여 활동하다가 순식간에 사라져버리고 있을 때, 프랑스령 인도차이나의 베트남에서는 같은 '국민당'이 두드러진 활약을 보였다. 베트남국민당은 인도네시아와는 다르게 처음부터 과격한 방법으로 식민지 권력과 대결하고 있었다. 그러나 그들은 유혈사태 속에서 단명으로 끝날 수밖에 없었다.

수카르노의 '인도네시아 국민동맹'이 생긴 1927년 크리스마스에 북베트남의 하노이(Hanoi) 시내에서 '베트남국민당(Vietnam Quoc-dan Dang)'이 결성되었다. 이 정당은 북베트남의 지식인 민족주의자를 중심으로 결성되었음에도 불구하고 인도네시아 국민당에 모였던 지식인들과는 달리 창립 초기부터 무장봉기에 의한 식민지 권력의 타도를 목표로 했다.[4] 베트남국민당 지도부가 당 설립 초기부터 무장봉기를 지향했던 이유는, 민족주의 사상을 선전하기 위해 당을 설립하기 2~3년 전부터 전개해왔던 출판활동·협동조합운동 등의 이른바 개량주의적 정치활동이, 1924년 광둥에서 일어난 프랑스 총독 암살미수 사건으로 말미암아 프랑스 당국의 감시와 혹독한 탄압을 받았기 때문이며 이에 대한 강한 반발이 크게 작용했다.

베트남국민당은 무력봉기를 목표로 우선 약 2만 5천 명의 식민지 정부군 중 1만 수천 명에 이르는 현지인 대원들[5]의 조직공작에 나섰다. 1928년 북베트남에서 약 5백 명, 남쪽의 코친차이나에서 약 3백 명을 당원으로 입당시켰다. 중부 베트남은 호찌민의 '청년혁명동지회' 세력이 강했던 터라 국민당의 조직공작은 별다른 성공을 거두지 못했다.

또한 국민당은 북베트남을 중심으로 많은 중류층 지식인과 공무원, 그리고 소수의 베트남인 자산가까지 당원으로 영입하고 하노이 등지에서 폭탄제조소 및 무기저장고를 비밀리에 만들었다.

국민당의 과격한 활동은 프랑스의 경계수위를 한층 높였다. 1929년 2월 베트남 노동자들을 비참하게 착취하던 프랑스 상인이 암살당하자 프랑스 당국은 본격적으로 국민당 탄압에 나섰다. 수많은 국민당원이 체포되고 자백을 거부한 당원은 잔혹한 고문 끝에 목숨을 잃었다. 1929년대 전반에만 1천여 명이 체포되었다. 그러나 탄압은 여기서 그치지 않았다. 고문과 협박에 시달린 국민당원이 첩자로 포섭되어 국민당의 기밀이 빠져나가기 시작했다. 수백 명의 국민당원과 병사당원들이 체포되고 하노이 등에서 만들고 있던 무기제조소와 저장고가 발각되었다.

옌바이 봉기

프랑스 당국의 탄압이 강화되자 국민당 지도부는 커다란 타격을 입고 초조함을 느꼈다. 일찍이 인도네시아공산당의 지도자가 내몰렸던 상황과 마찬가지로 앉은 채로 조직의 붕괴를 지켜볼 것인가, 무장봉기를 일으킬 것인가를 결단해야 할 상황이 되었다. 베트남국민당의 선택은 무장봉기였다. 1930년 2월 10일 정부군 내 당원병사를 중심으로 한 국민당 봉기군이 북베트남의 옌바이(Yen Bay)와 박닌(Bacninh, 바크닌) 등에서 일제히 프랑스군에 대해 공격을 개시하고, 하노이에서는 통신선과 경찰본부를 공격했다.

옌바이에서는 프랑스인 장교 6명을 살해하고 병영을 일시적으로 점령했지만, 곧바로 반격해 온 정부군에 의해 봉기군은 사면초가에 빠졌다. 다른 지역도 상황은 마찬가지여서 결국 봉기는 실패로 끝났다. 1930년 2월 14일 전세를 만회하기 위해 지도부는 통킹 삼각주(송코이강 삼각주, 홍강 삼각주)의 후독 지방에서 빈약한 무기이지만 무장병력 5개 대대를 총동원하여 최후 공격에 나섰다. 한때 후독 지사를 체포하는 전과를 올리기

도 했지만 결국 정부군에 패하고 지도부도 부상을 입고 체포되고 말았다.[6]

이렇게 국민당의 무장봉기는 실패하고 북베트남에서 7만 명의 당원 중 3천 명이 사망하거나 심한 부상을 입고 체포되었다. 39명은 사형 당하고, 80여 명이 종신형을 선고받았다. 지도부는 6월 16일 옌바이에서 12명의 동지들과 함께 "베트남 만세"를 외치며 처형되었다.

각국의 반정부 활동이 저마다 차이가 있기는 했으나 인도네시아와 인도차이나에서 국민당원들이 치열한 투쟁을 벌이고 있을 때, 공산당원들도 필사적이었다. 1927년 인도네시아와 중국에서의 세력 약화를 만회하기 위해 조직 정비에 혼신을 기울였다. 그 가운데 하나는 인도네시아에서의 패배를 극복하기 위해 필리핀과 말레이시아, 인도차이나 등 동남아시아 지역에서 공산당을 건설하는 것이었다.

필리핀공산당의 결성

1927년 이후 필리핀에서는 국제공산주의자들의 활동이 활발해졌다. 1927년 초 인도네시아공산당 출신인 코민테른 활동가 탄 말라카가 필리핀에 입국했다. 네덜란드 당국으로부터 탄 말라카의 정체를 전해들은 필리핀 경찰은 1927년 8월 그를 체포하여 국외로 추방했다. 그러나 1927년 이후 필리핀공산당의 활동을 지원한 것은 미국공산당이었다. 미국공산당은 필리핀 내부의 노동운동, 농민운동 지도자들과 접촉하고 공산주의 운동에 동조하는 사람들을 은밀히 집결시켰다.

그 결과 1927년 6월 필리핀 노동조합회의가 코민테른의 하부조직인 범태평양 노동조합 사무국에 가입하게 되었다. 그리고 필리핀 노동조합회의는 1928년 3월 모스크바에서 열린 공산주의 노동조합 인터내셔널회의에 노동운동 지도자인 에반젤리스따와 농민운동 지도자인 마나한을 대표로 참석시켰다. 1928년에는 모스크바 동방노동자대학에 최초로 필리핀 노동운동 활동가가 유학을 했다.

그러나 에반젤리스따를 비롯한 친공산주의자들이 노동조합의 상부기관인 필리핀 노동조합회의의 방향을 공산주의 노선으로 바꾸기 시작하자 노동운동 내부에서 대립이 불거졌다. 필리핀 정계의 주도세력은 의회 제1당인 내셔널리스트당이었고, 노동운동 내부에서도 내셔널리스트당의 합법주의적이고 온건한 정치투쟁노선을 지지하는 세력이 많았으며 노동조합의 오랜 지도자들 중에도 내셔널리스트당 당원이 다수를 차지했다. 1920년대 필리핀 경제의 호황은 노동운동을 개량주의적이고 경제투쟁 편향으로 이끌었으며 그 결과 온건한 정치투쟁노선을 지지하는 사람들이 늘어났다. 노동운동 내 온건파는 에반젤리스따 진영의 급진노선에 크게 반발했다.

두 파벌의 대립은 1928년 5월 극단적으로 표출되었다. 에반젤리스따와 급진파 간부가 모스크바에서 열린 공산주의 노동조합 인터내셔널회의에 참가하고 있던 5월 1일, 필리핀 노동조합회의 내 보수파들이 회의를 소집하여 에반젤리스따를 서기장 자리에서 내쫓고 지도부를 장악했다. 이는 급진파에 대한 보수파의 도전이었다.[7]

노동조합 지도부에서 밀려난 에반젤리스따 진영은 1925년 결성한 '노동당'을 통해 정치활동을 전개하는 한편, 노동운동 내부의 급진파 결집에 전력을 기울였다. 노동운동 내부에서 좌우 대립이 분명하게 드러난 1929년 5월 1일 이후 열린 필리핀 노동조합회의 대회에서 두 집단은 완전히 결별했다. 급진파 대표는 대표 자격이 없는 보수파 조합 대표가 대회에 참가한 것에 항의해 대회 도중 퇴장하고 5월 5일 독자적인 노동조합 단체인 '필리핀노동자연맹(KAP)'을 결성했다. 이것으로 필리핀 노동운동은 완전히 분열되었다.

분열 이후 보수파는 내셔널리스트당 등 온건파 정당과의 유대를 강화하고, 급진파는 노동당을 발전시켜 국제적으로 인정받는 독자적인 급진 정당, 즉 공산당의 설립을 위해 노력했다. 1930년 5월 말에 열린 좌파 필리핀 노동자회의 대회에서 총회원 수가 4만 5천 명에 달한다고 주장한 급진파는 7월에 열린 노동자회의 중앙위원회에서, 새로운 노동자계급의 정당을 8월에 설립하겠다고 천명했다. 1930년 8월 26일 새로운 정당인 필리핀공산당이 결성되었고 초대 당서기장으로 에반젤리스따가 선출되었다.

인도차이나공산당(베트남공산당)의 결성

노동운동의 분열이라는 대가를 치르면서 필리핀에서 어렵게 공산당이 설립되었으며, 1930년에는 또 다른 두 개의 공산당이 동남아시아에 모습을 드러냈다. 바로 인도차이나공산당과 말레이시아공산당이다. 인도차이나에 대해서는 이미 1925년 6월 중국의 광둥에서 호찌민이 베트남청년혁명동지회를 결성했으며, 그 멤버를 조국 베트남으로 속속 불러와 공산주의자 조직을 만들기 시작했다고 설명했다. 이후 청년혁명동지회 그룹은 베트남 각지에서 노동자와 농민들 사이에 파고들어가 조직의 확대를 꾀하게 된다.

1927년 4월 중국에서 일어난 장제스의 반공 쿠데타로 인해 청년혁명동지회는 각지를 전전하다가 홍콩으로 탈출했으며, 호찌민은 중국을 떠나 소련으로 들어갔다. 호찌민은 1928년 코민테른으로부터 동남아시아 공산 활동의 책임을 부여받고 다시 동남아시아로 보내졌다.[8] 1928년 후반 태국 방콕으로 들어간 호찌민은 1928년 11월경 인도차이나에 인접한 태국 동북부 마을에 모습을 드러냈다. 이 지역은 라오스와 캄보디아에 인접해 있고 베트남 중부와도 가까우며, 게다가 가난한 베트남에서 이주해 온 동포들이 집단 거주하고 있었다. 아마도 호찌민은 현지 베트남인을 조직하여 장래 인도차이나 해방전쟁의 한 세력으로 만들려고 했을 것이다. 호찌민은 승복을 두르고 방콕 사원에도 들어가 태국 동북부 출신의 젊은 승려들에게도 조직활동을 펼치며 1928년 후반부터 1929년의 대부분을 태국에서 보냈다.

그러나 장제스의 반공 쿠데타 이후 베트남 공산주의운동의 지도자인 호찌민의 이러한 활동은 베트남 각지에서 활동하는 공산주의자들의 불만을 샀다. 특히 1928년과 1929년 북베트남 지방에서는 베트남국민당의 급속한 조직 확대와 '전쟁 준비'가 현저해지자 베트남 공산주의자들은 매우 초조해졌다. 하루빨리 국민당에 대항하는 공산당을 설립해야 한다고 생각했던 것이다.

이러한 가운데 1929년 5월 초 혁명동지회가 장제스 쿠데타 후 홍콩에서 처음으로 대회를 소집했다. 이 대회에서 북베트남의 대표가 베트남에 이제 공산당을 설립해야 한다고 강력하게 주장했으며, 결국 다른 지역 대표들의 마음을 사로잡아 베트남공산당이 설립되기에 이르렀다.

그런데 베트남에서 공산당의 조직활동은 내분으로 어려움을 겪었다. 하루라도 빨리 국민당에 대항하기 위해 공산당 설립에 급급했던 북베트남 공산주의자가, 안남 및 코친차이나 등 지체되고 있던 중남부 베트남에서의 조직 건설을 배려하지 않고 1927년 6월 17일 하노이에서 인도차이나공산당 창당을 결정했기 때문이다. 이에 1927년 10월 혁명동지회 소속의 안남 및 코친차이나 대표는 하노이에 설립된 공산당과는 별도로 안남공산당을 세웠다. 이 두 공산당의 대립은 이윽고 베트남 공산주의운동의 정체(停滯)를 가져왔다. 1930년 1월 홍콩에 나타난 호찌민이 양 파벌의 대표를 불러 대립을 조정한 후 1930년 2월 3일에야 '베트남공산당'이 새

롭게 태어날 수 있었다. 1929년 10월 코친차이나의 지식인 민족주의 단체
가 '인도차이나공산주의연맹'으로 이름을 바꾸고, 혁명동지회 계열의 공
산당과는 다른 방향의 공산주의 활동을 펼치는 것에도 주목하고 있던 호
찌민은 주도면밀한 계획하에 이마저도 베트남공산당에 편입시키는 데 성
공했다.

이렇게 하여 1930년 초 북베트남 각지에서 국민당 봉기군이 격렬한 무
장투쟁을 하다 붕괴되고 있을 때, 같은 베트남에서는 향후 민족해방전쟁
을 이끌 베트남공산당이 발족했다. 베트남공산당은 1930년 10월 호찌민
의 제안으로, 앞으로 인도차이나 전역의 해방을 지도할 정당이 된다는 목
표를 세우고 '인도차이나공산당'으로 명칭을 바꾸었다.[9]

난양공산당에서 말레이시아공산당으로

영국령 말레이시아에서는 공산당 결성이 그렇게 복잡하지는 않았다.
1922년 중국공산당은 싱가포르에 지부를 개설하고 1927년까지 코민테른
의 지역연락소와 같은 역할을 1927년까지 유지해 왔다. 그러나 난양(南
洋)공산당으로 알려진 이 지부의 활동도 1927년 중국에서 일어난 장제스
의 반동 쿠데타로 인해 중대한 영향을 받게 되었다. 중국 본토에서 국민
당이 승리하자 중국인으로 이루어진 싱가포르 공산주의자들 역시 이 지
역의 중국인 국민당원으로부터 배척당했다. 이것은 난양공산당을 사실상
지하활동으로 내모는 결과를 초래했다. 지하로 쫓긴 공산주의자들은 국
민당에 대한 적개심을 불태우며 싱가포르를 중심으로 국민당원에 대한
테러활동과 파업 선동에 나섰다. 1928년에는 공산당원에 의한 살인도 수
차례 이루어졌다.

공산주의자들의 과격한 활동은 영국 당국의 탄압을 불러와 1928년 말

까지 난양공산당 지도자들이 대부분 체포되고 사무실과 출판사, 테러용 폭탄제조소 등이 차례로 적발되었다. 공산당 활동이 막혀버리자 새로운 방향의 탈출구가 필요했다.

이때 코민테른이 나섰다. 1930년 4월 싱가포르에서 코민테른 대표가 출석한 제3차 난양공산당 대표자회의가 비밀리에 열렸다. 지금까지의 중국인 사회에 한정했던 공산당 활동을 반성하고, 말레이시아인과 인도인을 포함하여 혁명을 전개하는 공산당을 재건할 것을 결정했다. 당의 명칭을 말레이시아공산당으로 바꾸고, 새로운 기치 아래 당의 활동을 확대해 나갔다. 이 회의에 코민테른 대표로서 호찌민이 참석했다고 알려졌으나 정확하지는 않다.[10]

혁명노선을 걷는 동남아시아

공산주의자들은 1929~1930년간 필리핀과 인도차이나, 말레이시아 등에서 잇달아 공산당을 창당했으며, 이를 통해 1927년의 패배를 어느 정도 만회하고 라이벌인 국민당에 대해서도 체면을 유지할 수 있게 되었다. 실상은 정확하지 않지만 1929년경에는 태국의 중국인 사회에서도 공산당이 결성되었다고 전해진다. 그러나 인도네시아공산당의 재건은 진척되지 않았고, 1927년 말경부터 네덜란드에서 망명한 공산주의자들에 의해, 인도네시아 유학생의 공작활동에 대해서만 알려져 있다. 미얀마에서는 1939년까지 공산당은 등장하지 않는다. 〈표 9〉는 아시아에서 전개된 공산당의 설립 상황을 보여주고 있다.

이상이 1929년 격동 이후, 1930년 전반에 걸쳐 일어난 동남아시아의 주요 정치적 움직임이었다. 그러나 국민당이 인도네시아와 인도차이나에서 서로 대조적인 활동을 전개한 후 잇달아 붕괴되는 한편, 필리핀과 인도차이나, 말레이시아에서 공산당을 설립한 1930년 중반에는, 동남아시아 사회에는 세계 대공황의 그림자가 서서히 드리워지고 있었다. 그리고 이러한 살얼음판을 걷는 듯한 대공황이 전개되면서 그전까지 동남아시아의 정치무대에 등장하지 못했던 농민들의 목소리가 대두되기 시작했다. 이른바 대공황과 함께 거대한 정치세력으로서 잠재되어 온 에너지가 분출되었던 것이다. 그동안 공산당과 국민당의 정치투쟁에 가려져 있던 농민들이 드디어 무기를 들고 궐기하여 역사의 전면에 나섰다. 농민투쟁은 1920년대 후반 두드러지기 시작하여 1930~1931년에 일거에 폭발하고, 대공황을 거쳐 그 이후 동남아시아 정치투쟁의 주력이 되었다. 각지에서 폭발한 농민의 축적된 힘은 세계 대공황기 동남아시아의 정치적 격변의 최대 특징이었다.

계속해서 농민투쟁이 증폭된 1930년대 전반의 동남아시아 정세를 살펴보기로 한다.

〈표 9〉 아시아의 공산당 설립 시기

당 명칭	설립 시기	당 명칭	설립 시기
인도네시아공산당	1920. 5. 23.	인도차이나공산당	1930. 2. 3.
중국공산당	1921. 7. 1.	말레이시아공산당	1930. 4.
일본공산당	1922. 7. 15.	필리핀공산당	1930. 8. 26.
조선공산당	1925. 4. 17.	미얀마공산당	1939
태국공산당	1929	인도공산당	1933

자료: H. Miller(1954), 『The Communist Menace in Malaya』 참고.

2 계속되는 봉기와 탄압의 폭풍

농촌으로 확산되는 혁명의 기운

1920년대 후반 동남아시아 각국의 농촌은 불안한 기운이 감돌았다. 1920년대의 동남아시아 경제는 전반적으로는 호황이었으나 많은 농민들은 극심한 생활고에 허덕여야 했다. 필리핀 중부의 루손과 인도차이나의 메콩 삼각주, 태국의 차오프라야 삼각주, 미얀마의 이라와디 삼각주 등 수출 중심의 농경지 및 사탕수수밭 지대가 특히 심각했다. 1920년대를 거치면서 매년 경기변동으로 인한 생활고는 말할 수 없었고, 지주로부터 고리로 돈을 빌리고 이를 갚지 못해 생계수단인 토지마저 빼앗기게 되어 날이 갈수록 농민들의 처지는 악화되었다.

1920년대 말 세계적으로 곡물이 과잉생산의 조짐을 보이자 쌀과 밀의 수출이 세계적인 감소세로 전환되었다. 이로 인해 1929~1930년에 걸쳐 미얀마와 베트남, 태국의 쌀 수출은 급속히 줄어들었다. 이는 곧 수출 중심의 경작을 해 오던 이 지역 농민들의 고통을 가중시켰다.

동남아시아의 인구 밀집 지역에서는 1920년대의 수출경기와 상관없이 만성적인 생활고가 지속되었다. 여러 가지 원인으로 고통을 겪던 농촌에서는 1920년대 후반에 들어서 불온한 움직임이 일어났다. 특히 소작인과 농업노동자 사이에서는 수확의 대부분을 갈취하고 자신의 딸까지 빼앗아가는 지주와 고리대금업자를 살해하고 해방을 쟁취하고자 하는 움직임이 나타났다.

농민들의 이러한 저항은 밑바닥에서부터 계속되었고 때가 되면 폭발할 준비가 되어 있었다. 그리고 1920년대 말부터의 농업불황과 1930년 이후의 세계 대공황은 농민들에게 이러한 계기를 마련해 주었다. 농민들은 베트남과 미얀마, 필리핀에서 분연히 떨쳐 일어섰다. 전례가 없는 농민들의 독자적인 투쟁은 동남아시아 각국의 지배자들에게 큰 충격을 안겨주었다.

베트남 농민의 투쟁

1930년 5월 국민당 봉기의 충격이 채 가시지도 않았는데 베트남에서는 다시 한 번 정치적 격변이 일어났다. 심한 가뭄으로 기아상태에 처한 안남 북부(중부 베트남)는 물론 고리대금업자와 대지주들의 횡포가 횡행하던 코친차이나의 쌀 경작지대에서 농민봉기가 일어난 것이다. 붉은 깃발을 앞세운 수백 명의 농민이 관청을 포위하여 세금 감면과 생활 개선을 요구하면서 대지주를 습격했다. 베트남 각지에서는 농민봉기와 파업이 잇달았다.

프랑스 당국은 군대를 동원하여 농민반란을 즉시 진압했다. 농민들에게 기관총을 들이댔으며, 항공기를 사용하여 봉기가 일어난 지역에 폭탄을 투하했다. 그러나 사태는 수습되지 않았다. 1930년 9월 안남 북부 게안성(省)의 남단현(縣) 등 여러 지역에서 대규모 농민폭동이 발생했다. 베트남의 주요 혁명지도자를 배출한 역사를 가진 이 지방의 농민들은 지주와 정부의 착취, 굶주림에 항거했다. 이후 소비에트 인민집회가 조직되자 지주의 재산이 몰수되어 농민들에게 분배되었다고 한다.[11]

1930년 9월 12일 이 지방의 농민 6천 명은 게안성 빈시(市)를 향해 항의 행진을 시작했다. 그러나 이러한 행진도, 게안성 농민의 봉기도 식민지군에 의해 철저히 탄압되었다. 1930년 5월부터 수개월 간 프랑스군은 중부 베트남에서만 농민을 2만 명 남짓 사살한 것으로 전해지고 있다.[12] 한편 게안성 농민봉기가 조직적으로 전개되었다는 점을 들어 공산당이나 그 외 정치세력이 개입된 것이 아닌가 하는 시각은 있었으나 정확한 사실은 전해지지 않는다.

갈론군과 미얀마 농민

1930년대 말 중부 베트남을 중심으로 한 베트남 농민봉기는 프랑스군의 탄압으로 인해 붕괴되고 있었다. 그리고 시기를 같이하여 인도차이나반도를 마주하고 있는 미얀마의 세계 최대 쌀 농경지대인 이라와디 삼각주 북단에 위치한 타라와디(Tharrawaddy)현에서 갈론군이라는 특별군대가 창설되었다. 갈론은 용 모양의 악마를 정복한 전설상의 독수리 이름이다. 검은 웃옷과 헐렁한 바지, 칼과 창으로 무장한 수백 명의 병사를 거느린 갈론군의 지휘자는 사야산(Saya San)이라는 인물이었다.

중부 미얀마의 슈에보(Shwebo)에서 태어난 사야산은 어려서부터 이 민족의 지배로부터 민족을 해방시키겠다는 큰 뜻을 품고 있었다. 사야산은 성장하면서 미얀마 해방운동에 참여했으며, 1922년 결성된 미얀마 자치투쟁조직인 '미얀마인연합협의회(GCBA, 미얀마 제단체총평의회)'에도 참가하여 이 협의회 소속 농민문제조사위원회의 지도자가 된다. 이 위원회의 임무는 벼농사 삼각주 지역의 농민 실태를 조사하는 것이었기에, 사야산은 교사나 승려, 정치가, 약장수 등으로 신분을 숨긴 채 삼각주의 농촌지역을 돌아다녔다. 이러한 과정을 통해 사야산은 도탄에 빠진 농민들의 모습을 보면서 뼈저린 아픔을 느끼게 되었고, 민중해방을 위해 굳건히 투쟁할 것을 다짐하기에 이른다.

미얀마의 농민들에게는 전통적으로 전해오는 신앙이 있었는데, 그것은 한 사람의 왕이 나타나 자신들을 해방시켜 줄 것이라는 믿음이었다. 농민들은 미얀마의 해방을 역설하는 열정적인 사야산을 보면서 그에게서 왕의 모습을 발견하고 그를 따랐다. 물론 사야산도 농민들의 기대를 저버릴 수 없었으며, 결국 비밀리에 미얀마의 국왕에 즉위하게 된다.

이렇게 탄생한 갈론군은 악마로 표현되는 영국을 정복해야만 했다. 갈론군은 1930년 12월 21일 타라와디의 언덕에 집결하여 그 다음날 칼과 창으로 무장하고 최초의 전투를 위해 산을 내려와 봉기를 일으켰다.

사야산과 갈론군의 봉기는 군사적 관점에서는 근대적인 장비를 갖춘 영국 식민지군에 도저히 대항할 수 없는 무모한 일이었다. 사실 그들은 처음 전투에서는 작은 마을의 경찰들과 싸워 승리를 거두고 영국인을 살해하는 등 소기의 목적을 달성하는 듯 보였으나, 영국 식민지 정부군이 도착하자마자 바로 열세로 돌아섰다. 그러나 봉기는 예상과 달리 쉽게 끝나지 않았다.

사야산은 오히려 세력을 확대해 나갔다. 정부군과의 개별 전투에서는 승리하지 못했으나 사야산의 갈론군 봉기는 농민들 사이로 순식간에 퍼져나갔다. 농민들은 인도인 고리대금업자와 지주로부터 받은 착취는 물론, 미얀마 경제를 파탄시킨 대공황으로 생활고에 찌든 현실을 벗어나는 길은 봉기를 성공시키는 길뿐이라고 인식했다. 1931년 초 이라와디 삼각주 각 지역에 갈론군이 결성되었고 병사는 수천 명에 달했다. 그들은 신의 가호로 총탄이 몸을 뚫지 못한다고 믿고 정부군에 대항했다.

이에 당황한 영국은 인도로부터 2개 사단 병력을 급히 지원받고 전투기까지 동원하여 갈론군 섬멸 작전에 들어갔다.[13] 결국 갈론군은 근대적인 병기 앞에 무릎을 꿇을 수밖에 없었으며, 각 지역의 농민군들은 큰 희생을 입고 산 속으로 숨었다. 결국 갈론군의 봉기는 패배로 끝났다.

사야산은 1931년 8월 2일 체포되어 11월 28일 사형에 처해졌다. 그러나 그와 갈론군은 영국의 미얀마 지배에 큰 타격을 주면서 미얀마 해방투쟁의 전설적 영웅이 되었다.

필리핀 농민의 투쟁

베트남과 미얀마의 농촌에서 일어났던 농민투쟁과 비슷한 사건이 필리핀 중부 루손과 비사얀(Visayan)제도의 네그로스섬에서도 일어났다. 그곳에서는 소작인과 농업노동자들이 지주, 고리대금업자들의 착취에 시달리면서 쌀과 사탕수수를 경작하고 있었다.

근대적인 제당공장이 건설되어 대농장에서 사탕수수를 생산하고 있던 네그로스섬에 1927년 '플로렌시오 인트런쉐라도'라는 이름의 '황제'가 나타났다. 네그로스에 풍요로운 제국을 건설하려는 꿈을 갖고 있던 그는 생활고에 허덕이는 농민들에게 세금제도를 폐지하고, 지주의 토지를 농민들에게 분배할 것을 약속하면서 1만 명이나 되는 지지자를 결집했다. 농민들은 네그로스 제국을 건설하기 위해 정부 관청을 공격하였으며, 이에 대한 정부의 반격 또한 거세지면서 유혈사태로 확산되었다. 물론 농민들은 죽음을 두려워하지 않았으나 결국 패배하였으며 황제 역시 체포되었다. 황제는 정신이상이라는 판결을 받고 정신병원에 감금되었다.[14]

그로부터 3년 후 미얀마에서 일어났던 사야산의 투쟁과 매우 흡사한

'네그로스섬의 황제 사건'은 그 전에 필리핀에서 발생한 몇 차례 사건과 연관이 있다. 1923~1924년에 걸쳐 민다나오(Mindanao)섬 북부에서는 '콜로럼(The Colorums)'이라 불리는 비밀결사가 봉기를 일으키면서 독자적인 정부를 세우려고 했으나, 정부군은 콜로럼의 광신자 135명을 살해하고 봉기를 진압했다. 그러나 콜로럼 운동은 중부 루손의 일부로 확대되었고, 그곳에서도 정부를 타도하는 움직임이 확산되기 시작했다.

그 대표적인 농민봉기는 1931년 1월 10일 중부 루손의 판가시난주(Pangasinan)에서 일어난 것으로, 마을 하나를 24시간 동안 완전히 점령했다. 이러한 사실은 정부에 큰 충격을 주었다. 이 봉기의 배후에는 정치결사조직이 있었는데, 이 조직은 필리핀의 완전독립을 도모하는 혁명을 계획하고 있었다.

1927년 12월 중부 루손의 쌀 경작지 불라칸주에서 결성된 이 비밀결사는 '탄굴랑(Tangulan)'이라 불렸다. 결사조직은 지역의 지식인과 의사 등으로 이루어졌으며, 중부 루손 각 지역의 농민과 농업노동자들에게 지지를 호소했다. 이윽고 마닐라에도 지부를 설치하여 반미독립투쟁의 영웅인 리카르테(Artemio Ricarte Vibora) 장군을 지도자로 세웠다. 1930년 초 4만 명의 지지자를 모은 탄굴랑은, 1930년 중반 필리핀의 완전독립을 목표로 혁명투쟁의 결의를 다지고 같은 해 12월 중부 루손을 중심으로 공공기관에 대한 공격을 계획하지만, 이 계획은 경찰에 의해 발각되어 봉기계획이 차질을 빚게 되면서 조직력이 급속히 약화되었다. 물론 봉기의 주도적 역할을 한 지도자들은 모두 체포되었다.

한편 1931년 1월 10일 판가시난주에서 봉기를 일으키고 타유그(Tayug) 마을을 24시간 완전히 점령한 수백 명의 농민들은 탄굴랑에 소속된 사람들로서, 중앙지도부가 체포된 후에도 결사조직이 계획한 투쟁을 충실히 수행했다. 경찰군 장교를 살해하고 경찰서와 우체국을 불태웠으

며, 소작인과 지주의 지배·종속관계를 규정해 놓은 토지대장을 폐기했다.[15]

봉기는 한 곳에서밖에 일어나지 않았지만 만약 계획대로 각 지역에서 일어났다면 중부 루손은 손댈 수 없을 정도로 무정부상태가 되었을 것이다. 타유그 사건은 필리핀 지배자들의 간담을 서늘케 했으며, 이 같은 사건이 언제라도 다시 일어날 수 있다는 사실을 인식시키기에 충분했다.

농민봉기의 의의

이렇듯 1930~1931년간 동남아시아 농촌은 위기의 연속이었다. 그 위기는 1920년대 공산주의자를 비롯한 정치적 급진주의자들이 일으킨 위기와 근본적으로 달랐다. 1920년대 정치적 급진주의는 소비에트혁명에 자극받아 마르크스주의를 비롯한 서구적 정치이념으로 무장하고, 세계혁명과 반자본주의, 반식민지주의 혁명의 이상을 불태우는 지도자들을 거느리고 있었다. 혁명의 전열에는 지식인과 노동자, 군인, 장교 등이 있었다.

그러나 1930년대에 들어서면서 전개된 이름 없는 민중들의 항거는 세계혁명이나 반자본주의, 반식민지주의의 이상을 품고 행동에 옮기는 것과는 차원이 달랐다. 자신들의 생존을 직접적으로 위협하는 무리들을 타도하는 것이 근본 목표였으며, 서구의 혁명이념과는 거리가 멀었다. 미얀마에서도 예언된 왕이 출현했고 필리핀에서도 전설 속의 황제가 나타났기 때문에, 모두가 힘을 합쳐 경찰서와 관청을 파괴하는 것만이 해방을 쟁취하는 길이라고 여겼다. 베트남의 농민도 지주를 쓰러뜨리고 권력의 상징인 관공서를 점거하는 것이 해방이며 자신들을 배고픔에서 구원해줄 것이라고 믿었다. 또한 미얀마의 갈론군이나 필리핀 황제의 부하들이 그랬던 것처럼 자신들의 봉기는 신이 지켜 주고 있으며, 적의 총탄은 자신들을 비켜나갈 것이라고 생각했다.

1930~1931년 사이 동남아시아에는 지금까지 볼 수 없었던 새롭고 거대한 힘이 꿈틀거리고 있었다. 이에 구미의 식민지 권력이 위협을 느끼기 시작했으며, 사태가 더 이상 악화되지 않도록 동남아시아에 대한 정책을 재검토해야 한다고 판단했다. 게다가 세계 대공황으로 야기된 동남아시아 경제의 침체는 실업자를 양산하면서 농민들을 압박했다. 베트남과 미얀마에서 전개된 대규모 봉기가 동남아시아에서 재현되지 않으리라는 보장 또한 없었기에 각국 정권들은 이에 대한 대책 마련에 부심했다.

공산당 탄압과 필리핀공산당의 해체

동남아시아 각국 정부들은 우선 반정부 활동을 철저히 탄압하는 것으로 대응했다. 베트남과 미얀마에서 일어난 농민봉기는 군인들에 의해 저지되었고, 필리핀에서도 단기간에 진압되었다. 각국 정부는 그래도 안심할 수 없어서 봉기의 싹이 될 만한 것은 모두 없애는 데 주력했는데, 제일 먼저 탄압의 목표가 된 것이 농민봉기와 별다른 관련이 없었던 각국의 공산당이었다.

공산주의자들은 1929~1930년 동안 필리핀과 말레이시아, 인도차이나에 공산당을 설립했으나 곧바로 억압되었다. 공산당에 대한 탄압은 1931년 동남아시아 각 지역에서 일제히 시작되었다. 우선 베트남 공산주의자들이 대규모로 체포되었다. 공산주의자를 포함하여 1931년 말까지 체포된 베트남의 정치범은 1만 명에 달했다.[16] 필리핀에서는 1931년 2월 6일, 공산당 서기장 에반젤리스따와 농민운동 지도자 마나한이 치안방해죄로 체포되었다.

필리핀공산당은 1930년 8월에 결성되어 11월에는 전 세계에 그 존재를 드러냈다. 필리핀공산당이 필리핀 정계에 나타난 시점은 필리핀 곳곳에 세계 대공황의 암울한 그림자가 드리워지고 있을 때였다. 여기저기 노동자의 대규모 파업이 일어나고 농민들의 움직임도 과격해졌다. 신생 공산당의 활동무대가 눈앞에 펼쳐져 있었던 것이다.

필리핀공산당은 노동자와 농민들을 상대로 미 제국주의와 대지주, 대자본가를 비난하는 선전활동을 펼쳤다. 창건 이래 공산당은 1931년 2월 초까지 거의 매일 대중집회를 열어 미국과 대자본가들을 비난하고 파업 중인 노동자들과 연대할 것을 호소했다.[17]

공산당이 왕성한 활동을 전개하던 1931년 1월 16일, 공산당 중앙위원 오라(Antonio de Ora)가 중부 루손에서 경찰에 체포되어 이송되던 중 자동차 사고로 사망하는 사건이 일어났다. 오라는 당내 서열 2위로 에반젤리스따 다음의 인물이었다. 공산당은 이 사건에 대하여 정부에 무언의 항의를 하기 위해 마닐라에서 오라를 위한 대규모 장례식을 치렀으며, 이 장례식에는 5만 명의 노동자가 붉은 깃발과 반제국주의 슬로건을 손에 들고 참가했다.

또한 공산당은 오라의 고향 중부 루손 누에바 에시하아(Nueva Ecija)주에서도 추모집회를 열었다. 집회에는 농민 3천 명이 모였다. 그런데 추모회에 참석하여 필리핀 정부를 비난하던 페레오가 경찰에 체포되었다. 페레오는 공산당 지도자이자 필리핀 전국농민연맹(KPMP) 부의장이었다. 페레오의 체포는 공산당 지도부에 대한 탄압의 시작에 불과했다. 정부는 대공황의 파장과 파업의 장기화, 공산당의 과격한 선전활동, 그리고 1931년 1월에 일어난 타유그 폭동 등에 대한 대책으로 더욱 경계태세를 강화했다. 정부는 더 이상 공산당의 세력 확대를 허용하지 않는다고 선언했으며, 이에 따른 조치로 1931년 2월 6일 에반젤리스따와 당 간부들을 체포했다.

에반젤리스따가 체포된 뒤에도 정부의 공산당 탄압은 멈추지 않았다. 1931년 5월 31일, 공산당 계열의 '필리핀노동자연맹(KAP)' 대회가 열렸는데, 경찰은 사전에 이 대회를 불법집회로 규정하고 대회에 참석한 노동조합 대표 4백 명 전원을 체포했다. 그 중 일부는 치안방해죄로 기소되었다.[18]

1931년 9월 들어 정부의 탄압은 정점에 이르렀다. 마닐라 법원은 9월 14일, 에반젤리스따 진영의 공산당원 20명에게 유죄판결을 내리고, 공산당과 필리핀노동자연맹을 비합법조직으로 규정했다. 이로 인해 필리핀공산당은 물론 노동자 조직도 1931년 9월을 기점으로 급속하게 붕괴했다.

말레이시아공산당의 붕괴

말레이시아공산당의 운명도 다를 바 없었다. 1930년 4월 난양공산당이란 이름을 말레이시아공산당으로 바꿨다. 1931년 초 대부분 중국인으로 이루어진 1,500명의 당원과 약 1만 명의 공산당 계열 노동조합원을 중심으로 구성된 말레이시아공산당은 1931년 6월 들어 돌연 혹독한 탄압에 직면했다.

1931년 6월 1일 싱가포르 경찰특별국은 약 1개월 전에 막 입국한 프랑스인 한 명을 체포했다. 르프랑이라는 이 남자는 프랑스에서도 이름이 알려진 공산당원이었는데, 당시 코민테른의 지령으로 말레이시아공산당의 상황을 파악하기 위해 체류할 예정이었다. 이 코민테른 지도요원의 체포는 말레이시아공산당에게 큰 악재로 작용했다. 르프랑은 말레이시아 주요 공산주의자의 명단을 소지하고 있었기 때문이다.[19]

결국 말레이시아와 싱가포르의 주요 공산주의자들은 전원 체포되었으며, 이는 말레이시아공산당의 활동을 마비시켰다. 르프랑은 중국의 상하

이와 홍콩, 동남아시아 각 지역의 공산주의자들 명단까지 가지고 있었기에 다른 나라의 공산주의자 체포에도 영향을 미쳤다.

이처럼 동남아시아의 식민지 권력은 농민봉기를 탄압하는 한편, 각 지역의 노동운동과 공산주의운동의 지도자들을 대거 체포했다. 그럼에도 불구하고 각국의 정부는 탄압으로 만사가 해결될 수 없다는 사실을 깨달았다. 대공황으로 인한 피해는 날이 갈수록 거세지고, 동남아시아의 경제위기는 사상 초유의 사태로 치달았다. 지배권력은 자신들의 지배체제를 지키기 위해 무엇인가 대대적인 개혁을 시도할 수밖에 없었다. 정치적 대안을 세우거나 양보를 선택하지 않으면 안 되었고, 경제적으로도 당면한 위기에서 벗어나기 위해 신속한 대책과 함께 장기적인 경제안정책을 마련해야만 했다. 정치와 경제 양 측면에서의 '위로부터의 개혁'은 1932~1935년에 걸쳐 전개되었다. 위로부터의 개혁 가운데 가장 주목을 끈 것은 동남아시아 유일의 독립국 태국에서 일어났다. 전제왕정을 타도하려는 군사 쿠데타가 일어나는 바람에 혁명의 물결이 전국을 뒤덮고 있었던 것이다.

3 위로부터의 정치개혁을 둘러싼 투쟁

1932년 태국의 입헌혁명

1932년 6월 23일 밤부터 다음날 아침까지 태국의 수도 방콕에서 한 무리의 군인들이 비밀리에 활동을 개시했다. 군인들은 국왕 라마 7세 쁘라자띠뽁 왕이 피서지에서 요양하고 있던 틈을 타 반란을 일으켰다. 바로 쿠데타가 일어난 것이다.

쿠데타의 주모자들은 절대왕정을 폐지하고 입헌군주제로 이양하며 이후의 정치는 '인민당'이 접수할 것이라고 발표했다. 왕국의 지도자들에게는 거부권이 없었다. 쿠데타 집단은 요양 중인 국왕에게도 이 사실을 공표하고 이것을 거부하면 국왕을 퇴위시키겠다고 경고했다. 6월 25일 국왕은 이에 동의하고 쿠데타는 유혈충돌 없이 끝났다.

1932년 6월 24일의 '입헌혁명'은 일단 성공하여 태국은 국민주권의 국가가 되었다. 의회가 설치되고 삼권분립과 기본권을 규정한 임시헌법도 제정되었다. 정치의 실권은 쿠데타에 성공한 인민당의 손으로 넘어갔다.

1920년대 동남아시아의 정치적 급진주의에 관련하여 태국에서는 군과 젊은 엘리트 관료 사이에서 전제정치 타파를 목표로 한 움직임이 있었는데, 1932년의 쿠데타는 바로 이들에 의해 일어났다.

군내 개혁파는 독일 유학파 프라야 파혼을 비롯한 영관급이 주축을 이루었고 후에 태국 정치의 실력자가 되는 피분송크람(Phibun Songkhram) 등의 젊은 장교단의 지지를 받았다. 관내 개혁파는 쁘리디 파놈용이 이끌고 있었으며, 프랑스 출신 문관들의 지지를 받았다. 군·관 양 그룹은 1920년대부터 1931년 초에 걸쳐 태국 농업경제의 악화, 화교의 경제지배 확대라는 상황에 위기감을 느끼고 서로 협력하기 시작했다. 또한 경제 악화로 인한 재정위기를 왕당파 정치가들이 군 축소와 장교의 해고 등으로 해결하려는 움직임에 강하게 반발했다.

이 두 그룹이 절대왕정 타도라는 구체적인 목표를 가지고 인민당을 결성한 것은 1931년 말의 일이었다.[20] 그들은 대공황을 맞아 악화되고 있는 태국 경제에 대하여 아무런 대책을 세우지 않았던 왕당파 정치가들에게 강한 불만을 가졌고, 또한 미얀마와 베트남에서 일어난 대규모 농민투쟁에 대해서도 위기감을 느껴, 태국의 정치개혁을 목표로 행동에 나설 것을 결의했다.

쿠데타는 성공하였고, 6월 27일에는 쁘리디 파놈용에 의해 잠정헌법이 공포되었으며, 그 다음날 인민당이 지명한 의원 70명으로 구성된 제1회 인민대표회의가 소집되었다. 이 의회에서는 대부분 인민당원으로 이루어진 각료들과 인민위원을 선출했다. 그러나 이상하게도 인민위원회 대표, 즉 수상에는 귀족은 아니지만 인민당과도 관계가 없는 보수적인 프라야 마노빠꼰(Phraya Manopakorn)이 선출되었는데, 이는 인민당 간부들이 사태의 심각성을 깨닫고 수상직을 사퇴해버렸기 때문이다. 그렇지만 인민당은 구왕정의 실력자인 나콘사완(Nakhon Sawan)파 사람들을 국외로 추방하고, 군 인사를 개혁하여 고위직 군관 40명을 공직에서 몰아내면서

군의 요직을 인민당원으로 채웠다.

그러나 인민당이 수상직을 차지하지 못하고 국왕을 여전히 두려워한다는 사실이 드러나면서, 태국 보수파와 왕당파에 반격의 빌미를 주었다. 그 결과 1932년 12월 10일 공포된 헌법이 임시헌법에 비해 큰 폭으로 보수화되고, 주권재민은 인정되었으나 국왕에게 군사와 행정, 사법, 입법의 최고권한이 주어졌다. 또한 일원제 의회에 민선의원과 국왕이 선임한 의원이 공존하도록 했다.[21] 그 후로도 인민당이 국왕에 대하여 계속해서 두려움을 가지고 있었던 것은 1932년 12월 7일과 9일 양일간 인민당 간부들(육군상교 23명, 해군정교 14명, 비군인 24명)이 국왕에게 쿠데타 당시의 무례함을 사죄한 것으로부터도 잘 나타난다.[22]

쁘리디의 경제혁명 계획과 왕당파의 반혁명 쿠데타

이렇게 인민당 간부가 약한 모습을 보이고 국왕파에게 점점 양보하게 되는 일련의 상황이 벌어지자 인민당 내부의 혁신파들은 초조해졌다. 이 혁신파는 쁘리디 파놈용이 이끌었던 관료 그룹과 군 내부의 젊은 장교 일부가 주축이 되었다. 경제공황의 영향이 점점 심해져 화교 상인들로부터 대출이 늘어나 토지를 빼앗기는 농민이 급증하고 일자리를 찾아 농촌에서 도시로 이동하는 인구가 늘어나자 위기감은 더욱 고조되었다. 혁신파는 정부가 화교 대책을 포함한 경제안정책을 시급히 내놓기를 바랐고 인민당이 국왕파의 보수 정치인들과 타협해서는 안 된다고 생각했다.

혁신파의 지도자 쁘리디는 엘리트 계층으로서는 드물게 농촌에서 성장하여 화교로 인해 겪고 있는 농민들의 생활고를 익히 알고 있었다.[23] 그래서 대공황 속에서 심화되는 경제위기에 대하여 명확한 대책을 세워야 한다고 믿고, 스스로 전력을 다해 그 대안을 만들었다. 그 방안은 1933년

3월 쁘리디에 의해 의회에 제출되었다. 그것은 총론적 계획인 '민족경제
계획안'과 이를 실시하기 위한 두 가지 법률인 '사회보장법'과 '경제행정
법'으로 이루어졌는데, 그 내용은 당시 동남아시아에 있어서는 놀라울 정
도로 급진적이었다. 쁘리디의 계획은 태국 경제의 근저를 흔드는 화교세
력을 정부의 경제통제와 개입으로 축소해 나가는 것을 목적으로 하고 있
었으며, 이를 실현하기 위한 계획안과 법률안 조항은 '소비에트 사회주의
적' 색채가 짙었다.

'민족경제계획안' 서문에는 국민의 복지증진을 위해 "정부가 경제조
직을 여러 가지 협동조합으로 세분하는 경제정책을 실시해야 한다"라고
주장했고, '경제행정법'에는 "정부에 대하여 농공업, 유통, 운송을 포함
하는 경제조직을 운영할 권리를 부여한다(제3조)"라든가, "정부에 대하여
모든 토지를 구입할 수 있는 권한을 준다(제4조)"라는 조문이 포함되어 있
다. 또한 '사회보장법'에는 "모든 태국 국민은 정부 또는 협동조합에 의
해 정해진 액수의 일정 급여를 받을 권리를 가진다(제3조)"는 규정이 있었
다.[24]

쁘리디의 경제계획안은 인민당 내 젊은 그룹으로부터 대환영을 받았
으나, 보수파 정치인이나 군 간부들은 거부감을 가졌다. 이 계획안이 '공
산주의 그 자체'라고 판단했기에 보수파들은 쁘리디를 공산주의자로 단
정했다.

이로 인해 프라야 마노빠꼰 수상 측 보수파는 인민혁신당 그룹에 대해
반격하기 시작했다. 군의 보수파들과 함께 군대를 동원하여 1933년 3월
31일 인민대표회의를 포위하고 의회를 해산시켜 이 경제계획이 인민당
의원이 다수를 차지하고 있는 의회에서 가결되는 것을 막고, 4월 1일에는
내각에서 쁘리디 측 혁신파 관료를 추방해버렸다.

이것은 분명한 반혁명이었다. 반혁명 정부는 쁘리디를 궁지로 몰았다.

4월 12일에는 '공산주의에 관한 법률'을 공포하여 국유화사상을 공산주의로 규정하고, 공산주의자는 10년 이내의 징역형에 처하도록 했다. 이것은 말할 것도 없이 쁘리디를 겨냥한 것이었다. 그러나 정부는 쁘리디를 체포하지 않고 국외로 '유학' 보내는 형태로 출국시켜 버렸다. 반혁명 정부는 인민당에 대해 강도 높은 공격을 전개하여 모든 공무원은 4월 15일부터 일주일 내로 인민당을 탈당하라는 명령을 내렸다. 이 명령은 아무런 저항 없이 받아들여졌고 인민당은 사실상 붕괴되었다.[25] 반혁명은 성공한 것처럼 보였다.

피분의 쿠데타와 왕당파의 반란

이처럼 정치가 급격하게 보수화하자 전제왕정 타도를 위해 쿠데타의 선두에 섰던 젊은 장교와 관료들은 격노했다. 보수화된 인민당 간부를 배제하고, 다시 한 번 젊은 세대만으로 뭉칠 것을 계획했다. 군 간부로서는 단 한 명, 보수화에 내심 반대하고 있었던 프라야 파혼만이 이 계획에 가세했다.

1933년 6월 20일 아침, 피분송크람이 이끄는 젊은 장교단이 들고일어났다. 쿠데타였다. 프라야 마노빠꼰 수상의 보수파 정권은 제대로 저항 한번 하지 못하고 정권을 내놓았다. 다시 혁신파가 정권을 잡고 프라야 파혼은 내각을 새로 조직했다.

다시 정권을 잡은 인민혁신파는, 온건파인 프라야 파혼 수상 밑에서 좌우로 양극을 달리는 것을 피하기 위하여 중도노선을 취하려 했다. 왕당파는 정계에서 쫓겨났지만 그들이 만든 공산주의 배제법은 유효했다. 쁘리디의 경제계획은 공산주의 냄새가 난다고 하여 공표를 금지시켰다. 그러나 동시에 혁명의 공로자 쁘리디를 외국으로 추방한 채로 새 정권을 꾸리는 일은 하지 않았다. 쁘리디를 공산주의자가 아니라고 규정하고 1933년 9월 29일 귀국을 허용했다.

프라야 파혼 내각이 중도노선을 취하려고 했음에도 불구하고 정권을 빼앗긴 왕당파는 새 정부에 강한 반발심을 가지고 있었다. 그들은 다시 한 번 반혁명을 계획했다. 신정부파 군대가 방콕을 점령하고 있었기 때문에 왕당파는 지방 주둔군에 의존하여 반혁명 계획을 실행하고자 했다.

1933년 10월 11일, 태국 동북부 고원지대의 입구인 코라토 마을에 주둔 중인 정부군을 주력으로 하고, 방콕 북방의 아유타야 등지에 주둔하는 부대가 가세한 '근왕파(勤王派, 근왕은 왕이나 황제에게 충성을 바친다는 의미: 역주)' 군대가 수도 방콕을 향해 진격했다. 곧 방콕 교외의 공항이 점령되었다. 또 한 번의 반혁명이 일어난 것이다. 보수파는 동쪽에서도 방콕을 향해 진군했다. 내전을 피할 수 없게 되었다.

이때 피분송크람을 총사령관으로 한 정부군은 방콕의 전 병력을 동원하여 왕당파 군대를 몰아내고 10월 16일 돈므앙(Don Mueang)국제공항을 찾았다. 정부군은 기세를 높여 북방으로 진격하여 반란군을 동북 고원지대까지 쫓았다.[26]

10월 24일 반란군은 조직적 저항을 멈추고 왕당파 간부들은 국외로 도망하거나 대부분 체포되었다. 이것으로 인민당혁명에 대한 최후의 대반격이 끝났다. 반란이 성공하기를 바랐던 쁘라자띠뽁 왕은 1934년 1월 질병 치료를 이유로 유럽으로 망명하고 1935년 3월 퇴위했다. 라마 7세를 이은 라마 8세 아난다 마히돌(Ananda Mahidol)은 겨우 열 살이어서, 실권은 이제 국왕과 귀족의 손을 떠나 평민 엘리트 장교와 관료의 손으로 넘어갔다.

왕당파의 반란을 진압한 프라야 파혼 정부는 피분을 비롯한 군 실세들의 지지를 받으며 1938년 12월까지 정권을 잡았다. 그 후에도 정부는 계속 중도노선의 지지를 받기는 했으나 대공황의 타격을 입은 경제를 구하기 위해 쁘리디의 경제정책을 점차 채용해 나갔다. 화교를 탄압하고 국가의 경제 개입에 의해 국민의 생활을 개선하려고 했던 이 정책은, 동남아시아 전역으로 확산되었다. 태국뿐 아니라 동남아시아 각국의 정부는 대공황 속에서 점차적으로 쁘리디의 경제계획을 받아들였던 것이다. 이런 의미에서 쁘리디의 경제계획은, 오늘날의 주요 경제정책의 하나로 삼을 만큼 매우 선진적이었다는 점에 주목할 필요가 있다. 아무튼 대공황은 태국과 같은 보수적인 왕국에서조차 이와 같은 정치적 대변혁을 가져왔다.

동남아시아 유일의 독립국 태국에서 이와 같은 정치적 변혁이 일어나 상류계급 내 혁신파에 의한 위로부터의 정치변혁이 성공을 거두고 있을 무렵, 동남아시아 각국의 식민지에서도 여러 형태의 위로부터의 정치변혁이 진행되고 있었다. 주목할 만한 것은 이러한 정치개혁이 모두 현지주민의 정치적 독립을 위한 요구에 어느 정도 양보하는 방향으로 진행되었다는 점이다. 물론 이것은 대공황과 이에 맞물린 정치위기를 타개하기 위한 목적으로, 식민지 정권이 식민지 내에서 자신의 이해를 유지하기 위한 방법을 검토하는 가운데 수용된 결과이다.

필리핀의 독립 쟁취

대공황기에 현지의 독립운동에 대해 식민지 권력이 추진했던 최대의 양보는, 미국이 필리핀의 독립을 인정한 것이다.

필리핀의 1920년대 합법적 독립운동이, 미국의 필리핀 독립 지연정책에 의해 어쩔 수 없이 정체될 수밖에 없었다는 것은 이미 설명했다. 합법적 독립운동이 지연되기는 했지만, 한편 1920년대 들어 노동운동 활동가로 구성된 급진주의의 세력이 강해지고, 농촌에서도 유사한 움직임이 일어나자 내셔널리스트당을 중심으로 한 온건파 독립운동가들은 긴장할 수밖에 없었다. 필리핀 지도자로서의 위신을 지키기 위해서라도 미국과의 대화를 통해 어떻게 해서든지 독립을 쟁취하려고 했다.

그러나 내셔널리스트당은 미국을 누그러뜨릴 만한 효과적인 협상무기가 없었다. 그들이 할 수 있었던 것은 연중행사처럼 미국에 독립을 요구하는 사절단을 파견하거나, 필리핀 정계에서 독립을 요구하는 목소리가 전례 없이 높아지고 있고 그 가운데 내셔널리스트당이 존재한다는 것을 미국에 강하게 인식시키는 정도였다. 1926년 내셔널리스트당이 야당의 제안으로 반미통일전선인 '민족최고평의회'를 설립한 것도 이러한 대미압력의 일환이었다고 보여진다.

필리핀의 독립운동가들이 미국과의 협상에 확실한 대책이 없이 고심했던 상황은, 1929년 미국에서 시작된 세계 대공황의 영향으로 급변했다. 미국의 정치, 경제계는 필리핀을 독립시키는 것이 미국 경제에 보다 효과적이라고 판단한 것이다.

제1장에서도 언급했듯이 필리핀의 농산물과 광물은 미국에 관세를 물지 않고 자유롭게 수출하고 있었으나, 대공황으로 미국 농업이 큰 타격을 받자 필리핀으로부터의 농산물 수입에 대한 미국의 태도는 급변했다. 미국 농민들은 자국의 농업 시장과 이윤을 지키기 위해 값싼 필리핀 농산물의 수입제한을 요구했다. 특히 미국의 설탕공장과 쿠바의 설탕산업에 투자하고 있던 미국 자본가들이 이를 강력히 주장했다. 그들은 필리핀 최대의 수출품인 설탕의 대미수출을 차단하기로 결정했다. 필리핀 야자유의 수입으로 고전하던 미국의 식용유 제조업자들도 똑같은 입장이었다.

미국인 노동자들도 대공황으로 점차 많은 사람들이 실업자가 되자 '미국 국적'을 가지고 미국으로 돈을 벌기 위해 온 필리핀 노동자들에 대해 불만을 터뜨렸다. 미국노동자동맹은 당시 6만 명이나 되는 미국 내 필리

핀 노동자를 어떻게든 배척하려고 했다. 그러나 미국 국적을 가진 필리핀인을 배제할 방법은 없었다.[27]

상황이 이렇게 되자 미국의 설탕업계와 식물성 유지업계 및 노동조합은 미국과의 무역과 노동자 이주에 있어서 필리핀이 가진 특권을 박탈하는 방법을 선택했다. 효과적이고 유일한 방법은 필리핀의 독립을 허용하는 것이라고 판단하고 미국 정부에 강력하게 압력을 가했다. 이러한 일련의 움직임은 미국의 대필리핀 '독립 불가' 입장을 '독립 허용'으로 바꾸는 역사적인 사건이 되었다.

1932년 4월, 미국 정계가 8년 후 필리핀의 완전 독립을 허용하는 법안을 하원에서 가결함으로써 커다란 진전을 보였으나, 상원에서는 부결되었다. 결국 같은 해 12월 대공황이 극도로 심각해지고 이에 따른 필리핀의 대미 설탕수출이 계속해서 증가하자 미국은 10년 후에 필리핀을 독립시키는 법안을 상하 양원에서 통과시켰다. 당시 후버(Herbert Clark Hoover, 미국의 제31대 대통령, 재임기간 1929~1933년: 역주) 대통령이 필리핀 독립은 시기상조라는 이유로 법안을 거부했으나 의회는 더 이상 양보하지 않았다. 1933년 1월 17일 미 의회는 다시 한 번 법안을 가결하여 대통령의 거부권을 뒤엎고 이 법안을 성립시켰다. 마침내 미국 정부는 필리핀의 독립을 결정한 것이다.

그런데 이때 예기치 못한 반발이 일어났다. 반대자는 필리핀 정계의 실력자인 케손 상원의장이었다. 케손 의장은 필리핀 경제구조의 특성에 비추어볼 때, 이 법안이 미 설탕업계의 이익을 지키기 위한 것이기 때문에 반대한다고 주장했다. 동시에 이 법안에는 독립 후 필리핀에 미 육해군 기지를 설치하도록 허용하고 있는 점을 들어 필리핀 의회가 이 법안을 승인하지 않도록 강력히 촉구했다. 하지만 이러한 그의 입장에 대해서 여러 가지 의견이 있다. 당시 필리핀 독립에 관한 법안이 미 의회에서 가결될 때, 필리핀 독립요구사절단으로서 내셔널리스트당의 정치적 라이벌인 오스메냐(Sergio Osmeña) 하원의장 일행이 미국에 머물고 있었다. 그래서 이 법안이 통과됨으로써 필리핀이 독립하게 되면, 그것이 오스메냐의 공적으로 평가될 가능성이 있었기 때문에 케손이 강력하게 반대했다는 시각도 존재하고 있었다.

여하튼 케손 상원의장의 반대운동으로 인해 1933년 10월 필리핀 의회는 압도적인 다수로 법안을 부결시켰다. 케손 의장은 법안을 폐기시킨 후 자신이 직접 미국으로 건너가 1933년 3월 취임한 루스벨트(Franklin Delano Roosevelt, 제32대 미국 대통령, 1933~1945년 재임: 역주) 대통령과 미국 정계를 상대로 새로운 독립법 제정을 위해 노력했다. 그 결과 새로운 독립법이 만들어졌는데, 이 법은 1934년 3월 미 의회에서 가결되고 1934년 5월 1일에는 필리핀 의회가 가결하면서 10년 후 즉 1946년 7월 4일에 필리핀의 독립하는 것으로 결정되었다. 미군기지 제공에 대한 조항을 삭제하고, 그 문제에 대해서는 독립 후에 다시 협의하기로 한다는 것을 제외하고는 이전 법과 별 차이는 없었다. 따라서 케손 의장은 개인적인 라이벌 의식으로 이전의 독립법에 반대했다는 의혹을 피할 수 없게 되었다.

필리핀의 합법주의자들은 대공황 덕택에 미국으로부터 확실하게 독립의 약속을 받아냈다. 새로운 독립법에 근거한 독립 필리핀 헌법은 1934년 7월 30일부터 1935년 2월 8일에 걸쳐 열린 특별제헌의회에서 성립되고, 같은 해 5월 14일 국민투표에서 압도적인 지지로 승인되었다. 독립이 될 때까지 미국 총독 대신 필리핀 독립정부를 이끌 초대 필리핀 대통령에는, 1935년 9월 17일 대통령선거에서 케손 상원의장이 반미전쟁의 최고사령관인 아기날도(Emilio Aguinaldo) 장군을 누르고 당선되었다. 부대통령에는 하원의장 오스메냐가 당선되었다. 또한 미국총독부는 폐지되었으나 새로이 미 고등판무관실이 설치되어 필리핀 신정부의 활동을 감독했다.

이렇게 해서 필리핀 내셔널리스트 정권은 마침내 필리핀의 주인공이 되었다. 그러나 내셔널리스트당이 미국과의 관계는 물론 국내 통치권력 면에서 확고한 입지를 다진 것처럼 보였던 1935년, 필리핀에서는 수도 마닐라를 중심으로 내셔널리스트 정권에 반항하는 심상치 않은 움직임이 전례 없는 규모로 일어나고 있었다.

사크달리스트당의 봉기

필리핀의 집권세력은 전술한 바와 같이, 1930년 12월 중부 루손을 중심으로 한 비밀결사 탄굴랑의 봉기를 사전에 방지하고, 1931년 1월의 타유그 폭동을 무력으로 진압했다. 게다가 1931년에는 필리핀공산당을 탄압하고 지도자를 체포했다. 대공황의 영향이 심각해지고, 농민에 대한 지주와 고리대금업자들의 착취가 가혹해지자 필리핀 노동자와 빈농들의 불만은 날이 갈수록 고조되었다.

중부 루손의 농민은 물론 마닐라와 그 주변의 노동자들까지 반정부 정치세력으로 유입되었다. 그 중 하나는 1932년 5월, 중부 루손의 팜팡가주에서 아바드 산토스(Pedro Abad Santos)가 설립한 '필리핀사회당'이었다. 이 당은 중부 루손의 빈농을 위한 토지개혁을 비롯한 여러 가지 개혁을 목적으로 설립되었는데, 농업노동자들을 결집시키기 위해 '일반노동자조합'도 조직했다.[28] 필리핀사회당은 곧 토지개혁 요구 등을 중심으로 조직을 확대해 나갔다. 그러나 필리핀사회당은 1930년대 후반 이후 필리핀 정치에서 그다지 중요한 영향력을 갖지 못했고,[29] 당수 산토스의 오른팔로 활약했던 루이스 타루크(Luis Taruc)의 명성만이 오히려 크게 부상했다.

그러나 대공황 속에서 탄생한 새로운 정치권력으로서 사회당보다 필리핀 정치에 훨씬 더 충격을 준 것은 '사크달(Sakdal)'이라는 이름의 정치결사였다. 사크달은 '불평, 항의'라는 의미로, 이것이 하나의 당파명이 된 것은 1931년 말 필리핀 상원의 한 사람이었던 라모스(Benigno Ramos)에 의해서이다. 그는 마닐라 학교에서 일어난 반미운동사건으로 해고된 후, 「사크달」이라는 주간지를 발행하여 그를 해고한 케손 상원의장 측 지도자를 공격하고, 주변에 있는 반정부세력을 모아 하나의 정치결사를 만들었다. 라모스의 사크달은 필리핀의 완전독립과 농민, 노동자의 생활개선을 요구하며 세력을 확대했으며, 이로 인해 중부 루손의 농민, 마닐라와 그 주변의 노동자들 사이에서 강한 지지를 얻었다. 이에 따라 라모스의 사크달은 1933년 '사크달리스트당(Sakdalista)'으로 출범했다. 선거에서는 지방유지 가운데 반내셔널리스트파 인물을 후보로 내세워 국회의석을 3석이나 보유했다.

　　그러나 사크달리스트당이 지지기반을 넓히면서 당 간부가 의회투쟁에 주력하자 당내 급진파는 강한 불만을 표출하기에 이르렀다. 급진파는 대공황으로 시름하는 농민과 노동자의 문제를 해결하기 위해 봉기가 필요하다고 판단했으며, 곧 중부 루손을 비롯하여 마닐라 인근에서 반정부 폭동을 준비했다.

　　봉기를 위한 준비는 1934년 내셔널리스트당이 미국과 독립협정을 맺은 시기에 맞춰 급속히 진행됐다. 그 이유는 독립이 필리핀의 군사적, 정치적, 경제적 대미 종속체제를 그대로 유지하는 형식적인 것이었고, 필리핀의 설탕산업 농민들이 미국 설탕자본의 이익을 위해 희생양이 되었다고 판단했기 때문이다. 이에 따라 독립헌법의 국민투표가 진행되는 1935년 5월 1일 중부 루손 각지에서 폭동이 일어나는 등 국민투표를 무효화하려는 움직임이 일어났다.

그러나 이 봉기는 우발적 사건에 의해 5월 2일로 연기되었다. 봉기 직전 마닐라 남부의 라구나(Laguna) 의회가 사크달리스트의 ‘주정부의 댄스홀 경영 중지’ 요구를 거부하자, 이것이 사크달리스트를 격분시키면서 봉기가 하루 지연되었다. 하지만 5월 2일 밤부터 3일간 계속된 봉기가 라구나주에서 그 주변으로 확대되자 독립 쟁취로 의기양양했던 내셔널리스트 정권은 큰 타격을 입었다.

　　라구나주에서는 사크달리스트 당원과 경찰의 충돌로 사크달리스트 55명, 경찰 30명이 사망하고, 당원 58명과 경찰 90명이 부상당하고 19명이 체포되었다. 불라칸주에서는 산 일데폰소(San Ildefonso) 관청이 당원에 의해 일시적으로 점거되었다. 불라칸주와 카비테(Cavite)주에서는 90여 명이 체포되었다. 봉기에 참가한 사람은 3천 명이 넘었다고 한다.[30]

　　이상이 필리핀 독립 쟁취과정에서 일어난 정치투쟁 중 가장 주목을 끈 사크달리스트 봉기이다. 이 봉기는 필리핀 정치사에 있어서 타유그 봉기와 그 전제가 된 탄굴랑 결사의 봉기계획, 여기에 그 이전의 콜로럼 결사의 봉기, 황제의 반란사건 등과 연관된 일련의 사건으로 평가된다. 독립 쟁취의 대가로 대미 설탕수출이 자유수출에서 할당제로 바뀌고, 그 결과 대미 설탕수출액이 1934년 1억 3,100만 페소에서 1935년에는 6,600만 페소로 축소되었다. 설탕산업과 밀접한 관계가 있는 라구나주의 농민과 노동자에게 커다란 피해를 주었고 그것이 사크달리스트 봉기의 최대 요인이었다.

　　사크달리스트당은 봉기 직후 정부의 해산명령을 받았으나 당내 의회 활동파는 1935년 6월 급진파를 제외하고 새로운 당을 설립하여 합법활동을 유지했다. 그러나 새로운 사크달리스트당은 필리핀 정치에 영향을 줄 만한 세력은 되지 못했다.

바오다이 황제와 응오딘지엠

이와 같이 대공황으로 인해 태국과 필리핀에서는 위로부터의 커다란 정치변혁이 일어나고, 동시에 다양한 정치적 대립을 불러일으켰다. 대공황의 영향으로 이들 두 나라를 제외한 동남아시아 국가에서는 눈에 띄는 변혁이라고는 할 수 없지만 역시 주목할 만한 위로부터의 정치개혁을 초래했고, 그 변혁을 둘러싼 다양한 정치투쟁도 발생했다.

1930년 초 일어난 국민당의 반란, 안남과 코친차이나에서 발생한 대규모 농민반란 등으로 식민지 지배의 근간이 흔들리게 된 프랑스는 1927년 이후, 인도차이나 총독으로 취임한 피에르 파스키에를 내세워 인도차이나의 정세 불안을 잠재우는 데 온 힘을 쏟았다.

파스키에는 "현지인에 의한 정치"를 슬로건으로 내걸고, 인도차이나의 정치와 행정에 현지인을 참여시켜 정치 불안을 해결하고자 했다. 이에 따라 지방의회에 현지인의 대표 수를 늘리고 지방행정에는 현지인을 참가시켰으며, 급여를 인상하여 처우개선에도 힘썼다. 대공황에 대한 대책으로는 농업신용을 확대하고 노동입법, 공공사업 확충 등에 총력을 기울였다.[31]

1931년 이후 가장 주목할 만한 위로부터의 정치개혁은 안남에서 일어났다. 코친차이나(남부 베트남)와 통킹(북부 베트남)이 프랑스의 직접통치에 가까운 지배를 받고 있었던 것에 반해, 안남(중부 베트남)에는 안남왕조의 왕정이 존재하여 프랑스의 보호를 받는 간접통치 형식을 취하고 있었다. 그러나 이것은 어디까지나 형식적이었으며, 실제로는 프랑스의 직접통치에 가까웠고 안남왕국의 고관들은 프랑스에 충성을 다했다. 게다가 내부에서는 전제왕권 시대의 고관으로서 권위를 강조하는 분위기가 남아 있었다.

이러한 상황에서 1932년 9월 젊은 황제 바오다이(Bao Dai, 保大, 베트남 응우옌 왕조의 마지막 황제, 1926~1945 재위: 역주)가 파리 유학을 마치고 안남왕국으로 돌아왔다. 그는 프랑스 정치에 깊은 감명을 받고, 낡은 전제왕정에 새로운 정치를 도입하기로 결심했다. 물론 1930년 후반에 일어난 안남의 농민봉기에 강한 위기감을 느낀 파스키에가 실시한 '현지인에 의한 정치'에 자극 받아 이러한 정치개혁을 결심했는지도 모른다.

1932년 9월 10일 바오다이는 안남왕국을 인민의 지지를 받는 입헌군주국으로 만들 것과 이를 위해 낡은 행정과 사법, 교육제도를 개혁할 것을 선언했다. 그러나 이 선언은 개혁에 호의적이었던 파스키에 총독조차도 놀랄 만한 것이어서, 총독은 즉시 내각회의 의장 및 비서관장에 친프랑스계 안남 관료를 임명함으로써 황제의 개혁을 견제했다.

그러나 바오다이는 1933년 5월 개혁을 구체적으로 실행하여, 왕궁에서 구관료들을 추방하고 젊고 정력적인 사람들을 등용했다. 프랑스령 인도차이나에서는 유례가 없었던 토착민을 기용하였고, 황제 스스로 내각을 개혁하여 자신의 개혁에 찬성하는 인물들로 각료로 중용하는 데 성공했다. 이 중 내무대신에 임명된 젊은 응오딘지엠(Ngo Dinh Diem, 吳廷琰, 고딘디엠)이라는 인물이 있었는데, 그는 제2차 세계대전 후 남부 베트남의 수상이 된다. 바로 그런 그가 이때부터 바오다이의 개혁에 총책임자라고도 할 수 있는 지위에 오른 것이다.

그러나 바오다이의 계획은 프랑스 식민지 관료들과 안남왕국의 보수 관료들의 강한 반대에 부딪쳐 중단되었으며, 1933년 9월 응오딘지엠도 결국 힘을 잃어 바오다이에게 사표를 제출함에 따라 결국 바오다이의 개혁은 좌절되었다. 황제도 의욕을 잃었고, 안남왕국은 이제까지의 왕국이 그랬던 것처럼 프랑스인과 프랑스파 관료들의 정치로 회귀했다.[32] 더욱이 바오다이가 좌절한 후 위로부터의 개혁의 중심에 있던 파스키에 역시 1934년 초 비행기 사고로 사망함에 따라, 베트남 민족에 대한 프랑스의 탄압은 더욱 거세졌다.

사이공의 트로츠키주의자와 메콩삼각주의 까오다이교

프랑스 총독과 바오다이 황제가 열심히 위로부터의 개혁을 시도하고 있었음에도 불구하고 대공황 속에서의 베트남 농민과 노동자의 생활은 점점 더 어려워졌고, 이로 인해 프랑스 통치에 대한 반발 또한 거세게 일어났다. 1930년에 이어 1931년에도 각지에서 농민들의 봉기가 잇따랐다.

그러나 국민당은 세력이 약화되었고 공산당도 탄압을 받아 힘을 잃어, 대공황기에 농민과 노동자를 이끌 만한 강력한 정치세력이 존재하지 않았다. 그렇지만 1932년부터 1935년 사이에 주목할 만한 몇몇 정치조직이 만들어졌다. 대공황기에 농민의 빈곤화와 계급분화가 진행되고 있던 남부 베트남 코친차이나 지역, 즉 메콩삼각주의 쌀 경작지인 사이공에서 새로운 조직들이 생겨났다.

공산주의자들이 이끌고 있던 한 조직이 1932년 초 사이공에 모습을 드러냈는데 대학 출신의 젊은 지도자들이 주축을 이루었다. 그러나 그들은 1932년 8월경 프랑스 경찰에 의해 소탕되었다. 사이공에 다시 공산주의자들과 연결된 집단이 활동하게 된 것은 1933년 2월에 들어서이며, 이들은 합법적인 활동을 주창했다. 이 그룹은 1930년 봉기 때 체포됐으나, 그 후 석방되어 공산주의자와 무소속 민족주의자들을 중심으로, 남부 베트남의 중산계급과 노동자들에게 정치교육을 목표로 하는 일간지를 발간하는 한편, 사이공 시의원선거에 조직원을 입후보시켜 합법적인 정치활동을 시작했다.

1935년에는 사이공 시의원에 응우옌반따오(Nguyen Van Thanh, 응우옌반타잉) 등이 당선됐다. 이 조직에는 응우옌반따오와 같은 인도차이나

공산당원이 다수 소속되어 있었으나 지도부는 호찌민의 인도차이나공산 당과는 다른 노선을 걸었으며, 1936년 이후에는 노선 차이로 인해 공산당 원들과 결별하는데, 머지않아 '트로츠키주의자'로 불려진다.

한편 코친차이나의 수도 사이공에서 새로운 공산주의자 조직이 생겨 나고 있을 때, 코친차이나의 중심인 메콩삼각주에서 하나의 종교적 정치 결사가 세력을 넓히고 있었다. 그 결사의 이름은 '까오다이(Caodaism, 高 臺, 지상의 궁전)'이며, 불교와 가톨릭교가 결합한 교리를 토대로 지주와 고리대금업자로부터 고통 받는 농민들 사이에서 급속히 퍼져 나갔다. 까 오다이는 1926년에 만들어졌으며 창립자는 응우옌반쩨우이다. 조직은 타 이닌(베트남)성(省)을 중심으로 코친차이나와 캄보디아를 거쳐 메콩삼각 주로 확대되었다. 이 조직에는 수십만 명의 신도와 독자적인 행정조직, 자금원을 가지고 있어 얼마 후에는 군사력까지 보유하기에 이른다. 물론 까오다이 역시 이후 베트남 정치에서 중요한 역할을 담당하게 된다.

인도로부터 분리된 미얀마

미얀마에서 1930년 말부터 1931년에 걸쳐 발생한 사야산의 봉기는 영국 정부에 큰 충격을 주었다. 이 봉기로 인해 영국은 미얀마 민족주의자의 요구를 수용하여 영국령 인도로부터 미얀마를 분리하기로 결정했다. 1931년 1월 맥도널드(James Ramsay MacDonald) 영국 수상은 미얀마를 인도로부터 분리한다는 방침을 발표했으며, 1932년 1월에는 분리 후의 미얀마에 대한 통치구상을 공표했다. 영국 수상은 미얀마를 분리할 것인 지 또는 임의로 이탈하지 않는다는 조건으로 인도연방에 가입할 것인지 를 미얀마 의회에서 총선거로 결정하도록 했다.

그런데 1932년 11월, 총선거가 실시되었으나 의외의 결과가 나왔다.

분리찬성자가 29명인 반면 분리반대파 의원이 42명에 달했다. 반대파는, 영국이 미얀마를 분리한 후 인도보다 정치적으로 낮은 수준에 머물게 하고 착취를 강화하며, 미얀마인의 불교신앙 등의 자유를 제한할 것이라는 이유를 들어 분리를 반대했다.

그러나 영국은 선거결과를 무시하고 일방적으로 미얀마를 분리하기로 하고, 1935년 7월 의회는 미얀마 분리를 위한 미얀마 통치법을 가결했다. 그 결과 1937년 4월 1일부터 미얀마는 영국령 인도로부터 정식으로 분리되었다.

미얀마가 인도에서 분리되었다 하더라도 여전히 영국 총독의 지배를 받는 식민지라는 사실에는 변함이 없었으나, 분리를 계기로 미얀마 내부에서는 완전독립을 원하는 움직임이 나타났다. 그러나 인민당과 그 외 정당은 이미 1920년대 후반에 보수화되었고, 그들의 대부분은 영국이 미얀마를 분리하는 것조차 반대했다.

또한 1931년의 사야산 봉기에 대해서도 보수 정치가들은 차가운 태도로 일관했다. 이러한 상태가 지속되자 미얀마에는 진정한 독립을 쟁취하기 위한 새로운 정치집단이 필요했다.

1930년 소수의 미얀마 지식인들에 의해 '우리미얀마인협회(Dobama Asiayone, 우리버마인연맹)'라는 정치결사가 조직되었다. 이들은 과거 미얀마 왕조시대의 영광을 역설하고, 미얀마인이 바로 미얀마의 주인이라는 사실을 내세우며 자신들을 '타킨(주인)'이라 불렀다. 이를 계기로 '타킨당(Thankin Party)'이라 불린 이들은 기존 정치가들에게 반대하고, 완전독립을 쟁취하기 위해 반영 무력투쟁도 불사해야 한다고 주장했다. 이들의 주장은 미얀마 청년들을 설득하여 많은 젊은이들을 타킨당으로 결집했다. 그 안에는 미얀마인 유산계급, 중산계급의 엘리트 자녀들이 모인 랑군 대학의 학생들도 대거 포함되어 있었다. 특히 그 중에는 1931년 설립된 '랑군대학생연맹'의 활동가들이 많았다. 청년들은 사야산의 봉기, 대공황 속에서의 농민들의 고통, 그리고 일자리를 구하기 위한 미얀마 빈민들과 인도인들과의 싸움 등 1930년대 전반의 여러 사건에 대해 강한 인상을 받았다. 그 후 타킨당에 결집한 청년들은 미얀마 독립투쟁의 주역으로 떠올랐고 1935년 이후 타킨당의 청년활동가들이 미얀마 정치에 새로운 방향을 제시했다.

말레이시아의 상황

지금까지 살펴본 것과 같이 대공황으로 인해 태국과 필리핀에서는 중요한 의미를 갖는 위로부터의 정치개혁이 일어났고, 인도차이나와 미얀마에서도 주목할 만한 정치개혁이 시도되었다. 그러나 1930년대 전반 동남아시아 각지에서의 정치변혁에도 불구하고, 대공황으로 심각한 피해를 입은 네덜란드령 인도네시아와 영국령 말레이시아에서는 이렇다 할 움직임이 없었다.

영국령 말레이시아에서는 대공황으로 일자리를 잃은 중국인과 인도인들이 대규모로 본국으로 귀국하자, 영국령 말레이시아에서는 정치적 긴장이 약화되었고 영국 당국은 통치정책을 재검토할 필요성을 느끼지 못했다.

그러나 말레이시아 역시 대공황으로 인한 정치적 불안이 표면화되고 있었다. 대공황은 노동자들의 생활을 현저히 악화시켰고 각지에서 노동쟁의를 불러일으켰다. 대공황에 따른 노동쟁의의 발생은 1931년의 탄압으로 커다란 타격을 받은 말레이시아공산당에게 활동 재개의 빌미를 제공하였다. 1933년 코민테른 대표가 말레이시아에 파견되어 철도와 고무, 주석 노동자 및 항만 노동자 사이에 조직을 재건하도록 지원했고, 매월 3

백 달러를 말레이시아공산당에 보조했다. 이 덕분에 말레이시아공산당은 1934년 비밀리에 말레이시아 전체 주(州)에 지부를 설립할 수 있었고 각지에서 노동자 속으로 침투하여 노동쟁의를 지도했다. 이러한 말레이시아공산당의 지도 가운데 가장 주목할 만한 사건은 1935년 말 셀랑고르주 탄광에서 일어난 쟁의였다. 6천 명의 노동자가 탄광을 점거하고 자치 소비에트 정부를 결성했지만 군과 경찰에 의해 진압되고 말았다.[33]

탄압 받는 인도네시아의 민족운동

인도네시아에서 네덜란드 당국은 1926년 말부터 1927년 초에 걸쳐 전개된 공산당 봉기 이후 위험한 정치적 활동은 애초에 전면 금지시켰다. 이에 따라 공산당 붕괴 후 새로운 정치세력을 구성하려 했던 수카르노의 국민당도 1930년 탄압으로 해체되었다.

그러나 이러한 탄압 속에서도 인도네시아인의 정치투쟁은 수차례 이어졌다. 인도네시아 국민당은 수카르노가 체포된 뒤 정부의 탄압을 예상하고 1931년 4월 정식으로 해산했다. 그러나 국민당은 지금까지 존속해 왔던 것을 아쉬워하며 생존방법을 모색했다. 국민당은 그동안 고수해 온 네덜란드에 대한 비협조정책은 물론, 정부에 대한 대중적 압력과 비판을 계속 이어가기 위해서 구국민당원 대부분을 집결시켰다. 그리고 같은 해 4월 새로운 국민당이라고 할 수 있는 '인도네시아당(Partai Indonesia= Partindo)'을 설립했다. 대공황 속에서도 대중의 반네덜란드 정서를 배경으로 금세 2만여 명의 당원을 끌어모았다.[34]

그러나 구국민당원 중에는 인도네시아당이 관료계급, 지식인, 민족자본가 및 일반대중을 중심으로 한 운동을 통해 네덜란드로부터 독립을 쟁취하려는 것에 반발하는 집단도 있었다. 그들은 노동자계급의 운동에 주안점을 두고 독립투쟁뿐 아니라 경제의 국유화라는 사회주의적 목표도 실현하고자 했다. 그들은 인도네시아당에 반대하여 1931년 2월 '자유파 연락위원회'를 결성하고[35] 네덜란드에 유학 중인 좌익 인도네시아 학생들과도 접촉했다. 그렇지만 그룹의 수는 고작 2천여 명에 불과했다.

구국민당 그룹이 좌우로 분열된 1931년 12월, 국민당 탄압을 비판하는 여론에 위협을 느낀 네덜란드 총독은 국민당 당수 수카르노의 형기를 단축하고 석방했다. 수카르노는 양 파벌을 재통일하기 위해 노력했으나 실패하고, 결국 인도네시아당에 입당하여 1932년 8월에 당수가 되었다.

수카르노를 끌어들이는 데 실패한 자유파는 다른 지도자를 물색했다. 1932년 9월 네덜란드 유학 중에 좌익 그룹의 중심에 속했다가 망명 중에는 인도네시아공산당과 교류를 맺고 있던 하타(Mohammad Hatta)가 귀국하자마자 그를 당수로 맞았다. 또한 하타와 같이 네덜란드 체류 중 네덜란드 공산당원을 부인으로 맞은 샤프릴(Sutan Sjahrir)도 자유파에 들어와 간부가 되었다. 수카르노와 하타, 샤프릴은 이후 인도네시아 정치에 있어서 각각 라이벌이 되어 중요한 역할을 담당해 나간다.

구국민당계 민족주의자들이 두 파로 갈리면서도 각각 반네덜란드 투쟁의 재조직에 전념하자 네덜란드 당국은 촉각을 곤두세웠다. 네덜란드는 대공황으로 인한 심각한 경제 불안 속에서 당조직이 확대되어 가는 것을 두려워했는데, 이는 곧 또 다른 탄압의 시작을 예고했다.

바로 이때 1933년 2월 5일 네덜란드 정부를 경악시킨 대사건이 일어났다. 네덜란드인 장교와 인도네시아인 선원이 탄 네덜란드 전함에서 반란이 일어난 것이다. 네덜란드 사회주의자들로 구성된 반란파는 인도네시아 선원의 지지를 얻어 전함을 점거하는 데 성공하고 전함을 소련의 항구로 향하게 하여 망명하려 했다. 네덜란드 해군기가 출동하고 폭탄을 투하하여 전함의 진로를 방해함으로써 반란을 막는 데 성공했지만, 이 사건은 인도네시아 본국에도 바로 영향을 미쳤다.[36] 이를 계기로 네덜란드 당국은 구국민당 그룹의 활동을 규제하기 시작했다.

네덜란드는 수카르노 진영이 대중집회에서 이 사건을 언급하지 못하게 금지령을 내렸는데, 이것은 규제의 시작에 불과했다. 그러나 수카르노는 이 금지령을 무시했다. 1933년 6월 네덜란드 당국은 인도네시아당과 자유파에 정부관리가 가입하는 것을 금지했다. 이제 본격적인 탄압이 시작되었다. 1933년 8월 1일 당국은 수카르노 진영의 인도네시아당 지도자들을 체포했다. 아마 네덜란드의 금지령을 무시한 것이 이유였을 것이다. 당국은 8월 인도네시아당과 자유파에 대해 집회를 금지했다. 그리고 1934년 2월 수카르노는 자바섬에서 동쪽으로 멀리 떨어진 플로레스섬(Flores)에서 유형생활을 하게 되었고, 같은 해 2월에는 '인도네시아 국민교육협회'로 개명한 자유파의 간부 하타와 샤프릴이 체포되었다. 그들도 같은 해 2월 서뉴기니(Western New Guinea, 이리안)로 유배되었다. 교육협회의 후임 간부들도 잇따라 체포되어 감옥에 들어갔다.[37]

1935년과 1936년에도 인도네시아당과 교육협회에 대한 당국의 탄압은 계속되어, 두 파는 거의 활동 불능상태가 되었다. 결국은 인도네시아당은 1936년 2월 스스로 해산했다.

대공황기에 인도네시아공산당은 거의 활동을 하지 않았다. 일부는 네덜란드에 들어가 그곳에서 인도네시아 유학생 사이에서 비밀당원을 끌어들이는 공작을 수행하여, 일부 학생들을 당원으로 만든 것으로 보인다. 그리고 1934년에는 네덜란드에 코민테른 지부로서 인도네시아공산당 대외국이 설립되어 본국에 선전활동을 했다. 한편 1927년 코민테른에서 트로츠키주의자로 배제되었던 인도네시아공산당 최고 간부의 한 사람인 탄말라카는 그 후 인도네시아공산당 자체 내에서 추방되었으며, 바로 방콕을 거점으로 독자적 활동에 들어갔다. 그는 방콕에서 '인도네시아공화당'을 설립하고, 독자적인 인도네시아 혁명을 위한 공작을 추진했으며, 젊은 활동가를 인도네시아로 불러 훈련시켰다. 그 안에는 후에 인도네시아 외상이 되는 아담 말릭(Adam Malik, 아담 말리크) 등이 있었다.[38]

농민봉기가 없었던 인도네시아

인도네시아의 반정부 운동이 네덜란드 당국의 탄압으로 거의 마비상태에 빠지자, 네덜란드 당국은 민족운동의 촉발을 크게 걱정하지 않게 되었다. 민족운동의 침체는 네덜란드가 인도네시아 정치에 있어서 '위로부터의 개혁'을 고려하지 않았던 주요 이유였다.

그러나 네덜란드가 인도네시아 정치개혁의 필요성을 느끼지 못한 또 하나의 원인은 대공황으로 인도네시아 경제가 큰 타격을 받았음에도 불구하고, 인도네시아에는 베트남이나 미얀마·필리핀에서 일어났던 대규모의 농민봉기가 없었다는 점이다. 가장 큰 이유는 미얀마의 이라와디 삼각주, 베트남의 메콩삼각주, 필리핀의 중부 루손에서 볼 수 있었던 쌀 경작 농민, 설탕 농민에 대한 화교와 인도 상인, 프랑스 식민지의 자본가, 에스파냐계 대지주 등 '이방인' 대지주, 고리대금업자에 의한 철저한 착취가 인도네시아에서는 일어나지 않았기 때문일 것이다. 인도네시아에서 대공황으로 실업의 위협에 몰린 농민과 노동자 수는 약 2백만 명이었고, 수십만 명이 직업을 잃었으나, 그들은 전 인구 6천만 명 중 일부에 지나지 않았다. 또한 실업자의 대부분은 고향으로 돌아갔는데, 그곳에는 소농이 설탕, 고무 등의 영세 경영에 실패했다 해도 쌀이나 다른 농작물을 재배함으로써 밥을 굶는 상황까지는 일어나지 않았다. 게다가 소농이 대공황 과정 중에서 화교나 부농에게 돈을 빌려 그 결과 소작농이 늘긴 했지만, 소작인에 대한 지주들의 착취는 미얀마나 베트남, 필리핀에 비하여 매우 미약했다. 동시에 소작인과 농업노동자의 비율도 미얀마나 베트남, 필리핀이 인도네시아보다 훨씬 높았다. 자료에 의하면 1932년 자바에서는 농민의 75%가 지주 또는 자작농이었다고 한다.[39] 이러한 상황 때문에 인도네시아에서는 대공황 속에서도 정부를 뒤흔들 만한 농민봉기는 일어나지 않았다.

그렇지만 대공황 속에서 대규모 농민봉기가 일어났는지 여부는 그 후 동남아시아 각국의 역사에 중대한 영향을 미치게 된다. 왜냐하면 제2차 세계대전 중과 대전 후의 동남아시아 정치의 초점 중 하나가 되는 '농민 게릴라의 발생'이 농민봉기와 밀접한 관계가 있기 때문이다. 현재 아시아에서 가장 강력한 반정부 게릴라 세력이, 베트남의 메콩삼각주, 미얀마의 이라와디 삼각주, 필리핀의 중부 루손에 각각 '베트콩(남베트남민족해방전선)', '미얀마 공산당군' 내지는 '신인민군' 등의 이름으로 존속하고 있는 것은 우연이 아니다.

4 위로부터의 경제개혁 시도

대공황은 동남아시아에 중대한 정치위기를 가져왔고, 이에 대하여 지배자들도 어느 정도 비중 있는 정치개혁을 단행했다. 그러나 대공황이 동남아시아에 미친 영향이 동남아시아 경제의 근본적인 구조적 모순을 노출시킨 만큼, 동남아시아의 정권은 이 '위기상황' 이상의 심각한 사태를 막기 위해 어떠한 형태로든 위로부터의 경제개혁이 필요했다. 대공황을 계기로 다양한 정치개혁의 도입을 요구받았던 것처럼 대공황이 더욱 심각해진 1932~1933년 이후부터 1930년대 후반에 걸쳐서는 여러 경제개혁을 도입하여 실행에 옮겼다.

자립경제를 추구하는 동남아시아

경제개혁의 실행에 있어 그들은 첫 번째로, 선진국으로 수출하는 특정 수출품에 경제 전체가 의존하고 있는 각국의 취약한 경제구조를 바꿔야 할 필요성에 직면했다. 왜냐하면 이것이 동남아시아 경제의 근본적 모순이었기 때문이다. 이를 위해서는 어떻게든 수출품의 다양화가 요구되었고, 농산물이나 광산물뿐 아니라 공산품을 포함한 새로운 수출품 개발이 필요했다.

두 번째로, 대공황으로 야기된 외화수지 악화로 인해 각국은 수입 감소를 위하여 종래의 수입품을 국산품으로 대체할 필요가 있었다. 종래의 고무 가공공장, 주석 정제공장, 설탕공장, 정미공장 등의 수출용 농·광·임산물의 가공산업 이외에 제조업을 중심으로 하는 공업의 육성이 필요했다. 또한 주식인 쌀을 수입하고 있던 나라들은 쌀 증산을 도모했다. 모름지기 공업화는 수출상품의 개발 노력과 가장 관계가 깊었다. 각국 정부는 화교와 현지 자본가를 상대로 제조업에 대한 투자를 요청했고, 참여하는 자본가에게 다양한 보조정책을 시행했으며 나아가 정부 스스로가 공장 경영에 나서기도 했다.

세 번째로, 각국 정부는 대공황으로 피해를 입은 농민과 노동자 구제에 나서지 않으면 안 되었다. 농민들이 지주와 고리대금업자로부터 착취 받는 상황에서 벗어나기 위한 조치가 필요했다. '토지개혁'을 통해 지주의 토지를 소작인과 농업노동자에게 분배하는 계획이 몇몇 국가에서 신중히 검토되었다. 그리고 고리대금업자를 대신하여 농민들에게 생활·영농 자금을 제공하는 정책이 검토되었고, 몇몇 나라에서는 실제로 그 정책이 실시되었다. 또한 노동자의 권리와 생활을 보호하기 위한 노동입법, 복지입법이 일부 나라에서 이루어졌다.

네 번째로 각국 정부는 화교나 인도 자본가에 대한 대책을 강구하지 않으면 안 되었다. 제1장에서 설명한 것처럼 이들은 대공황기에 동남아시아 정부가 해결해야 하는 주요 문제들의 중심에 있었다. 그들은 지주와 고리대금업자, 상인으로서 각국 경제의 중추적 부분을 담당하고 있었고, 현지인 농민과 노동자를 착취하는 증오의 대상이었다. 또한 중국인과 인도인 노동자는 대공황으로 인해 도시로 흘러들어온 현지인 노동자들과 일자리를 놓고 마찰을 빚었다. 각국 정부는 이러한 상황에 대하여 각국에 있는 화교와 인도 자본가들의 수를 적어도 현재보다는 늘어나지 않게끔 대책을 세우고 현지인을 위한 일자리를 확보해 나가는 계획을 강구해야 했다.

지금까지가 동남아시아 각국 정부가 추진한 대공황에 대한 공통적인 경제개혁 정책이며, 이를 국가별로 살펴보면 다음과 같다.

인도네시아의 개혁

우선 네덜란드령 인도네시아에서는 네덜란드 당국이 정치적 개혁을 거부했으나 경제적 개혁에 대해서는 어느 정도 의욕을 보였다. 팜유, 케이폭 섬유, 사이잘삼 등 농산물의 생산과 수출이 늘어났는데, 이것은 직간접적인 정부의 개발 노력 때문이었다.

제철공업 분야에서는 정부가 적극적인 진흥책을 마련했다. 우선 현지인 경영이 많은 가구, 매트, 타일, 피혁 등의 제조공장에 대한 보조금을 지급하고 기술을 지도했다. 유럽인 경영이 많은 국내 소비재 공업, 맥주, 담배, 비누, 제과, 제분 등에 대한 보호장려책도 마련했다. 그 결과 1930년대 후반 이 분야의 생산이 증대되자, 섬유제품은 수출이 늘어나고 맥주와 과자 등 소비물자들은 수입이 감소되었다.

국내 공업을 보호하기 위해 직물에 대해서는 수입할당제를 도입하였고, 미얀마와 태국으로부터의 쌀 덤핑 유입을 막기 위해 미곡수입 통제령을 발령하여 국내 쌀 증산을 도모했다. 그리하여 대공황기에도 쌀 경작은 증가했다. 이러한 쌀 증산은 정부 정책의 결과라기보다 고무나 설탕공장 경영에서 타격을 받은 영세농민이 자구책으로서 쌀농사로 전환한 때문으로 볼 수 있다. 그러나 네덜란드 당국의 경제다변화 노력에도 불구하고, 선진국에 특정 상품의 수출을 의존하는 인도네시아의 경제구조에는 큰 변화가 없었다.

대공황으로 발생한 실업자 구제를 중심으로 농민과 노동자에 대한 보호책이 마련되었다고는 하지만 정부의 정책은 특별한 내용이 없이 '자력 구제'가 대부분이었다. 토착민 빈곤자를 위해서 식료품을 현물로 지급하는 구제기금을 설립하였고, 인구가 많은 자바에서 인구가 적은 수마트라섬으로의 이주정책을 추진하는 정도였다. 그리고 실업 대책의 일환으로 화교의 유입을 규제했다. 즉 1933년 입국 규칙을 개정하여 한 해 입국 외국인 1만 명, 1개국당 8백 명으로 입국 가능 인원을 제한했다. 입국자의 대부분을 차지하는 화교의 유입 금지가 목적이었으나, 1934년 이후에도 실제 6~8천 명의 중국인이 입국했다. 대공황 이전에는 3만여 명에 이르렀던 것에 비하면 화교의 유입이 감소한 것은 사실이었다.[40] 대공황 이후 1936년까지 5만 명의 화교가 중국으로 송환되었다.[41]

말레이시아의 자립경제 정책

영국령 말레이시아에서는 고무와 주석 외에 이렇다 할 수출품이 없었으나, 수입 억제와 공업화에서는 약간의 진전이 있었다.

우선 주요 수입품인 쌀의 국내 생산 증대에 온 힘을 쏟았다. 농지 개간, 품종 개량에 대한 정부의 지원 덕분에 쌀 생산이 점차 증가했다. 그 결과 말레이시아의 국내 쌀 소비점유율은 1930년 20%에서 1935년 40%로 높아졌다. 제조업에서는 1931년 수입억제, 수출증대를 목표로 '말레이시아 공업화'를 내세우고, 이제까지의 고무, 주석 가공업 중심의 말레이시아 공업에서 탈피하고자 했다. 그러나 현실은 그렇지 못하여 맥주 제조업,

파인애플 통조림 산업 등에서 생산이 증가하는 정도에 그쳤다.[42]

농민, 노동자, 화교, 인도 자본가 대책에 있어서는 화교, 인도 자본가의 유입이 감소하고, 귀국자가 늘어난 것이 가장 주목할 만하다. 이에 대해서는 영국 당국도 상당한 역할을 하였고, 화교의 본국 송환비용을 지출하고 1930~1933년 사이에 화교입국 제한령 등을 시행했다.[43]

필리핀의 공업화 정책

필리핀에서도 인도네시아나 말레이시아와 같이 수출의 다변화와 공업화를 위한 정책이 전개되었다. 하지만 인도네시아나 말레이시아와는 달리 중부 루손을 중심으로 한 농민봉기로 고심하고 있었기 때문에, 필리핀 정부는 소작인과 농업노동자들의 불만을 해소하기 위한 개혁도 동시에 실시해야만 했다. 그리고 필리핀 정부는 1935년에 독립되었기에 독립국에 걸맞은 자립 경제구조를 갖출 필요가 있었다. 특히 미국과의 무역수지가 악화될 것으로 예상됨에 따라, 필리핀 정부는 수출 관련 농산물 가공산업의 부진을 만회할 수 있는 새로운 공업진흥책이 필요했다. 물론 수출시장의 다변화와 새로운 수출품의 개발도 시급했다. 이러한 공업화를 포함하는 경제의 다변화를 목표로 독립 의지를 불태운 필리핀 정부는 스스로 경제개혁에 박차를 가했다.

필리핀 정부의 첫 번째 경제 개입은 1934년 정부에 의해 설립된 '국가경제보호협회(National Economic Protection Association=NEPA)'의 발족이었다. 이 협회의 목적은 필리핀 경제의 이익을 위해 국산품 장려운동을 전개하고, 외국 산업과의 경쟁을 피하는 것이었다. 협회는 대중집회와 학교 교육, 신문, 잡지, 라디오 등을 이용하여 국산품 장려운동을 전개했다.[44]

두 번째 경제 개입은 1936년에 실시되었는데, 이것은 보다 직접적인 성격을 띠었다. 필리핀 정부는 1919년 국내 공업 육성을 위해 반정부, 반민간 기업으로 설립된 '국영개발회사'를 전액 정부 출자의 국유회사로 바꾸었다. 이 회사는 세부(Cebu)섬에 시멘트 공장을 경영하고 있었는데 그 외에 각종 새로운 제조공장을 설립하여 운영하기로 했다. 1937년 이후 기존 수출상품 가공업계의 민간자본을 참여시켜 방적, 제지, 통조림, 설탕, 피혁 등의 공장을 자회사로 설립, 경영했다.[45] 정부는 이 회사 외에도 국립 마회사, 의류회사, 담배회사 등 개별적인 국유회사를 발족시켰다.

게다가 1936년에는 무역과 유통 분야에 대한 정부의 개입이 시작되었다. 같은 해 4월 '국립미곡·옥수수회사'를 설립했는데, 이것은 종래 쌀 거래를 독점하고 쌀값을 인상하는 등 부당 이득을 챙기고 있던 중국 상인에 대항하여 필리핀 정부가 쌀 수입과 판매를 시행하게 됨을 의미했다. 그 외에도 필리핀 정부는 경제 민족주의의 입장에서 주로 미국인을 대상으로 하는 외국인의 토지 취득과 외국 회사를 통한 광업 개발을 새 헌법에서 금지시켰다.

지금까지가 자립경제를 목표로 한 필리핀 정부의 적극적인 경제 개입 정책의 요점이었다. 하지만 이는 경제개혁의 시작에 지나지 않았고, 농·광산물 수출에 크게 의존하는 필리핀 경제의 본질에는 그렇게 큰 영향을 주지 못했다.

필리핀 정부는 수출상품의 다변화 및 공업화의 촉진에 주력하는 한편, 앞에서 언급한 것처럼 농민봉기에 대해서도 역시 대책을 세워야 했다. 그러나 이것은 공업화와 같이 쉬운 문제가 아니었다. 왜냐하면 농민들의 불만을 해소하기 위해서는, 필리핀 경제를 움직이고 있는 대지주, 대농장주와 이해관계가 충돌할 수밖에 없기 때문이다. 필리핀 정치를 좌우하는 내셔널리스트당의 정치인들이 1920년대에 들어와 점차 대지주, 대농장주가 되거나 그들과의 연계를 강화함으로써 더욱더 어려워졌다. 그러나 케손 대통령이 이끄는 필리핀 정부는 농민의 불만에 대해 무언가 전향적인 자세를 취하지 않고서는 정치적 안정을 꾀할 수 없었다.

이러한 정부의 농민 대책 가운데 주목할 만한 것은 쌀 경작에서 지주, 소작농 관계를 조정하는 것이었다. 이를 위해 '1933년 쌀경작소작법'이 1936년 11월 수정되어 공익의 필요가 있는 경우에 대해 대통령령으로 실시되었으나, 지주들과 이해관계가 얽힌 위원들의 저항으로 주요 내용은 빠진 알맹이 없는 법률이 되고 말았다. 이 법률은 1937년 1월 중부 루손의 소작인 지대에 적용되었다. 이 법률에 대한 지주의 저항은 거세었고, 지주들은 법에 따른 보호를 주장하는 소작인들을 폭력으로 자신의 토지에서 내쫓고 법의 집행을 방해했다. 결국 이 법률은 소작문제 해결에 아무런 도움이 되지 못했다. 필리핀 정부는 이 법률 외에도 농장을 매수하여 소작인에게 배분하는 대책을 강구해 보았으나, 매수할 수 있는 농장의 수가 극히 제한되어 있어, 사실상 아무런 효과가 없었다.[46] 또한 정부의 노력과는 별개로 농산품판매협동조합, 농업신용조합 등이 일부 농촌에서 결성되었으나, 이것은 아직 전체 소작인의 실정과는 거리가 멀었다. 이렇게 해서 필리핀 정부의 소작인 문제를 위한 노력은 소극적으로 전개되고 말았다.

또한 필리핀 정부는 국내 상업, 농산물 가공업, 경공업에 많은 영향을 끼치고 있던 화교에 대해 '국립미곡·옥수수회사'의 설립과 '국가경제보호협회'에 의한 경제국가주의 운동의 형태로 대처했다. 쌀 거래에 있어서는 종래 전체 거래의 85%를 화교가 점하고 있던 것을 미곡회사 설립 후에는 60% 이하로 축소시켰다.[47] 화교 자본은 대공황으로 큰 타격을 입고 1930년대 후반 들어 그 세력이 상당히 약해졌다. 또한 필리핀 정부는 화교의 입국과 관련해서 대공황기 중에 새로운 규제를 시행하지는 않았는

데, 이것은 미국이 중국인의 자국 입국에 대한 규제와 관련하여 이미 1902년 이후 화교들의 필리핀 입국을 금지하고 있었기 때문이다.

인도차이나와 미얀마의 경우

여기까지가 선진국을 대상으로 하는 광물, 농산물 생산 중심의 경제구조를 지닌 인도네시아, 말레이시아, 그리고 필리핀에서 있었던 경제개혁 추진에 대한 내용이다. 그런데 쌀 경작을 주로 하고 있던 인도차이나, 미얀마, 태국에서도 자립경제 확립을 위한 다양한 시도가 이루어지고 있었다.

프랑스령 인도차이나에서는 쌀과 고무 외에 다양한 수출품이 개발되었고 케이폭, 코프라, 콩 등의 생산과 수출이 증가했다. 북부 홍가이(Hon Gai, 혼게이)에서는 석탄 생산과 수출이 늘어났다. 압도적인 비율을 점하고 있던 정미공장 외에 섬유공업이 증가세를 보였으나 전체적으로 쌀 중심의 경제구조에는 커다란 변화가 없었다.

농민봉기가 잇따르는 가운데 베트남 농민에 대한 프랑스 당국은 실효성 있는 대책을 세우는 데 실패했다. 다만 1933년부터 코친차이나의 농업 상호신용조합이, 지주와 고리대금업자에 대한 빚으로 허덕이는 인도차이나 전역의 농민들을 대상으로 저리자금을 융통해 준 것은 주목할 만하지만, 이것 역시 자금이 제한되어 있어서 막대한 농촌 채무를 감당하지는 못했다.[48] 또한 안남에서의 폭동 이후 관개사업, 품종 개량 등 농업 증산을 위한 연구가 많이 이뤄졌지만 이것도 큰 효과는 없었다.

화교 문제에 있어서도 이렇다 할 대책이 없었다. 물론 대공황의 영향으로 화교 자본의 도산이 속출하고, 노동자의 실업, 그리고 귀국 화교의 증가라는 현상은 이곳에서도 나타났다.

미얀마에서는 쌀을 중심으로 목재와 소량의 광산물을 수출했는데, 이러한 수출구조에는 아무런 대책이 마련되지 않았다. 농산물에서는 콩류의 생산이 늘어났지만 그 외에는 특별히 주목할 만한 변화가 없었다.

정미공장과 제재소 중심의 공업구조도 그대로였고 이외에 가내공업을 통한 면제품, 수공예품 제조가 제조업의 주력이었으나, 이 분야에도 변화는 거의 일어나지 않았다.

농민문제, 인도인 고리대금 문제 등 기본 문제에 있어서도 영국총독부는 1937년 '미얀마 소작법'을 만들어 소작인을 보호하려 했으나 지주의 반발로 시행되지 못하고, 결국 아무런 근본 대책을 세우지 못했다.

태국 혁명정부의 공업화 계획

인도차이나, 미얀마에서는 극심한 농민봉기 속에서도 정부의 경제개혁에는 이렇다 할 것이 없었던 데 비해, 같은 쌀 농업국이면서도 '1932년의 혁명'을 통해 새 정부가 들어선 태국 정부는 자립경제 확립에 강한 의욕을 나타냈다.

우선 쌀을 주력으로 하고 있던 수출품에 있어서 다변화가 시도되었다. 특히 농산물에서는 쌀 이외의 작물, 면화, 사탕, 담배, 콩류의 생산이 장려되어 생산량이 증가했으나, 이것이 즉시 수출 증대로 이어지지는 않았다. 수출품 가운데 쌀은 부진을 면치 못했고 공황 전에는 많지 않았던 고무의 수출이 1930년 후반에 늘어났다. 고무 다음의 수출품이었던 주석과 티크 재목은 1930년대 중반에는 공황 전과 비슷한 수준으로 이루어졌다.

공업화에 있어서는 정미공장, 제재소 등 농산물 가공업 중심의 수출구조에 근본적인 변화는 보이지 않았지만, 혁명정부는 새로운 제조업 건설에 적극적인 의욕을 보였다. 정부는 관세정책을 통한 국산품 보호, 공업의 직접적인 경영을 통해 태국의 공업화에 주력했다. 그 결과 전체적으로는 미미했지만 다음과 같은 성과가 나타났다.

예를 들어 성냥제조업에서는 정부의 관세보호에 따라 1929년과 1930년에 화교계 공장 2개, 스웨덴계 공장 1개가 설립되었고, 그 결과 수입성냥은 사라졌다.[49] 1934년에는 태국인에 의한 맥주공장이 설립되어 수입맥주가 크게 감소했다. 또한 양초와 비누가 만들어지면서 화교 자본에 의한 생산이 증가되어 수입이 줄어들었다.[50]

제지업에서는 1922년에 이미 관영공장이 조업 중이었는데, 1936년에도 또 하나의 관영 제지공장이 세워졌다. 방직업에서도 1935년에 군복 제조를 목적으로 국방성 부속공장이 조업을 하고 있었다. 또한 관영사업으로서는 해운조선소, 태국 시멘트공장 등이 설립되어 있었다. 대공황 이후 파인애플 통조림공장, 담배제조업, 금속제품 가공업 등이 생산을 늘려나갔다.

태국 정부의 농민·화교 대책

또한 태국 혁명정부는 공업화와 수출상품 다변화 대책 이외에 혁명의 기본적 동기 중 하나인 화교에 의한 농민 착취에 대해서도 적극적으로 대응해 나갔다.

우선 농민 부채를 경감하기 위한 노력이 이루어졌다. 1917년 설립된 이후 발전해 온 농민협동조합에 혁명정부가 자금을 공급하고, 그 자금을 조합이 농민에게 저금리로 대출하여 화교를 비롯한 고리대금업자들의 빚 상환에 충당하도록 하였다. 혁명정부는 1931년에 30만 바트, 1932년에 50만 바트, 1934년에는 70만 바트의 자금을 협동조합에 제공했다.[51] 게다가 1936년에는 140만 바트의 예산을 편성했다. 그리고 이러한 혁명정부의 협동조합에 대한 지원에 힘입어 조합 수는 1928년의 81개에서 1937년에는 770개로, 조합원 수는 같은 기간 1,491명에서 1만 1,019명으로 크게 증가했다.

그러나 1937년 당시 1만 1천명이라는 조합원 수가 전체 농가 수 200만 호의 1/200이라는 사실에서도 알 수 있듯이, 이 협동조합을 통해 이득을 본 사람들은 빌린 돈에 대하여 담보를 제공할 수 있었던 일부 부농에 국한되었고 대부분의 영세농민들은 여전히 고리대금으로 고통을 받았다.

혁명정부는 그 밖의 농민구제사업으로서 1936년 농민에게 일용품을 염가로 제공하기 위한 소비조합을, 1937년에는 관개사업을 시행하는 경지개량조합과 쌀 거래를 행하는 쌀상회조합, 그리고 농민들이 새 개척지로 이주할 것을 촉진하는 개척조합 등을 각각 발족시켰다. 또한 1934년에는 혁명정부가 사들인 토지를 농민에게 싼 값에 판매하는 토지공동구입조합을 세웠다. 이들은 대규모로 발전하지는 않았으나 정부가 적극적으로 추진했기 때문에 주목할 필요가 있다. 또한 혁명정부는 쌀 거래에 대한 개입도 계획하고 있었다.

1931년 외국인의 입국 규제를 강화하여 화교 유입을 강력하게 통제했고 1933년 4월에는 이를 더욱 엄격히 했다. 대부분의 화교가 문맹이라는 점을 감안하여 태국어나 자국어를 읽고 쓰지 못하는 사람의 입국을 금지시켰으며, 입국 비용을 높였다.[52] 이에 따라 화교 입국은 급감하여, 1933년 방콕에 입국하는 외국인이 5만 3천명이었던 것에 비해, 1934년에는 1만 6천명, 1935년에는 2만 5천명으로 크게 감소했다. 더욱이 혁명정부는 1936년 기업등록법, 외국인등록법을 실시하여 화교를 중심으로 하는 외국인의 활동을 규제하는 조치도 단행했다.

동남아시아 경제개혁의 걸림돌

이상의 내용이 각국 정부가 대공황 시기에 동남아시아 경제의 모순을 해결하기 위해 실시한 주요 경제개혁에 대한 설명이다. 결론적으로 수출상품의 다변화, 공업화를 중심으로 한 자립경제 확립을 위한 각국의 노력은 쉽게 그 목표를 달성하지 못했다. 1920년대의 주요 수출품을 대체할 수 있는 새로운 상품은 좀처럼 나타나지 않았으며 갑작스럽게 새로운 상품이 나타난다는 것은 애초부터 거의 불가능했다.

또한 공업화도 쉬운 일은 아니었다. 자본과 기술 부족뿐 아니라 각국의 시장은 이미 선진국의 상품이 점유하고 있었다. 게다가 식민지에서는 본국에서 생산되는 제품을 수입하는 것이 당연한 것으로 여겨졌다. 식민지의 공업은 본국 공업의 경쟁상대가 될 수 없었다. 이러한 제약이 식민지 산업의 자립화에 커다란 장애요인이었다.

여하튼 동남아시아 국가의 새로운 상품 개발, 공업화를 지향한 정책은 1930년대 후반에도 계속되었다는 정도에 그 의의를 둘 수밖에 없다. 물론 이것은 새로운 정책이 막 시작된 시점에서는 어쩔 수 없는 것이었고, 정책 실시에 따른 애로사항은 각국 정부도 충분히 인식하고 있었다. 따라서 그들은 새로운 정책에 장기적인 성과를 기대하고 입안, 실행에 옮겼을 것이다. 그러나 불행하게도 동남아시아 국가의 자립경제 건설을 위한 장기적인 신(新)정책들은, 실제로는 정책이 막 실시되기 시작한 1930년대 후반에 또 다른 장애물에 직면해야 했다.

결론적으로 그것은 점차 동남아시아에 퍼지고 있던 제2차 세계대전의 그림자이다. 이 그림자는 1930년대 중반 이후 몇 가지 형태로 동남아시아 경제와 정치에 미묘하면서도, 그러나 확실한 영향을 미쳤다.

제2차 세계대전의 그림자는 우선 동남아시아 경제에 드리워졌으며 각국의 신정책을 방해했다. 왜 그랬을까? 그것은 제2차 세계대전을 일으킨 나치 독일을 비롯한 선진국의 군사력 확충 준비가 대공황으로 붕괴된 선진국 경제를 일종의 군수경기로 일으켜 세웠기 때문이다. 바로 세계 대공황이 종료되었음을 의미했다. 곧이어 동남아시아 국가들은 급속도로 증가하는 선진국으로의 수출량을 맞추기 위해 바빠졌다. 이것은 대공황으로 인해 선진국 수출량이 급감한 데 따라 전개했던 동남아시아 각국의 신경제정책의 의의와 중요성을 퇴색시켜 버렸다.

그러나 대공황의 영향은 1930년대 후반에도 이어졌으며, 이로 인해 각국 정부는 신경제정책을 지속적으로 추진하려고 했을 것이다. 여하튼 현실에서의 착실한 경기회복 추세는 새로운 정책에 대한 열의를 감소시켰음에 틀림없다. 〈표 10〉은 1930년대 후반 동남아시아 국가들의 수출 회복 상황을 나타내고 있다.

〈표 10〉 동남아시아 국가의 수출 회복 상황 (1929년을 100으로 한 지표)

	1929년	1933년	1934년	1935년	1936년	1937년	1938년	1939년
태 국	100	65.5	78.5	71.9	83.8	77.1	93.0	98.5
미얀마	100	66.8	72.2	77.1	79.9	71.8	69.0	78.4
인도차이나	100	38.8	40.6	49.7	64.4	99.3	108.9	133.8
필리핀	100	64.3	67.1	57.3	82.9	91.9	70.4	73.7
말레이시아	100	39.4[1]	n.a.	62.6	68.5	97.1	62.4	80.5
인도네시아	100	32.4	33.7	31.2	37.3	66.0	45.7	51.8

주: ① 1932년 수치.
자료: 각국 무역통계를 토대로 작성.

또한 제2차 세계대전의 그림자는, 특히 동남아시아에 있어서 대공황 이후 또 다른 형태로 몇몇 국가의 공업화 정책을 크게 위협했으며, 이는 곧 일본의 동남아시아 시장으로의 진출을 의미했다. 일본은 만주사변으로 대표되는 군수경기를 통해 대공황의 피해를 최대한 억제하는 동시에,

서구의 공업이 큰 타격을 입고 있는 것을 곁눈질하면서 그동안 구미 상품의 시장이었던 동남아시아에서 일본 상품의 판매를 확대해 나갔다. 일본은 군수공업을 꾸려가기 위해 값싼 일본 상품을 동남아시아에 팔고, 그 수출대금으로 철광석, 석유, 고무 등의 전략 물자를 동남아시아를 포함한 세계 각지에서 사들였다. 이러한 일본 상품의 대량 진출은 구미와, 그리고 새로운 공업화 계획을 내세운 동남아시아 정부에 있어서도 위협적이었다. 몇몇 나라에서는 일본 상품의 대량 진출이 자립경제를 위한 변혁을 저해하는 요인이 되었다. 〈표 11〉은 일본의 동남아시아에 대한 수출증가 추이를 나타낸 것이다.

〈표 11〉 동남아시아에 대한 일본 수출 증가 추이[1]

(단위: %)

	1929년	1933년	1934년	1935년	1936년	1937년
태 국	6.5[2]	20.1	25.3	25.6	25.7	19.7
영국령 말레이시아	2.5	7.3	8.0	6.3	6.4	6.0
필리핀	8.1	8.4	12.3	14.2	13.1	14.8
인도네시아	10.5	31.0	32.5	29.9	26.7	25.3

주: ① 각국 총수입에서 일본으로부터의 수입이 차지하는 비율.
　　② 1927년 수치.
자료: 각국 무역통계를 토대로 작성.

이렇게 대공황을 계기로 시작된 동남아시아 각국의 신경제정책은, 장기적인 경제구조의 혁신을 목표로 했기 때문에 단기적으로는 큰 성과가 없었다. 그뿐만 아니라 제2차 세계대전을 둘러싼 선진국들의 정치적 이해관계 때문에 커다란 장애에 직면했고, 곧 이어진 일본군의 동남아시아 점령은 각국의 신경제정책을 좌절시켰다. 일본군 점령과 전란에 따른 동남아시아 경제의 붕괴는 제2차 세계대전 후 각국이 경제를 재건하고 자립경제를 건설하는 데 심각한 장애가 되었다. 그러나 대공황을 계기로 한 동남아시아 각국의 신경제정책은 자립경제를 위해서는 반드시 필요했기 때문에, 시기가 되면 정책을 다시 추진하려고 했을 것이다. 이러한 의미에서 대공황은 동남아시아 각국의 경제정책 입안자들에게 귀중한 반면교사(反面敎師)가 될 수 있었다. 그렇지만 세계대전 이전부터 독립국이었던 태국은, 1930년대 후반에도 자립경제 정책을 강력히 전개했다.

한편, 동남아시아의 신경제정책에 중대한 악영향을 끼친 제2차 세계대전은 당연히 동남아시아의 정치에도 심각한 피해를 주었다. 나치 독일이 등장하자, 동남아시아에 식민지를 가지고 있던 프랑스, 네덜란드, 영국은 전쟁의 위협을 느꼈고, 그것은 각국의 동남아시아 정책에도 커다란 영향을 끼쳤다. 또한 일본군의 위협이 고조되자, 미국과 서구 여러 나라들은 '동남아시아 방위'를 둘러싸고 신중한 대책을 모색해야 했다. 게다가 동남아시아 각국 내부에서도 나치들이 등장했다. 식민지 본국의 동요와 일본의 위협 등 점점 드리워지는 제2차 세계대전의 그림자로 인해, 동남아시아 각국의 정치조직들은 새로운 투쟁환경에 처했다. 동남아시아의 정치는 일본군의 점령을 목전에 두고 또다시 새로운 국면을 맞이하게 된 것이다.

註

1) 增田 與(1971),『インドネシア現代史』, 中央公論社, p. 82.

2) 黒田春海 譯(1969),『スカルノ自傳-シンデイ・アダムスに口述-』, 角川文庫.

3) G. M. Kahin(1952),『Nationalism and Revolution in Indonesia』, pp. 91~93.

4) Nguyen Phut Tan(1964),『A modern history of VietNam』, Saigon, p. 360.

5) 太平洋協會 編(1940),『佛領印度支那』, p. 73.

6) Nguyen Phut Tan(1964),『A modern history of VietNam』, Saigon, pp. 364~379.

7) A. B. Saulo(1969),『Communism in the Philippines』, pp. 15~18.

8) J. H. Brimmell(1959),『Communism in South East Asia』, p. 98.

9) ジャン・ラクチュール(1968),『ベトナムの星』(吉田・伴野 譯), サイマル出版會, pp. 41~47.

10) H. Miller(1954),『The Communist Menace in Malaya』, pp. 22~23.

11) ジャン・ラクチュール(1968),『ベトナムの星』(吉田・伴野 譯), サイマル出版會, p. 49.

12) 南方年鑑刊行會 編(1944),『南方年鑑』, 1943年版, 東邦社, pp. 41~42.

13) Maung Maung(1969),『Burma and General Ne Win』, 1969, pp. 16~18.

14) J. R. Hayden(1955),『The Philippines-A Study in National Development』, pp. 381~382.

15) J. R. Hayden(1955),『The Philippines-A Study in National Development』.

16) R. Jumper, & M. W. Normand(1966),『Governments and Politics of Southeast Asia』, Part V, VietNam, Cornell Univ. Press, p. 390.

17) A. B. Saulo(1969),『Communism in the Philippines』, p. 24.

18) A. B. Saulo(1969),『Communism in the Philippines』, pp. 26~27.

19) H. Miller(1954),『The Communist Menace in Malaya』, pp. 23~29.

20) 矢野 暢(1968),『タイ・ビルマ現代政治史研究』, p. 42.

21) 矢野 暢(1968),『タイ・ビルマ現代政治史研究』, pp. 43~72.

22) 南方年鑑刊行會 編(1944),『南方年鑑』, 1943年版, 東邦社, p. 484.

23) K. P. Landon(1941),『The Chinese in Thailand』, New York, 太平洋問題調査會 譯(1944),『タイ國の華僑』, 同盟通信社, p. 191.

24) K. P. Landon(1941),『The Chinese in Thailand』, New York, 太平洋問題調査會 譯(1944),『タイ國の華僑』, 同盟通信社(1944), pp. 235~237.

25) 矢野 暢(1968),『タイ・ビルマ現代政治史研究』, pp. 83~85.

26) 矢野 暢(1968), 『タイ・ビルマ現代政治史研究』, pp. 93~94.

27) 南方年鑑刊行會 編(1944), 『南方年鑑』, 1943年版, 東邦社, p. 1064.

28) A. B. Saulo(1969), 『Communism in the Philippines』, p. 101.

29) Luis Taruc(1967), 『He Who Rides the Tiger』, London, p. 13.

30) 東亞經濟調查局 編(1939), 『比律賓』, 南洋叢書 第5卷, pp. 427~431.

31) 南方年鑑刊行會 編(1944), 『南方年鑑』, 1943年版, 東邦社, p.356.

32) Nguyen Phut Tan(1964), 『A modern history of VietNam』, Saigon, pp. 442~443.

33) H. Miller(1954), 『The Communist Menace in Malaya』, pp. 30~31.

34) 南方年鑑刊行會 編(1944), 『南方年鑑』, 1943年版, 東邦社, pp. 905~906.

35) 增田 與(1971), 『インドネシア現代史』, 中央公論社, p. 86.

36) J. M. Van Der Kroff(1965), 『The Communist Party of Indonesia』, Canada, p. 24.

37) 增田 與(1971), 『インドネシア現代史』, 中央公論社, p. 88.

38) J. M. Van Der Kroff(1965), 『The Communist Party of Indonesia』, Canada, p.25.

39) 南方年鑑刊行會 編(1944), 『南方年鑑』, 1943年版, 東邦社, p.945.

40) 福田省三(1939), 『華僑經濟論』, p. 290.

41) 南方年鑑刊行會 編(1944), 『南方年鑑』, 1943年版, 東邦社, p. 1011.

42) 滿鐵東亞經濟調查局 編(1941), 『英領マレー』, 南洋叢書 第3卷, p. 177.

43) 福田省三(1939), 『華僑經濟論』, p. 157.

44) 東亞經濟調查局 編(1942), 『比律賓』, pp. 322~324.

45) 隅谷三喜男 編(1962), 『フィリピンの勞動事情』, アジア經濟研究所, pp. 167~168.

46) エリック, H. ジャコビー(1957), 『東南アジアの農業不安』, pp. 207~210.

47) 南方年鑑刊行會 編(1944), 『南方年鑑』, 1943年版, 東邦社, p. 1141.

48) シャルル・ロ・ブカン(1941), 『佛領印度支那經濟發達史』(浦部淸治 譯), 日本國際協會, pp. 138~143.

49) 滿鐵東亞經濟調查局編(1939), 『タイ國に於ける華僑』, p. 111.

50) 滿鐵東亞經濟調查局 編(1943), 『シャム』, p. 373.

51) 南方年鑑刊行會 編(1944), 『南方年鑑』, 1943年版, 東邦社, pp. 527~529.

52) 滿鐵東亞經濟調查局 編(1939), 『タイ國に於ける華僑』, pp. 300~301.

제 4 장

●

제2차 세계대전 전야의 동남아시아

지금까지 20세기 초부터 세계 대공황기까지 동남아시아의 정치·경제사의 중요 사건들을 소개하면서, 대공황기의 격동이 20세기 동남아시아의 역사상 가장 주목해야 할 사건 중의 하나였음을 살펴보았다. 그러나 대공황기가 끝나가는 1935년경 이후 동남아시아는 또다시 대공황에 버금가는 커다란 정치적 위기에 빠져든다. 제2차 세계대전이 동남아시아를 전쟁의 소용돌이로 휘몰아 넣은 것이다. 20세기 중엽 대전란과 잇따른 정치적 격변 속에서 동남아시아의 또 다른 역사가 시작된다.

대공황이 끝난 후부터 제2차 세계대전까지는 몇 년의 세월이 있었다. 짧은 기간 동안 극동아시아에서 일본군은 중국을 침략하고, 서양에서는 나치즘과 파시즘의 태동으로 제2차 세계대전을 예고하고 있었다. 제2차 세계대전 전야(前夜)의 시기에 동남아시아에서 어떤 일이 일어났는지를 살펴보는 것은 매우 중요하고 흥미로운 사안이며, 이는 제2차 세계대전 시기와 그 후의 동남아시아를 이해하는 데 반드시 필요하다.

제2차 세계대전 전야, 동남아시아에는 전쟁의 그림자가 드리워졌다. 각국 정부는 자국의 군사력에 의문을 갖기 시작했고 동시에 반정부주의자들은 정부를 먼저 타도해야 할 것인가, 아니면 정부와 협력하여 침략군을 몰아낼 것인가를 고민하였다. 한편 태국 혁명정부와 같이 이해득실에 의해 독자적으로 격동기를 무사히 넘긴 곳도 있었고, 일본군과 손을 잡고 정치적인 목적을 달성하고자 하는 사람들도 나타났다. 여기서부터는 '제2차 세계대전의 그림자'가 동남아시아에 어떠한 영향을 미쳤는지, 전쟁 전야의 동남아시아 정세에 대해 먼저 살펴보기로 한다.

극동 및 서구의 위기와 동남아시아

일본군의 만주 지배

동남아시아 각지에서 세계 대공황의 격동이 계속되고 있을 때, 동남아시아 동북부의 중국 대륙에서도 중요한 정치적 사건들이 일어났다. 그 중 하나는 1927년에 일어난 반공 쿠데타로, 중국공산당을 몰아내고 중국에서 가장 강력한 세력이 된 중국국민당의 지도자로 장제스가 임명된 일이다. 장제스는 1927년 말까지 공산당을 남중국의 경계인 농촌지역까지 몰아내고, 1928년 염원하던 중국 북부 화북(華北, 화베이) 지방의 정치적 안정을 위한 작전에 돌입했다.

당시 베이징을 중심으로 하는 중국 화북지방은 만주에 본거지를 두고 있는 군벌 장쭤린(張作霖, 장작림)이 지배하고 있었다. 그러나 장쭤린의 화북방위선은 열의에 불타는 장제스 북벌군의 진격 앞에 단숨에 붕괴되어 베이징 함락은 시간 문제였다. 장쭤린의 위신은 크게 떨어졌다. 장제스군의 북진은 중국에 대해 정치, 경제적 관심을 가지고 있던 일본을 크게 자극했다. 특히 일본은 장쭤린의 본거지였던 만주에서 러일전쟁으로 획득한 남만주철도 경영권 외에도 여러 이권을 가지고 있었다. 또한 만주 철도를 방위한다는 명목으로 주둔 중인 관동군은 일본의 '가상의 적'인 소련에 대항하는 제일선 부대의 역할을 수행하고 있었기에, 만주는 일본군에게 매우 중요했다. 일본이 가지고 있는 만주의 군사, 경제적 권리는 그 지역의 지배자인 장쭤린의 친일 정책에 의해 하루가 다르게 강화되었다. 일본 자본에 의한 만주의 경제 발전이 가속화되어 일본과 만주 간 무역 규모는 급증했다. 1920년대 초반에 불황과 함께 동북지역의 농촌이 피폐해져서 심각한 경제적 위기에 처했던 일본에게 만주는 그야말로 중요한 경제적 식민지였다. 군사적 가치까지 고려하면 만주는 말 그대로 '일본의 생명선'이었던 셈이다.

그러나 일본군의 만주 지배에 있어 일등공신인 장쭤린이 장제스에게 패함으로써 만주에 대한 일본의 특별한 지위가 위협받게 되었다. 장제스 통치하에 있던 국민당군의 정치적 과제는 쑨원(孫文, 손문) 이후 중국 내 셔널리즘의 부흥을 배경으로 중국 전역과 만주를 국민당의 청천백일기(靑天白日旗, 대만의 국기) 아래 단결시키는 것이었다. 만약 국민당이 만주의 통치자가 된다면, 만주에서 일본군이 가진 특권적 지위(국가 안의 또다른 국가의 형태)가 위협받게 되리라는 것은 자명했다. 일본은 장제스의 베이징 진격과 장쭤린의 패배가 확실해질 경우를 대비하여 만주에 대한 권리를 방위하기 위한 대책을 강구해야 했다.

당시 만주에 주둔 중인 일부 일본군 장교들의 대응책과 결정은, 일본을 기나긴 전쟁의 소용돌이에 휘말리게 했다. 일본군 장교들은 전투력을 상실한 장쭤린을 제거함과 동시에 만주를 일본군만의 힘으로 방위하고자 했다. 그들은 1928년 6월 4일 베이징에서 패배하여 만주로 쫓겨나던 장쭤린을 철도에 지뢰를 매설하여 일순간에 제거해 버렸다.

그 후 장제스의 북벌군이 베이징에 입성했고 국민당의 영향력은 만주까지 확대되었다. 국민당은 장쭤린 사망 후 만주의 통치자가 된 장쭤린의 아들 장쉐량(張學良, 장학량)에게, 만주에서 국민당의 통치권을 인정하라고 협박했다. 아버지의 죽음이 일본군에 의한 암살임을 알게 된 장쉐량은 비로소 국민당의 요구를 받아들이고 1928년 12월 29일 만주의 중심도시 봉천[奉天, 지금의 선양(瀋陽)]에 청천백일기를 내걸었다.

일본군이 우려했던 일이 현실로 나타났다. 관동군 장교들은 계획을 더욱더 구체화하지 않을 수 없었다. 국민당에 의한 만주 통치를 허락하려는 장쉐량과 그의 16만 군대를 만주에서 몰아내고, 일본군에 의한 만주 통치를 현실화하여 만주에서의 일본 지배를 공고히 하려 했다. 이러한 만주 지배 계획은 1929년 5월부터 7월 사이 관동군 참모인 이시하라 칸지(石原 莞爾)를 중심으로 주도면밀하게 진행되었다.

1930년 국민당과 장쉐량의 관계는 더욱 긴밀해져 군사와 외교가 일원화되었다. 1931년 만주에 국민당 지부가 설립되고 국민당은 일본군의 만주 지배를 막기 위해 혁명적 외교를 전개한다고 선언했다.

때를 같이하여 관동군도 만주 점령에 대해 노골적으로 야욕을 드러냈다. 1931년 9월 18일 봉천 외곽에서 만주철도 일부가 일본군에 의해 고의적으로 폭파되었다. 일본군은 이를 장쉐량의 소행으로 뒤집어씌우고 장쉐량군을 공격했다. 이른바 '만주사변'의 시작이다. 그 후 일본군에 의해 만주 전역이 점령되고 1932년 3월 일본군의 꼭두각시인 구청조 황제 푸이(溥儀)가 이끄는 '만주국'이 세워졌다.

만주국의 건국은 관동군의 의도대로 일시적으로나마 성공을 거뒀다. 대공황에 의한 정치, 경제적 불안으로 고민하던 미국과 영국 등은 일본의 침략을 비난하면서도 무력으로 저지하지 않았다. 또한 중국의 실력자인 장제스도 군대를 파병하여 일본군에 대항하려 하지 않았다. 장제스는 일본군에 대항하기보다는 남중국의 농촌에서 다시 힘을 결집한 공산군을 쳐부수는 데 강한 의욕을 불태웠다. 또한 만주사변 직전에 국민당 내의 왕짜오밍(汪兆銘)이 그에게 대항하여 다른 국민당 정부를 수립한 것을 더욱 견제했다. 한편 공산당은 만주사변 직후 1931년 11월 장쑤성(江西省)의 루이찐(瑞金)에 '중국소비에트 임시정부'를 수립하고 장제스에 대항했다. 이 또한 장제스에게는 골칫덩어리였다. 이에 장제스는 1932년 1월 만주사변을 일으킨 일본군에 대항하기 위해 왕짜오밍 정부와 협력했고, 그 후로도 만주보다는 남중국 공산당 제거에 주력했다. 이처럼 외국 열강과 장제스군이 간섭하지 않자 관동군의 만주 침략은 성공했다. 유일한 관동군의 대항 세력이던 장쉐량의 군대마저 강력한 일본군에 패한 후 만리장성을 넘어 화북 평원지방으로 도주하고 말았다.

그러나 일본군의 만주 침략 성공은 일시적인 것이었음이 곧 밝혀졌다. 일본군은 만주국 방위를 위해 중국 전역을 상대로 싸워야만 했는데, 중국과의 이러한 전면전은 일본군의 동남아시아 침공과 함께 미국과 영국을 선두로 하는 연합군과의 전쟁으로 발전하게 된 것을 의미했기 때문이다. 동남아시아에서는 만주국 건국 당시 전쟁의 불씨가 아직은 먼 남의 나라 일이라고 여겼다. 만리장성에 위치한 일본군이 불과 10년 만에 자신들의 눈앞에 나타나리라고는 누구도 예상하지 못했다. 그러나 이것은 곧 현실로 다가왔다.

만주사변에서 중일전쟁으로

만주에서 일본군에 의해 일시적으로 밀려났던 장쉐량군은 다시 한 번 탈환을 시도했다. 그들은 만리장성 남쪽인 화북 평원에 거점을 두고 다시 만주에 침투하여 일본군을 공격했다. 전세가 불리하면 만리장성을 넘어 화북 근거지로 도망갔다. 일본군은 국민당이 지배하고 있는 화북으로는 침입할 수 없었기 때문에 만리장성에서 추격을 멈춰야 했다. 화북 특히 만리장성과 베이징 사이의 평원은 장쉐량군의 '성역'이었다.

그러나 이 성역은, 일본군에게는 눈엣가시였기에 일본군은 만리장성을 넘어 성역을 공격해야 한다고 일본 정부에 요청했다. 일본 정부는 외국 열강들의 반발을 우려해 반대했지만, 일본 군부에게는 정부의 승인이 절대적 필요한 것은 아니었다. 1931년 5월 1일 도쿄에서 일본 군부에 냉담했던 이누카이 츠요시(犬養毅) 수상이 일본군 장교에 의해 암살되었다. 1933년 2월, 일본은 만주 건국을 비난하는 국제연맹에 반발하여 국제연맹을 탈퇴했다. 일본군의 사기는 더욱 높아졌고 일본 정치가들은 군부와의 대립을 두려워하였다.

1933년 4월, 만주의 일본군은 장쉐량군을 몰아내고 만리장성을 넘어 화북에 입성한 후 국민당군과 충돌했다. 물론 중일 간의 전투는 5월말 '탕구정전협정(塘沽停戰協定, 일본군이 베이징에 접근하자 톈진의 외항 탕구에서 일본군과 중국 국민당군 사이에 체결한 5개항의 정전협정으로서, 이를 통해 중국은 일본의 만주 지배를 인정한 셈이 되었고 일본군의 화북 침략의 첫 단계가 되었다: 역주)'을 맺음으로써 일단락되었다. 그러나 베이징 근처까지 위협하는 일본군의 압력에 국민당 정부는, 탕구협정에 의거하여 만리장성과 베이징 사이의 평원에서 장쉐량군과 국민당군을 철수시키는 비무장지역조약을 승인하였고, 그 결과 장쉐량군은 성역을 잃고 말았다.

이러한 일본군의 화북 침략에 장제스가 적극적으로 나서지 못하고 굴욕적인 정전협정에 응하게 되었던 것은 남중국 공산당의 위협 때문이었다. 공산당은 대공황과 자연재해, 그리고 지주의 착취에 시달리는 농민들을 끌어들여 강력한 세력을 형성하고 루이찐의 소비에트 해방구는 점차 힘을 얻었다. 장제스는 전 병력을 공산당과의 대항에 집결시킬 수밖에 없었기에 일본군과의 정전 협상은 불가피했다.

장제스는 화북에서 물러나와 국민당군에 편입된 십만여 명의 장쉐량군과 합세하여 1934년 9월 공산군에 대한 전면 공격을 개시했다. 공격은 일시적으로나마 성공을 거두었다. 루이찐 정부의 방위선이 무너지자 도주한 공산군이 옌안(延安)에 새로운 본거지를 만든 것은 1935년 11월이었다.

장제스는 일본군과의 타협을 통해 자신의 지배력을 유지하는 데 성공했으나, 일본군은 '화북의 비무장지대화'가 아니라 이곳에 일본군의 정부를 세우고자 했기 때문에, 반일 정치가와 군지휘자를 전부 추방하려 했다. 관동군의 정책은 분명했다. 1935년 3월 일본은 국민당 정부에 압력을 가해 반일 인사와 군대를 화북지방에서 축출해버렸다. 장제스 또한 이러한 일본의 요구를 거부하지 않았고 오히려 공산당 견제에 더 힘을 쏟았다. 마침내 1935년 11월 화북의 비무장지대에 친일 지방정부인 '기동(冀東)방공자치위원회'가 설립되었고, 같은 해 12월 북방 지방을 중심으로 친일 정권의 모체인 '기찰(冀察)정무위원회'가 발족했다.

일본 정부는 1936년 1월, 상술한 2개의 친일정권을 하나로 만들어 향후 화북 전체를 대표하는 친일 자치정부를 설립하는 기본 정책을 수립했다. 즉 일본은 만주국을 지키기 위해 만주 남쪽에 인접한 중국 화북 전역에 제2의 만주국 설립을 꾀했으며, 1935년 말 제1단계 목표를 성공적으로 이루어냈다.

그러나 일본의 이러한 중국 침략정책에 중국인들은 당연히 강하게 저항했다. 이러한 저항의 중심에는 공산당이 있었다. 중국공산당은 만주사변이 한창이던 1932년 1월, 일본과의 전쟁을 선포하고 1934년 7월 북상 중인 일본에 항거할 것을 선언했다. 1935년 8월 1일 항일 구국을 위해 전 민중이 단결하도록 호소했다. 중국 북부 옌안에 입성한 후 1935년 12월 내전을 중지하고, 중국 전체를 단결시켜 광범위한 항일통일전선을 결성하려 했다. 이리하여 공산당 주도의 항일운동은 급속하게 중국 민중의 지지를 얻었으며, 국민당 내부에서도 항일을 위해 반공 전쟁을 중단해야 한다는 공감대가 생겨났다. 특히 국민당군에 편입되었던 장쉐량군과 옛 만주군은 반공 전쟁 중지에 강력히 찬성하고, 1936년 중반 공산군과 타협하여 전쟁을 중단했다.

한편 장제스는 반공 전쟁을 중단한 장쉐량군에게 전투 재개를 종용하기 위하여, 옌안 남부의 옛 도읍지 시안(西安)에 장쉐량을 만나기 위해 방문했으니, 장제스가 장쉐량의 청년장교들에게 체포되는 '시안사건'이 발생했다. 장제스는 자신의 석방을 위해 장쉐량군과 옌안의 공산당 저우언라이(周恩來, 주은래)와의 전쟁을 중지하고, 국민당과 공산당이 협력하여 항일전쟁을 전개하기로 약속했다.

시안사건과 항일통일전선의 실현은 일본 정부에게 큰 충격을 주었다. 일본 정부는 장제스가 항일 전쟁에 참가하는 것을 막기 위해 급히 대중국 정책을 수정하였다. 이른바 화북 지방에 친일 정권을 만들어 중국과 분리시키는 방침을 포기하고, 화북 지방과 만주, 일본이 경제를 중심으로 우호적 연대를 실현하는 정도로 방침을 바꿨다. 이러한 방침은 1937년 1월 일본군 참모본부의 '대중국(對支)실행책 개정의견'을 기초로, 같은 해 4월 일본 정부의 '대중국 실행책'으로 결정되었다. 그러나 일본군 최고지도부와 일본 정부의 대중국에 대한 방침 전환은 이미 때가 늦었다. 새로운 방침은 일본에 대한 중국의 경계심을 풀지 못했고, 또한 만주사변으로 인해 사기가 충천한 중국 내부의 일본군 장병들도 납득시키지 못했다. 특히 일부 일본군은 도쿄 정부에 불만을 품고 1936년 2월 26일 '2·26사건'으로 정부지도자를 대거 제거하려는 음모를 꾸미기도 했다. 이로 인해 일본은 군국주의 시대에 돌입하게 되었다.

1937년 7월 7일 베이징 외부에서 재외국인 보호를 목적으로 주둔하던 일본군과 중국군이 충돌하여 급기야 전면적인 중일전쟁으로 발전하게 된다. 일본 정부는 사태가 확산되지 않기를 원했으나, 사건을 확대시킨 일본 군부에 휘말려 1937년 8월 15일 애초의 방침을 철회하고 중국 전역에 전면적인 군사 개입의 첫발을 내딛는다. 한편, 이에 대응하여 국민당과 공산당은 1937년 9월 제2차 국공합작을 결성하고 일본군의 중국 침공에 적극 대응했다.

일본군의 공세는 매우 강력했다. 1937년 8월 베이징을 점령하고, 11월에는 상하이를 함락시키면서 국민정부의 수도 난징(南京)으로 향했다. 장제스는 난징을 포기하고 수도를 쓰촨성(四川省)으로 옮겼다. 일본군은 1937년 12월 난징을 공략했는데 이때 참혹한 난징대학살[南京大虐殺, 1937년 12월~1938년 1월 당시 중국의 수도 난징과 그 주변에서 일본의 중지파견군(中支派遣軍) 사령관 마쓰이 이와네(松井石根) 휘하의 일본군이 자행한 중국인 포로, 일반시민 학살사건. 이때 30여만 명이 무자비하게 학살되었다: 역주] 사건이 일어났다. 1938년에도 일본군의 공세는 이어졌다. 1백만 명의 대군을 투입한 일본군은 1938년 5월에는 쉬저우(徐州), 10월에는 한커우(漢口), 우창(武昌)을 비롯하여 광저우(廣州)까지 공략하여 중국 중부에서부터 남부까지의 거점을 차례로 제압하고, 쓰촨성으로 도주한 장제스군을 북·동·남쪽에서 포위했다. 그러나 전선은 여기서부터 교착상태로 빠져들었다. 일본군은 배후에서 압박해 오는 공산군 게릴라에게 고전을 면치 못했고, 또한 쓰촨성 공략작전을 수행하기에는 병력이 부족했기에 진퇴양난에 빠졌다. 또한 일본의 중국 침략에 분개한 미국과 영국, 프랑스 등이 일본에 대항하여 중국을 지원하기로 결의하고, 인도네시아와 인도 등을 통하여 쓰촨성의 충칭(重慶)에 물자를 원조하기 시작했다.

사면초가에 빠진 일본은 서구 열강과의 결별을 각오하면서 중국과의 전쟁을 계속할 것인지 망설였으나 이미 시작한 전쟁은 끝을 내야 했다. 더욱이 일본은 만주사변부터 지나사변[支那事變, 만주사변의 연장으로 1937년 7월 베이징 교외의 루거우차오(蘆溝橋) 다리에서 일본군이 일으킨 군사행동으로 일어난 전쟁: 역주]에 이르는 과정에서 미국과 영국, 프랑스 등과 대결하게 되는 돌이킬 수 없는 또 하나의 중대한 선택을 하고 말았다. 그것은 다름 아닌 나치 독일 및 파시즘 이탈리아와 손잡는 것이었다.

일본 · 독일의 제휴와 일본군의 남진전략

유럽에서 일어난 파시즘과 나치즘의 부흥과정에 대해서는 더 이상 설명의 여지가 없을 것이다. 1933년 초 정권을 손에 넣은 히틀러는 같은 해 국제연맹을 탈퇴하고 미국·영국·프랑스에 반기를 들고 독자적 군사정권을 강화하는 데 총력을 기울였으며, 대공황으로 발생한 6백만 실업자를 군사경기의 진흥으로 구제하려고 했던 것은 이미 잘 알려진 사실이다. 더욱이 나치 독일의 군수산업을 지원하기 위하여 중유럽·동유럽 지역과 발칸반도를 자신의 세력 아래에 두기 위한 전략의 일환으로 제1차 세계대전을 일으키고, 1936년 3월 프랑스가 관리하던 라인공업지대를 점령했으며 1938년 3월에는 무력으로 오스트리아를 합병했다.

이러한 나치 독일의 세력 확대와 침략주의 정책은 독일과 동서로 인접한 국가들에게는 커다란 충격이었으며, 특히 독일과 가장 인접한 프랑스와 소련에게는 더욱더 커다란 위협이 되었다. 따라서 소련은 히틀러 정권 출범 직후인 1933년 7월 폴란드·체코·유고 등과 불가침조약을 체결하고 같은 해 11월에는 미국과의 외교 관계도 수립했으며, 1934년 9월에는 국제연맹에도 가입했다. 또한 1935년 5월 프랑스와도 상호원조조약을 체결하는 등 나치의 침공을 막으려 했다.

즉, 소련은 나치의 위협에 대응하기 위하여 소비에트혁명 이래 자본주의 세계와의 대결구도를 버리고 구미 자본주의 제국과의 협조정책으로 전환했다. 이러한 소련의 외교방침의 전환은 자본주의 국가의 정세에도 중대한 영향을 미쳤다. 소련 지도부는 자본주의 국가와 그 식민지에서 활동 중인 공산당원들에게 나치 혹은 나치와 연계된 침략 국가들과 대응하기 위하여, 반나치주의의 입장에 있는 자본주의 국가의 자본가들과 정부에 대해서는 일시적으로 투쟁을 중단하도록 지시했기 때문이다. 공산당원들은 자본주의 정부 및 자본주의자들과 협력하지 않을 수 없었다. 공산당원들은 새로운 노선을 채택하기 위하여 1935년 7월 2일부터 10일까지 코민테른대회를 개최하고 반파시즘 통일전선정책을 결정하기에 이른다. 이러한 통일전선정책이 자본주의 국가들 특히 동남아시아 정치에 어떤 문제를 가져왔는지는 다음에 서술하기로 한다.

독일과 이탈리아 등 일부 유럽 국가를 제외한 모든 유럽 국가 및 미국, 소련이 단결하여 나치 독일에 대한 반대의 입장을 굳건히 하며 공산당마저 이들과의 공조를 약속하는 상황에 이르렀다. 이에 만주사변을 일으켜 미국과 영국 및 소련과도 대립하기에 이른 일본이 나치 독일과 손잡은 것은 당연한 이치였다. 독일과 의기투합한 일본은 1926년 11월 독일방공협정(獨日防共協定)을 체결하였고 중일전쟁 직후인 1937년 11월에는 일본, 독일, 이탈리아 사이에 방공협정이 체결되어 일본은 나치의 동조자로서 반나치의 입장에 있는 전 세계 자본주의 국가 및 공산주의를 적으로 만들었다.

1937년 말, 일본·독일·이탈리아의 연합과 1938년 들어 더욱 악화된 중일전쟁으로 인해 일본은 미국·영국·프랑스 및 소련 등의 연합국과 대결할 수밖에 없게 되었다. 또한 이러한 상황 속에서 중국공산당의 게릴라전으로 인해 교착상태에 빠진 일본은 연합군과의 전쟁을 각오하면서 중일전쟁을 계속해야 하는지 중대 결정을 내려야만 했다.

만약 연합군과의 전쟁을 각오한다면 일본은 군사력을 급격히 증강해야 했다. 군수물자와 석유의 최대 공급자인 미국으로부터 공급을 기대할 수 없었기에, 다른 나라로부터 대체 충족을 꾀해야 했다. 그런데 그곳은 동남아시아밖에 없었다. 미국으로 수출하던 일본 상품을 대신 판매할 곳 역시 동남아시아뿐이었다.

더욱이 연합군과 전쟁을 하려면 장제스 연합군의 지원 루트인 프랑스령 인도차이나의 베트남 북부에서 윈난(雲南)을 거쳐 쓰촨성으로 들어가는 제2의 루트를 봉쇄해야 하는데 이것도 영국과 프랑스의 간섭을 고려하지 않을 수 없었다.

이렇게 중일전쟁이 진퇴양난에 빠지게 되자 이를 타개하기 위해 일본은 연합군과 정면 대결에 나섰고 이때 동남아시아는 일본의 경제적, 정치적 전략기지가 되었다. 군사적으로도 인도차이나반도는 장제스 포위작전을 위해 절대적으로 필요했다. 1939년 일본은 중일전쟁이 장기화되고 연합군에 대해 강력히 맞서기 위해서 동남아시아에 보다 적극적으로 접근했다.

먼저, 1939년 11월 일본군을 중국 남단의 하이난섬(海南島, 해남도)에 상륙시켜 장제스 포위망을 완벽하게 구축하려고 서둘렀으며 영국과 프랑스에게 인도와 미얀마를 통하는 장제스의 루트를 봉쇄할 것을 요구하는 한편, 중국 내 일본군의 점령지에서는 일본의 명령대로 중국 민중을 통치할 친일 허수아비 정권을 세웠다. 이 정부의 수반은 예상대로 국민당 내부의 장제스의 라이벌인 왕짜오밍이 지명되었다. 왕짜오밍 정부는 1939년 9월 발족했다.

이렇게 중국 전선에서 일본은 장기전에 대비하여 착실하게 준비하는 한편, 일본 국내에서는 공업과 자원을 군사 목적에 동원하면서 국민에게는 반미·반소 감정을 고조시키고 대동아공영 사상을 유포하여 중국과 동남아시아에의 진출을 정당화했다. 한편, 동남아시아의 정세를 조사, 연구하기 위해 공작원을 파견하여 현지의 반정부세력과 제휴하는 음모를 꾸몄다.

그러나 이러한 일본의 행위는 중국과 연합군으로부터 심각한 반격을 받았다. 1939년 5월 소련은 만주 국경 부근에서 분쟁을 일으킨 일본군을 공격하여 무적이라 자칭하던 관동군에 커다란 피해를 입혔다. 1939년 7월에는 미국이 미일통상항해조약을 파기했다. 이것은 일본이 염려했던 대로 경제적 물자 공급을 중지하겠다는 신호탄이었다. 1939년 8월에는 장제스에 대한 원조를 중지할 것을 요구하는 일본의 요청을 영국이 거부함으로써 도쿄에서 거행된 영일회담이 결렬되었다.

한편 일본이 동남아시아로 진출하는 것을 두려워하던 미국, 영국, 벨기에는 중일전쟁이 격화된 후 일본에 무역 제재를 강화했으며, 이로 인해 대공황 후 급증했던 일본 상품의 동남아시아 수출은 1938년 이후 급격히 감소했다.

1939년 중일전쟁으로 인해 일본과 미국, 영국, 프랑스, 소련의 대립은 격화되었고 미국과 영국의 일본에 대한 저항도 강도가 높아졌다. 일본과 연합군과의 대결은 불가피했다. 연합국의 간섭을 피하면서 중일전쟁을 치러야 하고 동남아시아의 자원을 자유롭게 이용하려면, 일본은 결국 미·영 진영과 물리적으로 대립하고 동남아시아를 군사적으로 점령할 수밖에 없었다. 물론 이것은 최후의 수단이긴 했지만 달리 방도가 없었다. 특히 서유럽에서는 1939년 3월 나치 군대가 체코를 침입하고 9월 1일에는 폴란드를 침략했다. 또한 9월 3일에는 영국과 프랑스에 대해 독일이 선전포고를 하면서 제2차 세계대전의 전운이 확산되었다. 따라서 나치와 협력한 일본군과 미·영과의 격돌은 운명적으로 피할 수 없었다.

그런데 소련은 1939년 8월 돌연 독일과 불가침조약을 맺고 제2차 세계 대전에 참가하는 것을 피하려 했다. 소련은 일본과의 전쟁도 피하기 위해 1941년 4월에 소일중립조약을 체결했다. 이러한 일련의 사건은 일본을 북방 세력으로부터의 위협에서 부담감을 덜고, 미·영과의 결전에 돌입하기 위한 전투력 증가의 촉진제가 되었다. 이리하여 일본군은 1939~1940년에 걸쳐 미·영과 전쟁을 치르고 동남아시아에 군사를 진출시키는 전략을 추진했다.

2   군사력 강화를 서두르는 식민지 권력

극동과 서구의 위기는 동남아시아의 지배층에도 커다란 정치적 동요를 안겨 주었다. 그들은 대공황의 피해로부터 겨우 회복하며 농민반란과 노동쟁의로부터의 탈출을 꾀하고 있었다. 그렇기에 극동과 서구의 위기는 또 다른 재난을 의미했다. 더구나 이번 위기는 여태까지 경험하지 못했던 외부로부터의 군사적 위협이었다. 특히 서구 열강에 의해 조국이 망할지도 모른다는 위기감을 가졌고, 위기에 대응할 수 있는 방법도 쉽게 찾을 수 없었다. 국내의 정치, 경제적 개혁으로는 아무런 효과를 볼 수 없었다.

이때 동남아시아 정권들이 가장 먼저 국방력과 군사력을 강화하였다. 군사력 강화는 농민폭동과 같은 내부적인 반정부활동에도 매우 효과적이었고 실업자의 구제에도 만족할 만했다. 각국 정부는 외부로부터의 위협을 느끼지 않아도 이러한 군비증강 정책을 채택했다. 당시 각국의 군사력 확대정책을 살펴보면 다음과 같다.

필리핀 국방군의 발족

필리핀은 1935년에 사실상 독립했으나 국가 방위는 여전히 미국의 책임 아래에 있었다. 따라서 미국은 1935년 당시 약 5천 명의 미국 장병과 미군 태평양함대의 일부를 필리핀에 주둔시켰다. 아울러 미국 주둔군은 국내 치안을 목적으로 약 6천 명의 필리핀 정부경찰대와 미군 지휘하의 필리핀 현지 보조부대인 약 5천 명의 필리핀 스카우트부대를 보강했다.

그러나 1935년 사실상의 독립국가 체제를 출범시킨 필리핀의 케손 정부는 커져 가는 극동에서의 위기와 연달아 발생하는 국내 폭동에 대한 대책, 그리고 독립국으로서의 자주적 군사력 확립의 욕구 등으로 인해 독자적인 필리핀 국방군 설립방침을 세우고, 1935년 11월 의회에서 '국방법'을 가결했다.

이 국방법은 18세부터 30세까지의 전 필리핀 국민에게 병역의 의무를 부과했으며, 징병된 병사는 정규군과 예비군으로 분리되어 대통령이 통솔했다. 따라서 1936년 4월 제1차 징병이 실시되어 4만여 군복무자가 징병되었으나 병기와 병영 등의 정비가 미비하여 사실상 예비군으로 편성되었고, 정규군에는 여전히 국방법의 규정에 기초하여 1936년 1월에 필리핀 경찰군이 그대로 편입되었다.

케손 대통령은 1936년 국방군을 발족시키고, 새로 만들어진 국방군을 우수한 미군 고문의 지휘하에 육성, 발전시키려 했다. 이 미국인 고문이 바로 전(前) 미 육군참모총장이며 필리핀군의 명예원사 칭호를 받았던 더글러스 맥아더(Douglas MacArthur) 장군이다. 맥아더는 1936년 6월, 케손의 신임에 보답하고자 자신의 국방계획, 즉 10년 후에 정규군 7,500명과 예비군 40만 명으로 구성된 육군과 쾌속수뢰함 50~100척으로 구성된 해군, 그리고 군용기 250기로 편성된 공군을 만들어 세계 최강군대의 침략도 격퇴할 수 있는 필리핀군의 건설계획을 발표했다.[1] 물론 필리핀군은

5년 후 필리핀에 침입한 일본군을 격퇴하지는 못했으나, 필리핀에 주둔 중인 미군과 함께 여러 전쟁에서 일본군의 맹공에 대처했다.

인도네시아의 네덜란드군

네덜란드령 동인도, 즉 인도네시아도 1930년대 후반에 군사력 증강을 도모했다. 인도네시아에서 네덜란드군의 국방력은 본국과는 독립적으로 편성되어 있었으며, 네덜란드령 인도네시아 육군과 본국 해군의 일부인 인도네시아 함대를 주축으로 구성되었다. 지원병으로 구성된 육군은 1929년 당시 3만 7천여 명의 병력을 소유하고 있었으며 보병 4개 연대, 공병, 기병으로 나뉘어 있었다. 그러나 본국과 별도로 편성된 육군 중 1천여 명의 장교 외에 5~6천여 명이 네덜란드인으로 구성되었다. 나머지 병사도 인도네시아의 정치적 중심세력이었던 자바인이 아니라 기독교 중심의 셀레베스섬 사람이 대부분 차지했다. 1913년 이후 현지인이 네덜란드 왕국 사관학교에 입학하는 것이 허락되었으나 현지인 장교 수는 매우 적었다. 육군은 국내 치안을 고려하여 경찰군으로 보강했다. 경찰군은 일반 경찰군과 제1차 세계대전 후 정치적인 시위에 대응하기 위해 1919년 설립된 야전경찰군, 그리고 자바인 외에 여러 섬에서 야전경찰로 불렸던 기동경찰군으로 조직되었다. 이러한 경찰군도 셀레베스인이 대부분이었으며 각 지역의 촌장들의 지휘하에 있던 지방경찰은 중앙정부군의 지휘를 받지 않았다.[2] 해군은 1930년 당시 순양함 2척과 몇몇 구축함을 중심으로 약 4천2백여 명의 병사로 구성되었다.

　거우 이러한 전력으로 광대한 인도네시아를 방위하려 했던 네덜란드의 정책은 객관적으로 전혀 타당하지 않았다. 1929년 대공황에 의해 본국 및 식민지 양쪽이 심각한 타격을 받았던 터에, 인도네시아 정부는 대공황으로 인한 재정 수입의 부족을 군사력 삭감으로 보전하려 했다. 그 결과 인도네시아의 네덜란드군은 점점 감소되어 육군은 1929년에 3만 7천여 명에서 2만 7천여 명으로, 해군은 1930년의 4천2백여 명에서 1933년에는 3천9백여 명으로 줄었다.[3]

나치의 등장과 일본의 남방(南方) 진출의 위협으로 1930년 중반부터 네덜란드는 군사력 삭감정책을 변경하여 1936년부터 군사력 증강을 꾀했다. 그 결과 인도네시아 육군은 1934년 2만 9천여 명이던 것이 1930년대 말 약 3만 5천여 명으로 늘었고, 해군은 1936년 이후 순양함 1척을 건조하는 계획을 실행하기에 이르렀다. 그러나 네덜란드의 1936년 이후의 국방력 증강은 본국과 식민지 양쪽 모두 늦은 감이 있었으며 실제로 그 전력은 제2차 세계대전이 발발하던 시점에 있어서도 대공황 이전의 수준으로 회복되었다는 느낌에 지나지 않았다. 결국 이렇게 약한 군사력은 나치 독일군과 일본군의 대공세 앞에서는 적수가 되지 못했다.

싱가포르의 방위

다음으로 영국령 말레이시아를 살펴보기로 하자. 영국령 말레이시아에는 유럽의 군사대국인 영국의 아시아 최대 군사거점인 싱가포르가 있었다. 따라서 영국이 자신의 영토인 말레이시아를 방위하는 것은 곧 싱가포르의 방위를 의미하며, 동시에 아시아에서 영국의 정치·경제 세력권 전체를 방위하는 것이었다.

싱가포르는 영국령 말레이시아와 네덜란드령 인도네시아라는 동남아시아 최대의 수출용 광물과 농산물 산출국의 한가운데에 있었다. 고무와 납을 중계무역하고 이러한 물자를 1차 가공하는, 동남아시아에서 가장 번영한 항만과 공업도시로 변해 있었다. 싱가포르는 중국 대륙과 인도 대륙을 경계로 하는 항해상의 요충지이었기에 영국이 동남아시아에서 최대의 군사거점 특히 해군의 거점지로서 싱가포르를 정하고 해군기지를 건설하기 시작한 것은 지극히 당연했다.

영국의 싱가포르 군사기지 건설은 1922년 6월에 결정되어 1923년에 공사가 시작되었다. 공사는 그 후 영국 정부가 노동당 내각과 보수당 내각으로 바뀌면서 중단과 진행을 반복하며 1936년경에야 겨우 완성되었다. 완성된 기지는 4만 5천 톤의 전함을 수용할 수 있는 커다란 도크와 거대한 지하병기, 탄약고, 중유, 탱크 및 식량창고의 설비를 갖추고 있었으며, 이러한 저장고는 3개월간 완전 포위된 상태에서도 견딜 수 있는 양을 보유할 수 있었다. 이 거대한 해군기지는 싱가포르 북단인 말레이시아반도를 향해 건설되었으나 공교롭게도 기지를 지키는 제1의 무기라 여겨지는 거포는 섬 남쪽의 해상을 향해 건설되었다.[4] 이 해군기지가 일본군에게 공격당했을 때, 일본군은 북쪽의 말레이시아반도 방면으로 공격하여 거포는 아무런 역할도 하지 못했다.

따라서 1936년 싱가포르 기지가 완성될 즈음부터 싱가포르에 대한 군사 침공의 최대 가능성은 북쪽으로부터 일어날 것이라는 견해가 영국군 내부에서 강력히 대두되었다. 그리하여 말레이시아반도에 주둔 중인 도비 소장은 1937년경 싱가포르의 방위를 위해 말레이시아반도의 남단인 조호르(Johor)주에서 방위력 증강을 위한 공사를 시작했으나, 이 공사도 예산 부족으로 중지되었다. 영국 당국은 당시 싱가포르에 긴급사태가 발생하면 주력함대가 도착할 때까지 싱가포르가 함락되리라는 것은 염두에 두지 않고, 대서양에 있는 주력함대와 공군력을 즉시 싱가포르에 파견하면 문제없을 것이라고 판단했다. 그러나 수년이 경과하지 않아 싱가포르에는 우려하던 비상사태가 발생했으며 영국은 독일군과 혈전을 벌이게 되었으나, 본국으로부터의 대함대 및 공군편대의 파견은 상상도 할 수 없는 사태가 벌어졌다.

인도차이나의 국방

1930년대 후반 동남아시아의 해양을 둘러싼 국가들의 방위력 증강이 이런 상황에 처했을 때, 동남아시아의 대륙부이며 전란 중인 중국과 근접한 인도차이나반도에서의 방위는 어떻게 전개되었을까?

인도차이나의 국방은 1930년대 말, 일본의 위협이 프랑스와 인도 북부를 통한 장제스 지원 루트를 폐쇄하라는 것으로 구체화되기까지는 반복되는 반란을 진압하기 위한 국내 치안대책에 지나지 않았다. 따라서 인도차이나 치안은 프랑스인 부대, 프랑스와 현지인의 혼성부대, 현지인 부대, 그리고 외인부대로 구성된 프랑스령 인도차이나군에 의해 유지되어 왔다. 구체적으로 3개의 주력부대 즉 안남·통킹군단(본부 하노이), 코친차이나·캄보디아군단(본부 사이공), 통킹독립여단(본부 하노이) 외에 포병대, 항공대 등으로 조직되었고, 병력은 1934년 6월에 프랑스인이 약 9천여 명, 외인부대가 약 2천여 명, 현지인 병력이 약 3만여 명 정도였다.[5] 또한 소수의 소형 함대로 구성된 인도차이나 함대가 있었다.

이러한 정규군 외에 프랑스령 인도차이나 각 지역에 프랑스인의 퇴역장교에 의해 지휘되던 현지인 민병대가 있었다. 민병대는 코친차이나 민병대와 안남, 통킹, 캄보디아, 라오스의 각 경비대로 구성되어 1년에 한차례 프랑스의 현역 장교로부터 훈련을 받았으나 1936년 5월부터는 내외의 위기 때문이었는지 부대의 전부를 프랑스령 인도차이나 총사령관의 지휘 아래 두게 했다.

이러한 인도차이나의 국내 치안대책에 중점을 둔 국방체제는, 중일전쟁의 확대와 함께 인도차이나 북부를 통하는 장제스의 지원 루트에 일본군이 집중하고 있을 때 돌연 중대한 위협에 직면했다. 프랑스령 인도차이나가 외부의 거대한 전력에 침략당하여 본국과의 관계가 끊어질 위험이 현실로 나타난 것이다. 인도차이나는 이러한 새로운 위협에 서둘러 대책을 강구할 수밖에 없었다.

프랑스는 일본군의 침략이 중국 남부에까지 이른 1938년 가을, 통킹만의 진입부인 시사군도(西沙群島, 파라셀 제도)에 프랑스의 극동함대를 파견하여 이곳을 점령했는데, 그것은 일본 진출에 대한 견제책이었다. 그러나 1939년 2월 통킹만을 지나서 북쪽 베트남의 눈앞에 있는 하이난섬에 일본군이 상륙했다는 것은 인도차이나 방위가 직접적인 위기에 직면했음을 의미했다. 따라서 프랑스 정부는 즉시 국방비를 증액하고 인도차이나 방위를 강화했으며, 1939년 3월에는 프랑스·인도차이나 해안의 무장 강화, 병기의 근대화, 병사의 증원 및 군수공업의 건설에 즉시 착수한다는 방침을 세웠다. 남베트남 해안의 깜라인만(Cam Ranh Bay)에 군기지 건설계획을 세워 그 지역의 토지를 수용하는 한편 인도차이나군의 증강에 힘을 쏟았다. 그리하여 인도차이나군은 1940년에 10만 명 가까이 증강되었다. 증강된 병력의 대부분은 현지인으로, 10만 명 중 약 8만 명이 이에 속했으며, 나머지 2만여 명 중에는 외인부대가 많았다.[6]

그러나 인도차이나에서 프랑스가 방위체제 강화에 들어간 직후인 1939년 9월, 유럽에서는 제2차 세계대전이 발발하여 1940년 6월에는 프랑스 정부가 독일군에 항복했다. 인도차이나는 방위체제가 완전히 정비되기도 전에 본국으로부터 고립되고 말았다. 프랑스 정부가 항복하는 바람에 인도차이나의 프랑스군은 북베트남으로 진출하려는 일본군의 요구를 거부할 수 없게 되었다.

미얀마의 군사력

그러면 인도차이나반도의 베트남과 태국을 끼고 그 반대편에 위치하고 있던 미얀마의 군사력은 어떠한 상황이었을까? 장제스의 지원 루트가 미얀마의 북쪽을 지나고 있기 때문에 당연히 일본군의 침략 목표가 되었는데 미얀마의 방위체제 또한 충분하다고는 할 수 없었다.

〈그림 2〉 미얀마 본부와 제외지구

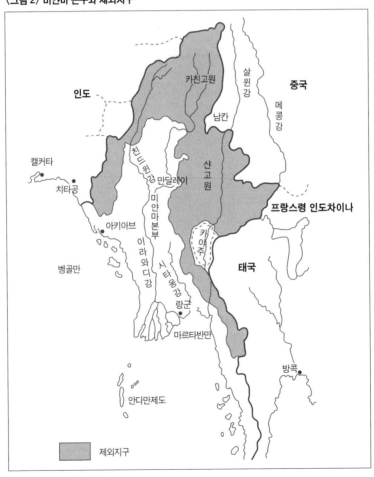

미얀마는 전술한 바와 같이 1939년 인도로부터 분리되어 영국 총독하에 자치가 허용되었으나 이것을 계기로 미얀마 총독부는 국방에 대해서도 일단은 책임을 감수해야 했다. 그러나 분리 직후 미얀마군의 세력은 매우 미미했다.

인도로부터 분리되기 전 미얀마 국방군의 주력부대는 10개 대대 1만 2천 명으로 구성된 특별경찰군이었으며,[7] 2개 대대 정도의 영국군이 있었다. 미얀마 지역의 국방력은 분리 후에도 변함없었으나 지휘 계통에는 큰 변화가 있었다. 인도로부터 분리될 당시 미얀마 정부의 영역으로 인정되었던 지역은, 미얀마의 거주자가 많은 이라와디강 중류와 하류 지역을 중심으로 하는 이른바 '미얀마 본부'에 국한했으며, 샨고원·카친고원 등의 샨족(태국 종족의 일부), 카친족 등의 비(非)미얀마족이 살고 있는 산악지역은 미얀마로부터 분리되어 영국 정부의 직접 통치지구에 속해 있었다. 따라서 미얀마 자치정부의 통치지구는 구영국령의 미얀마보다 대폭 축소되었다. 즉, 구영국령의 미얀마 전역에 존재하던 10개 대대의 경찰군 중 미얀마 본부에 있던 4개 대대만이 미얀마 정부의 지휘하에 들어갔다. 분리 직후 미얀마 정부의 주력군은 경찰군 4개 대대와 영국군 2개 대대뿐이었다. 나머지 6개 대대는 '미얀마 국경방위군'으로 독립하여 영국 정부 휘하로 편성되었다.

그러나 미얀마 총독부는 자신의 지휘하에 4개 대대 부대를 거느리게 되었다 하더라도 병사 대부분이 인도, 카친, 카렌, 친 등의 소수 민족으로 구성되어 있었고 미얀마족 병사는 극소수였다. 따라서 민족주의적 입장에서 미얀마군 부대의 설치를 요구하는 목소리가 커지게 되어 분리 후 얼마 지나지 않아서 미얀마족 의용병부대 2개 대대를 창설했다.[8] 그러나 미얀마 자치정부의 국방력은 전체적으로 볼 때 매우 미약했다. 이처럼 작은 규모의 병력은 극동과 서구에서 위기감이 높아지고 있음에도 불구하고

1930년대 말까지 변화가 없었다. 즉, 영국 정부도 미얀마 북부를 통한 장제스의 지원 루트에 일본군의 관심이 커지고 있음을 인지하면서도 설마 미얀마가 침략 당하리라고는 예상하지 못했던 것이다. 이상이 구미 식민지 열강이 몰고 온 전쟁의 소용돌이에 대응했던 동남아시아의 방위력 강화에 대한 실체이다.

그러나 동남아시아에서 1930년대 후반 급속하게 군사력 확대를 도모하는 국가가 하나 있었는데, 바로 태국이었다. 태국은 1933년 수립된 혁명정권하에서 현격한 군비 강화를 이루었다. 이러한 군사력 강화는 구미 식민지 열강처럼 일본에 대응하기 위한 군비 확장은 아니었다. 그 이유는 앞으로 설명하겠으나, 태국은 1930년대 후반 일본과는 매우 친밀한 관계를 유지하고 있었기 때문에 일본을 가상적국으로 하는 군비 확장은 필요가 없었다. 태국의 군비 확장은 1933년 혁명정부 출범 이후 혁명정권이 국내의 강력한 반대세력인 태국 내셔널리즘과 긴밀한 관계를 맺으면서 이루어졌다. 태국 내셔널리즘은 군비 확장만이 아닌 태국의 내정과 외교 전반을 좌우했기에, 그런 의미에서 1930년대 후반부터 1940년대 초기까지 동남아시아 정치에서 가장 주목해야 할 현상 중의 하나이다.

여기에서 태국 문제를 서술하기 전에 우선 동남아시아의 식민지 열강 내에서, 정부의 군사력 증강을 토대로 반일전선을 강화하고 있던 시기에, 각국의 반정부단체는 어떠한 태도를 취하고 있었는지 알아보고자 한다. 그들도 정부와 마찬가지로 새로운 국면을 맞이하여 대응책 마련에 부심하고 있었다.

3 반파쇼통일전선전략과 동남아시아의 반정부세력

중일전쟁의 확대와 유럽에서 고조되고 있는 나치 독일의 침략 위협은 동남아시아에도 커다란 영향을 미치면서 식민지 열강은 저마다 군사력 증강에 열중했다. 그러나 이러한 식민지 지배자들의 군비 증강에 대하여 노동자, 농민, 그리고 지식인으로 구성된 여러 반정부세력, 특히 공산당과 그 외의 정당, 정치결사 등으로 구성된 반정부단체는 어떠한 반응을 보였을까?

지금까지 살펴본 바와 같이 20세기 초반 이후의 반식민지주의자, 반정부운동의 추이를 살펴보면, 이들이 정치적 입지를 강화하기 위해 정부군을 증강하는 지배자들의 입장에 반대하리라는 것은 당연히 예상된다. 그러나 1930년대 후반기 정부군의 증강에 대하여 반정부세력은 찬성과 반대의 우열을 가리지 못했다. 왜냐하면 정부군의 군비 증강에 간단히 찬성하거나 반대하는 것으로 인해, 반정부세력은 정부를 타도하는 투쟁을 어떻게 전개해야 하는가 하는 근본적인 문제에서 분열되었던 것이다. 즉, 1930년대 후반이라는 특수기에 정부 타도, 즉시 독립이라는 커다란 투쟁

목표를 내걸고 과격한 투쟁을 해야 하는지 말아야 하는지 여부를 놓고 크게 입장이 나뉘었다. 정부 타도 투쟁은 일시적으로 보류되었으며, 민주화의 요구나 경제개혁과 같은 저차원의 투쟁목표에 주력하자는 주장이 제기되었다. 이러한 주장으로 미루어보면 정부군 군사력 증강문제는 크게 쟁점화되지 못했음을 알 수 있다. 게다가 1930년대 후반 동남아시아 반정부운동의 최대 특징은, 정부 타도 투쟁을 보류하고 군사력 증대를 문제삼지 않는다는 입장을 취한 반정부단체 중에 1920년대 이후 각국의 대표적 반정부세력이 된 공산당이 속해 있었다는 사실이다.

공산당이 이처럼 반정부 투쟁의 수위를 낮춘 것은, 1935년 7월 코민테른의 새 전략인 반파쇼통일전선전략과 직접적인 관련이 있다. 동남아시아의 공산당원들은 일본과 대결하려는 미국, 영국, 프랑스 및 네덜란드 정부와 협력하도록 모스크바로부터 명령을 받았던 것이다. 다시 말하면 동남아시아 각국의 군사력 증강은 그 자체가 항일 자위력을 강화하는 것이기 때문에 크게 반대할 이유가 없었다.

그러나 이러한 반정부단체 중에서, 결국 자신들을 탄압하는 정부군의 증강에 반대하여 지속적으로 정부 타도 투쟁을 이어가는 단체도 여럿 존재했는데, 여기에서 주목할 점은 이들도 공산주의자라고 주장하는 자들이었다. 이들은 반일투쟁에는 노력을 아끼지 않았으나, 모스크바가 연합국과의 실질적인 협력을 전개하는 형태로 자본가 진영과의 협조를 주장하면서, 동남아시아의 공산당에 대해 각국에서 진행하고 있는 반자본가, 반지주 투쟁을 일시 중지하고 온화한 경제개혁투쟁으로 수위를 낮출 것을 요구한 데 대해 강하게 반발했다. 동남아시아 공산당은 국제적 연대때문에 국가 내에서의 계급투쟁이 희생되어야 한다는 것을 납득할 수 없었다. 결국 이들은 모스크바의 노선에 서 있던 정통파 공산당원과 결별하였는데 그들을 '트로츠키스트'라고 불렀다. 이 대표적인 단체는 앞에서도 다루었던 베트남의 일부 공산주의자들이다. 공산당 이외의 반정부세력 내에서 반대로 공산당의 노선에 동조하며 항일연합의 일원이 된 단체도 있었는데, 그 대표격이 루이스 타루크가 인솔하는 필리핀사회당이었다.

한편 반정부세력 중에는 정부와 적대관계인 일본군과 손을 잡고 일본을 이용하여 반정부 투쟁을 강화하려는 미얀마의 타킨당과 필리핀의 사크달리스트당 등의 단체가 나타나 일본의 환영을 받기도 하였다.

이처럼 1930년대 후반 동남아시아에서 일어난 반정부 투쟁은 방향성을 잃은 채 크게 분열되었다. 이러한 상황은 국가별 반정부단체의 움직임을 통해서도 뚜렷이 나타나고 있다.

필리핀공산당의 통일전선

필리핀에서는 1932년 공산당이 불법단체가 되었고, 이로 인해 에반젤리스따 등의 지도자가 투옥된 사건은 이미 설명했다. 그런데 공산당이 파시즘의 위협에 대항하여 정부와 협력하려는 코민테른의 새로운 정책을 추진하기 위해서는 공산당 지도자가 석방되어 공산당이 합법화되는 것이 필요했다. 그러나 에반젤리스따 등의 당 간부들은 정부의 협력자가 된다면 형기를 단축시켜 주겠다는 정부의 권유를 일거에 거절했다. 그는 8년간의 형기를 마칠 각오를 하였기에 정부에 대하여 의지를 굽히거나 타협할 의도가 전혀 없었다. 그러나 단 한 명, 공산당 간부이자 농민운동의 지도자인 마나한은 정부의 권유에 못 이겨 1935년에 출옥했다.

한편 이러한 필리핀공산당 지도부의 대정부 자세에 커다란 변화를 일으킨 사건이 발생했다. 1935년 7월 코민테른의 정책노선에 변화가 있었고, 이러한 정책 변경을 필리핀공산당에게 전달하기 위해 필리핀공산당의 보호자적 존재였던 미국공산당 대표 아렌이 필리핀을 방문했다. 아렌은 1936년 6월 필리핀에 도착하여, 우선 필리핀공산당 지도자에게 국제 정세의 변화를 설명했다. 그는 정부와의 협력을 맹세하고 공산당 간부들에게 출옥하여 반파쇼 투쟁의 선두에 설 것을 설득하는 한편, 케손 대통령과도 회견을 하여 일본 침략에 대응하기 위한 국내 통일의 중요성을 설명하고, 공산당 간부의 석방을 요청했다. 미국공산당의 중개에 의해 1936년 12월 말 필리핀공산당 간부는 석방되었다.[9]

이리하여 필리핀공산당은 다시 한 번 정치활동을 할 수 있는 조건이 형성되었다. 당시 필리핀 정계에는 반케손파 단체가 있기는 했지만 케손 대통령이 이끄는 내셔널리스트당이 주도권을 장악하고 약소 정당인 공산당의 합법적인 정치활동을 제한하고 있었다. 따라서 공산당이 제일 먼저 취한 행동은 동반자를 찾는 일이었다. 1937년 공산당은, 1936년에 반케손파인 몇몇 약소 정당이 연합하여 결성한 '인민전선당'에 참가했다. 인민전선당은 대통령선거에서 케손에게 패한 아기날도 장군이 이끄는 국가사회당이 주축이 되었고, 여기에 공화당과 사크달리스트당 등이 참여했으나, 어느 정당도 국회의 의석을 확보하지 못했다. 게다가 인민전선당은 공산당이 참가한 직후 지방선거 입후보자 문제로 분열되었다.[10] 공산당은 또다시 새로운 동반자를 찾아야 했고, 마침내 만나게 된 것이 중부 루손의 농민들 사이에서 세력을 확대하고 있던 필리핀사회당이었다.

필리핀사회당에는 의장인 산토스를 비롯하여 루이스 타루크 등 젊고 유능한 활동가들이 있었으며, 중부 루손의 소작인들 사이에서 농민 생활의 안정을 위해서 활발한 반지주투쟁을 펼치고 있었다. 물론 그들은 주목할 만한 반정부세력이기는 했으나 성격적으로 상당한 차이가 있었다. 공산당이 노동조합운동을 기반으로 하고, 모스크바의 국제공산주의 활동가에 의해 통솔되는 것과는 대조적이었다. 실제로도 양자는 서로 긴밀한 관계도 아니었으며, 사회당원들은 공산당원들을 '신(神)'을 믿지 않는 모스크바의 앞잡이로 간주했다. 이러한 점에 있어서 루이스 타루크는 자신의 자서전에서 "공산주의자는 소련 혹은 중국을 그들의 사회주의 조국으로 여긴다. 그러나 나 자신은 결코 이러한 정의에 부응할 수 없었다. 나는 전 생애를 통해 우리나라의 민족해방과 보다 넓은 경제적·정치적 민주주의, 평화, 그리고 전 국민의 안전에 의미를 두고 있다"라고 주장했다.

그러나 이처럼 물과 기름 같던 필리핀공산당과 사회당도 1938년 11월 합병했다. 물론 합병은 양측이 일본군의 위협을 크게 인식했기 때문이었으나, 실제로 합병 추진에 결정적 역할을 한 것은 미국공산당이었다. 미국공산당의 아렌은 1938년 9월 필리핀을 방문하여 공산당의 세력 확대를 의도하면서 필리핀공산당과 사회당의 간부를 만나 반일투쟁을 위해 합병하도록 설득했고, 양당 간부는 합병을 결정했다. 연합정당은 얼마 지나지 않아 필리핀공산당으로 불리게 되었으나, 하부조직은 실제로 합병되지 못하고 간부에 의한 통일전선의 형태로 제2차 세계대전 시기를 보냈다.[11]

그렇지만 이렇게 필리핀공산당은 통일전선의 상대로 유력한 필리핀사회당을 획득하여 사회·공산당의 연합체제로 일본의 침공에 맞섰다. 이러한 사회당과의 동맹은 공산당에게 커다란 도움을 주었다. 일본군이 마닐라 등의 도시를 점령하고 공산당의 전통적 활동기반을 빼앗았을 때, 공산주의자들은 중부 루손의 농촌으로 도주, 그 지역 사회당의 보호를 받을 수 있었기 때문이다.

공산당이 가장 활발하게 활동했던 1938년 이후, 공산당 본래의 활동기반이었던 '필리핀 노동자연맹(KAP)'도 활동을 재개했다. 당시 약 8만여 명의 조직원을 결집했던 이 연맹은, 1938년에는 선두에 서서 내셔널리스트당 계열의 보수파 노동조합조직인 '전국노동자연합'에 대항하여 '집단적 노동자운동(Collective Labor Movement)'을 발족했다. 이것은 마닐라와 그 주변의 진보파 노동조합의 통일전선과 같은 것이어서, 전국 180만 명의 노동자에게 영향을 주었다. 그러나 이러한 공산당 계열의 노동운동의 태동에 대해 내셔널리스트당은 강력하게 반격했다. 1939년에는 보수파의 전 노동자단체를 결집하여 '전국노동위원회'가 발족했고, 같은 해에는 폭력적 성향이 강한 진보파 노동조합과 농민운동을 방해하는 행동을 일삼는 반동적 노동자 조직인 '평화기사단'이 내셔널리스트당 내에서 조직되었다.[12]

한편 이처럼 공산당과 사회당이 제휴하고 있을 때, 사회당과 함께 중부 루손과 마닐라 남부에 지지기반을 가지고 있던 사크달리스트당은 온건한 성향을 지닌 합법적인 사크달리스트당을 만들어 활동했다. 그러나 1930년대 후반 이후 사크달리스트당이 지속적으로 일본에 접근하는 바람에 필리핀 정부로서는 경계심을 늦출 수 없었다. 이외에도 1938년의 4월 민다나오섬 라나오주에서 현지인이 케손 대통령의 징병제 도입에 반대하여 폭동을 일으키는가 하면 홀로섬(Jolo)과 민다나오 각지에서 중앙정부에 반항하는 현지인의 저항이 계속되었다.[13]

인도차이나의 공산주의자들

인도차이나에서도 1931년의 탄압으로 인해 다수의 공산당 지도자가 투옥된 것은 필리핀과 다를 바 없었다. 그러나 앞에서 언급했듯이 1932년과 1933년경부터 남부 베트남의 사이공을 중심으로 새로운 공산주의자들이 움직이기 시작했다. 그리고 북베트남 등지에서도 체포되지 않은 사람들과 석방된 사람들에 의해 공산당 재건이 시도되어, 1933년 4월에는 태국 동북부의 반마이(Ban Mai)에 베트남 각 지역의 인도차이나 공산당원의 대표가 모여 공산당 재건에 대해 협의했다.

그러나 1935년까지도 인도차이나 공산당원들은 기존의 무력에 의한 비합법적인 반정부 투쟁노선을 강하게 신봉했다. 1935년 3월 마카오에서 인도차이나공산당이 재건대회를 개최했을 때, 당시 정세가 혁명에 상당히 유리하게 작용하여 무력투쟁만이 지배자를 타도할 수 있다고 결론을 이끌어낸 것으로 알려지고 있다.[14] 한편 이 마카오대회에 호찌민은 참석하지 않았으며 그는 1934년부터 1938년까지 소련에 있었던 것으로 추측된다.

그런데 인도차이나공산당의 이러한 과격한 방침은 얼마 지나지 않아 수정해야 하는 상황에 부딪혔다. 물론 코민테른의 새 방침은 이중적으로 인도차이나공산당에 영향을 미쳤다. 그 중 하나는 모스크바로부터의 직접적인 압력을 통해 1936년 6월 인도차이나공산당 제1회 전국대회에서 공산당이 기존 방침을 수정하고 파시스트에 반대하는 지배계급과의 협조 가능성을 인정한 것이다. 또 다른 하나는 프랑스 본국의 정치상황 변화에서 비롯된 것으로, 프랑스에서는 공산당이 코민테른의 방침 전환 후 사회당과 기타 진보적인 세력과 조금이라도 빨리 연대하려는 움직임이 있었다. 그런데 1936년 5월 이 연합체인 '인민전선'이 총선거에 승리하여 공산당을 포함하는 인민전선내각이 성립된 것이다. 이 사건은 즉시 프랑스령 인도차이나에도 영향을 미쳤다.

인민전선내각은 여러 섬의 옥중에 있던 공산당원을 포함한 다수의 정치범을 석방했다. 이 조치로 인해 공산당은 다수의 유능한 지도자를 다시 한 번 유입할 수 있었다.

인도차이나공산당은 코민테른의 전략 전환으로 인해 노선을 수정해야 했으나, 다른 한편으로는 이로 인해 조직력을 회복했다. 이처럼 노선 수정을 통해 조직력을 강화한 인도차이나공산당은 1937년 이후 합법적인 활동을 통해 투쟁에 박차를 가했다. 하노이, 하이퐁(Haiphong), 사이공 등에서 노동자의 경제적·정치적 지위의 향상, 즉 임금인상과 노동조합의 합법화 등을 요구하는 운동을 벌이고 파업도 지시했다. 아울러 식민지 제도의 개선을 요구하는 조사위원회도 발족시켰다. 지속적인 투쟁을 위해 보수파의 민족주의자, 농민단체와도 공동투쟁을 전개하고, 사이공 등지에서도 후에 '트로츠키스트파'로 불리는 민족주의 공산주의자와 협력했다.[15]

트로츠키스트파와의 공동투쟁은 1937년 후반 트로츠키스트 측의 거부로 인해 중단되었다. 트로츠키스트들은 인도차이나공산당을 민주주의의 옹호자, 부르주아의 동맹자로 규정하고, 프랑스의 공산당과 소련 정부의 이익을 위해 인도차이나인을 배반했다고 비난하며 동맹을 결렬시켰다.[16] 그들은 반지주 투쟁의 기풍이 강한 메콩삼각주를 배경으로 하고 있었는데, 소작인에 대한 지주의 착취가 날로 심해지자, 반지주 투쟁 중지를 의미하는 자본가 및 지주세력과의 공동투쟁 노선을 참을 수 없었는지도 모른다. 한편 트로츠키스트 단체들은 공산당과의 결렬 후에도 사이공을 중심으로 세력을 확대하여 1939년에 열린 코친차이나 식민지평의회 선거에서 총투표의 80%를 획득하는 성과를 올렸다.

여기까지가 공산당을 중심으로 하는 1930년대 후반의 인도차이나 반정부세력의 활동상이다. 이외에도 메콩삼각주에는 앞에서 설명한 까오다이교가 그 세력을 착실히 확장하고 있었으며, 또한 같은 삼각주에서도 1939년 또 하나의 신흥종교 단체인 호아하오(Hoa Hao)가 탄생하여 농민들의 열광적 지지를 받았다.[17] 1930년의 옌바이 봉기로 큰 타격을 입은 국민당은 이즈음 베트남을 중심으로 차츰 세력을 회복했으나, 지도부는 남중국에서 중국국민당의 보호 아래 있었다.

말레이시아공산당의 반일 통일전선

말레이시아에서는 대공황을 통하여 말레이시아공산당이 조직을 재건하고 노동쟁의를 여러 번 일으켰다. 이후 공산당은 그 세력을 더욱 확대할 수 있는 호기를 맞게 되는데, 만주사변 이후 중일전쟁의 확산이 바로 그것이다.

말레이시아공산당은 중국인으로 구성된 당이며, 그 활동기반도 싱가포르, 쿠알라룸푸르, 그리고 페낭의 중국인 사회와 고무농장, 탄광 등의 중국인 노동자들의 사회였다. 이러한 말레이시아의 중국인 사회에서는 만주사변 이후, 일본의 중국 침략을 비난하는 목소리가 급격히 커지면서 여러 개의 반일(反日)단체가 탄생하고, 일본 상품의 불매운동을 벌였다. 공산당은 1933년경부터 비밀리에 이러한 단체에 잠입하여 반일운동을 고무하면서 당원과 조직을 확대해 나갔다. 공산당은 당시 비합법적 단체였으나, 반일운동을 위해 '말레이반제(反帝)연맹'이라는 합법단체를 설립하고 그 활동을 말레이시아 전 지역으로 확대했다.[18]

1935년 전개된 코민테른의 정책노선 변경은 이처럼 반일 대중투쟁에 공산당이 계속해서 성공을 거두는 시기에 발생했다. 코민테른이 요구했던 것은 이러한 반제국주의 대중투쟁이었다. 따라서 이 새로운 노선은 말레이시아공산당이 충분히 수용할 가능성이 컸다. 그러나 문제가 없었던 것은 아니다. 왜냐하면 당시까지 말레이시아공산당의 반일운동을 통한 조직 확대 목표는 영국 식민지 권력을 타도하는 데 목적을 두고 있었기 때문이다. 그들은 무력투쟁을 포함한 형태로 반영 투쟁을 수행할 생각이었으나, 코민테른 노선은 반일운동만을 전제로 하는 투쟁이 목적이었고 영국과는 협조를 꾀했다. 또 공산당은 이를 위해 말레이시아 중국인 사회의 보수파, 예를 들면 국민당 그룹과도 협력해야 했다. 당연히 코민테른 노선을 지지해야 하는지 아닌지를 둘러싸고 당내 대립이 발생했다. 1937

년 중일전쟁의 전면적 개시는 코민테른 노선 도입파의 세력을 확장시켰으나 반대파도 여전히 존재했다.

코민테른은 이런 당내 대립을 해결하기 위해 결국 국민당과의 협력을 포함한 반제국주의 투쟁을 추진하는 한편, 전국에서 파업 등을 통한 반자본가 투쟁도 계속하게 했다. 공산당은 1937년 이후 반일운동을 위하여 '말레이시아 민족해방운동'을 발족시키면서 조직을 확대했다. 이처럼 영국령 말레이시아에서는 1930년대 후반 반일운동을 축으로 하는 공산당 활동이 강력했으며, 덕분에 일본군이 침략해 왔을 때 광범위한 반일 무장투쟁이 가능했다.

여기까지가 1930년대 후반 필리핀, 인도차이나 그리고 말레이시아에서 공산당을 중심으로 한 반정부단체의 활동에 대한 설명이다. 그리고 이 3개국에서는 전체적으로 코민테른의 새로운 정책노선하에 공산당이 확대되는 경향을 볼 수 있었으나, 동남아시아의 기타 식민지 국가인 인도네시아, 미얀마 그리고 독립국 태국에서는 공산당 세력이 확대되지는 않았다. 이들 국가의 공산세력은 지금까지 설명한 대로 미약한 존재에 지나지 않았으며, 그 때문에 이 시기의 반정부운동의 주력은 공산당이 아니었다. 특히 태국의 경우는 후술하는 바와 같이, 1933년에 설립한 혁명정권 자체가, 선진국에 의존하고 동시에 화교에 의해 지배당하는 태국 경제를 타파하기 위한 일종의 반체제운동의 선두에 섰고, 또한 태국 내셔널리즘의 리더이기도 했다. 구체적인 설명은 추후 서술하기로 하고, 중요한 것은 태국 정부의 혁명적 정책에 희생양이 된 화교와 구미 자본주의 세력이 반정부운동 역할을 맡게 되는 기묘한 형태가 되었다는 점이다.

네덜란드와 협력하는 인도네시아의 민족운동

인도네시아의 경우, 1930년대 후반 네덜란드가 수카르노의 국민당, 인도네시아당을 비롯한 모든 반정부운동을 탄압했으며, 1936년경에는 반정부운동의 핵심 지도자가 차례로 구속되어 공산당도 그 조직이 붕괴되었다는 것은 이미 설명했다. 그 결과 인도네시아의 정치세력은 일시적으로 개량주의적·보수적 성향의 정치단체, 예를 들면, 이미 영광을 잃은 사레카트이슬람과 1935년 설립되어 농민과 노동자의 복지정책을 강조한 인도네시아당을 중심으로 하는 단체로 변질되었다. 1937년 이러한 정치세력에 불만을 품은 원조 국민당원, 인도네시아 당원 등을 중심으로 다시 한 번 인도네시아 내셔널리즘의 진흥을 목적으로 하는 정치단체가 출현했다. 이른바 1937년 4월 '인도네시아 인민운동당(Gerindo)' 설립이 그것이며, 최고지도자는 네덜란드에서 귀국한 기독교 계통의 변호사인 인도네시아당 간부 샤리푸딘(Amir Sjarifuddin)이었다.

그러나 네덜란드의 엄격한 탄압하에서 인도네시아 인민운동당의 설립만으로 네덜란드 체제의 타도를 공공연히 주장하는 것은 불가능했기 때문에 네덜란드와의 협조를 통해 인도네시아의 독립 달성을 주장하는 것에 머물렀다. 그리고 인도네시아 인민운동당은 당시 파시즘의 세계적 확산에 영향을 받았는지, 네덜란드와 인도네시아의 공동의 적인 일본을 비난했다.

매우 온건했던 1930년대 후반의 인도네시아의 민족운동은 1939년 5월, 인도네시아당의 지도자 탐린(Thamrin)의 제안으로 인도네시아 인민운동당, 사레카트이슬람 등의 주요 인도네시아 정당이 연합하여, '인도네시아 정치연합(KAPI)'으로 구성된 통일전선을 결성했을 때에도 그 활동의 성격은 크게 달라지지 않았다. 인도네시아 정치연합은 각 당이 결속하고 네덜란드에 대하여 독립 요구를 촉구하기 위해 결성된 조직이었으나, 1939

년 9월 네덜란드에 대해 발표한 선언, 즉 '인도네시아 정치연합선언'은 여전히 온건한 성격을 넘어서지 못했다. 이른바 인도네시아인과 네덜란드와의 협력을 우선시하고 이에 대한 보상으로 인도네시아인의 의회와 정부를 만들자는 주장이었는데, 네덜란드는 이를 거부했다. 인도네시아 정치연합은 1939년 말 개최한 제1회 인도네시아 인민대회에서 인도네시아의 표준어를 제정하고, 현재 인도네시아 공화국의 국가(國歌)인 '인도네시아 라야(Indonesia Raya, 위대한 인도네시아)'를 만들었으며, 동일한 홍백 국기를 채택하는 등 인도네시아인의 단결을 강조했다. 그러나 인도네시아 정치연합의 활동은 이 정도 수준에서 벗어나지 못했다.

타킨당의 대두와 반인도인 폭동

미얀마의 경우, 코민테른 노선이 변경된 1935년에는 아직 공산당이 존재하지 않았다. 그러나 주목할 만한 반정부단체로 1930년에 설립된 '우리 미얀마인협회', 즉 타킨당이라 명명된 단체가 있었다. 이 단체는 과격한 반영 독립투쟁을 주장하였고, 1930년대 중반에는 다수의 민족주의파 미얀마 청년을 결집했다. 특히 이 단체에는 당시 영국의 지배에 대해 강한 비판을 했던 미얀마 학생들, 특히 그 중심에 서 있던 랑군대학의 학생활동가들이 큰 관심을 보였다. 이 학생운동가 중에는 1935년 랑군대학 학생운동연맹의 집행부원이었던 위원장 우누(U Nu), 서기장 아웅산(Aung San), 집행위원장 우바쉐, 우초우예인 등이 있었는데, 이들은 1936년 영국 당국의 학생운동 규제정책에 항의하여 학생파업을 조직하고, 대학뿐 아니라 고등학교까지 전국에 걸쳐 파업에 참가하게 하여 영국을 놀라게 했다. 이들은 1937년경 대부분 타킨당에 입당하였으며, 그들 중에서 가장 정력적인 활동가였던 아웅산은 당 서기장이 되었고 아웅산, 우누, 우바쉐는 모두 세계대전 후에 미얀마 수상이 된다. 타킨당에는 이들 이외에 네윈(U Ne Win, 니온) 등 이후 미얀마 역사상 지도자가 되는 청년들이 다수 존재했다.

이렇게 타킨당이 젊은 활동가들을 결집하던 1937년 4월, 미얀마가 인도로부터의 분리되었다. 이것은 오랜 세월 이어져 오던 영국의 지배와, 이것을 이용한 고리대금업자와 상인들로부터의 착취에 대해 미얀마인의 반감을 일거에 부추기는 계기가 되었다. 인도 분리 직후인 1938년 미얀마 각지는 반인도, 반영국 봉기의 소용돌이에 휘말리게 되었다.

봉기는 1938년 7월, 미얀마 왕조의 전통적 소유지인 미얀마의 수도 만달레이(Mandalay)에서 발발했다. 봉기는 미얀마인이 믿고 있던 불교를 모욕하는 저서가 발행된 것을 만달레이 불교도들이 비난하며 소동을 일으킨 단순한 사건에서 출발했다. 이 책이 인도인 신자가 많은 회교도에 의해 집필되었다는 사실이 알려지자 인도인에 대한 반감이 거세게 불붙었다. 만달레이 봉기는 바로 랑군에 파급되어 시민들은 반인도인 데모와 인도인 상점을 습격하기에 이르렀다. 버스운전수와 학생들이 파업에 참여했고 봉기한 시민들은 영국 관리들과도 격렬히 충돌했다. 인도인 소유의 공장 방화를 시작으로 여기저기에 불길이 치솟았다. 의회에서 폭탄이 폭발하고 거리에는 자동차가 불타는 등 각지에서 인도인이 습격 받거나 살해되었다.

이와 같이 7월에 시작된 폭동은 10월까지도 진정되지 않았으며, 만달레이와 랑군은 물론 지방 곳곳으로 확대되어 11월에는 미얀마 중부에 위치한 유전지대의 노동자가 반영국과 반인도를 부르짖으며 랑군을 향한 거대한 시위행진을 시작했다.

봉기가 확산되자 영국 총독은 1938년 12월 23일 비상사태를 선언하고 진압에 전력했으나 봉기는 1939년 초까지 계속됐다. 봉기로 인한 공식적인 사망자는 인도인을 중심으로 240명, 부상자는 1천여 명에 달했다. 인도인의 재산 피해도 심각했다.[19]

1939년 들어 봉기가 겨우 진정되었으나, 반인도·반영국을 중심으로 전개된 이 사건은 사야산의 반란 이후 다시 한 번 영국총독부에 충격을 주었다. 영국 당국은 봉기 재발을 두려워하여 이번 사건의 배후 주동자를 찾기 시작했고, 당연히 타킨당이 거론되었다. 영국 정부는 젊은 타킨당원들을 선동자라고 의심했고 그것은 어느 정도 사실이었다. 타킨당원들이 각지에서 활약했기 때문에, 영국 정부는 타킨당에 대한 탄압을 계획하기에 이르렀다.

한편 타킨당도 탄압에 대응하기 위해 지하활동을 준비했다. 그들 중에는 영국의 탄압에 저항하기 위해 서둘러 비밀 무장세력을 조직하려는 사람도 있었다. 1939년 중반 '철단(鐵團)'이라는 사병단이 타킨당 내에 생겨났으나 무기와 훈련시킬 수단이 없었다. 일부 지도자들은 외국 원조에 의존하려고 했다. 이때 중국공산당과 인도공산당이 거론되었으나, 당시 영국과 대립 중이었던 일본이 유력한 후보로 떠올랐다. 그러나 당내에는 우누와 같이 일본에 호의적이지 않은 사람도 있었기에 쉽게 결정이 나지 않았다.

또한, 우누는 이라와디 삼각주에서 부유한 상인의 아들로 태어나 랑군 대학에서 임기응변에 강한 학생운동 지도자로서 큰 인기를 얻었고, 타킨당 입당 후에는 마르크스주의를 공부하여『자본론』과『중국의 붉은 별』등을 번역하며 스스로도 희곡 등을 쓰는 다재다능한 재능을 발휘했다. 이러한 연유로 1938~1939년경에는 타킨당 내의 공산주의에 흥미를 가지고 있던 청년들과 가까워졌다. 그러나 그는 이론주의자에 지나지 않았기에 1939년 공산주의 단체가 미얀마공산당을 설립했을 때에도 거기에 가입하지 않았다.[20]

그러나 타킨당에 대한 영국의 탄압은 제2차 세계대전이 발발한 후인 1940년 이후에 시작되었고, 타킨당은 영국의 탄압에 대항하여 결국 일본과 협력하게 되는데, 이에 대해서는 다음에 설명하기로 한다.

4 태국 내셔널리즘의 고조

이상으로 1930년대 후반에 다가오는 전쟁의 위기에 대응하는 동남아시아 식민지 국가들의 정부와 반정부 측의 움직임을 살펴보았다. 그러나 이 시기 동남아시아 유일의 독립국인 태국에서는 다른 나라에서는 찾아볼 수 없었던 투쟁이 진행되고 있었다. 그것은 외국 자본과 화교, 그리고 서구 식민지 열강에 의해 오랫동안 고통 받고 있던 태국인들의 격렬한 내셔널 리즘 운동이었다. 이 운동의 선두에는 1933년 권력을 획득한 태국의 새로운 혁명정부가 있었다. 혁명정부는 자립경제를 목적으로 외국 자본과 화교에 대해 투쟁하면서 자체적인 경제 건설을 위해 군비를 강화하는 등 서구 열강에 빼앗긴 영토 회복을 최우선 과제로 삼았다. 대공황기에 태국 정부의 적극적인 자립경제 정책에 대해서는 이미 설명했지만, 그것은 1930년대 말기에 고조되는 전반적인 태국 내셔널리즘의 극히 일부에 지나지 않았다. 태국 혁명정부가 전개한 투쟁에 대해 살펴보면 다음과 같다.

태국의 군국주의

태국의 혁명정부는 혁명과 반혁명을 몇 차례 반복한 후, 1933년 11월 어느 정도 기반을 확립하는 데 성공하여 프라야 파혼 내각하에서 새로운 정책을 전개하였다. 그러나 이 정부는, 이미 쁘리디 파놈용의 경제계획안이 공산주의적인 성격을 띠고 있어서 보수파의 대반격을 초래한 것을 교훈삼아서인지 주요 경제정책에 대해서는 대공황임에도 불구하고 경제에 대한 정부의 개입은 그렇게 강력하지 않았다. 몇몇 국영공장을 발족시킨 것 외에 농협에 의한 농업금융과 기타 협동조합의 활동 강화 및 화교 유입의 제한 등이 중심이었으며, 이런 상태는 1930년대 중순까지 변화가 없었다. 그러나 이 정도의 경제정책만으로도, 경제 개입을 하지 않는다는 기존의 왕정 통치나, 기타 동남아시아 정부의 경제정책과 비교해도 매우 적극적이었다.

그러나 프라야 파혼 정부가 그 가운데에서 무엇보다 가장 먼저 추진한 것은 군사력 강화였다. 물론 이것은 프라야 파혼 정부 자체가 군사 대결의 결과로 탄생한 것과, 혁명의 주력이 피분송크람 소좌 등의 간부였고 혁명의 주목적이 군의 근대화와 증강에 있다는 것에 미루어보면 당연한 결과이기도 하다. 이 정부의 군사력 증강은 혁명 후 정부의 군사지출이 급증한 것으로도 명확히 나타났다. 프라야 파혼 정부의 군사비는 1932년도 1,200만 바트(총예산지출의 18.5%)에서 1935년도에는 2,300만 바트(동 27%)로 크게 증가했다.

그러나 프라야 파혼 정부는 이 정도의 군사비 증강에 만족하지 않았다. 그것은 육해공 3군을 합쳐 당시 약 3만 명의 상비군의 병기를 근대화하고 일부 증강하는 데 지나지 않았기 때문이다. 정부는 해군, 공군의 강화와 육군의 기계화를 위해 1935년 이후 해군을 중심으로 더욱 큰 폭의 군사력 확충에 힘을 쏟았다. 1935년부터 해군 확충 제1차 6개년계획을 발표하고,

군사비의 40%를 해군에 투입하여 일본과 이탈리아에 수뢰함, 잠수함 그리고 포함대 등 약 20척의 건조를 발주하는 한편, 새로운 해군기지로 태국만(灣) 동부의 싸따힙(Sattahip) 군항을 건설하기 시작했다.

그러나 혁명정부는 군비 증강과 국군의 근대화를 위해 대공황이라는 경제위기에서 국가예산의 25%를 군사비로 지출하기 위해서는 어떤 형태로든 국민의 동의가 필요했다. 결국 혁명정부는 태국 국민들의 내셔널리즘에 호소할 수밖에 없었다.

태국 왕조는 19세기 중반에 광활한 영토를 소유하고 있었다. 이것은 캄보디아, 라오스, 미얀마, 그리고 말레이시아의 대부분을 포함하는 영토였다. 그러나 이러한 영토는 영국과 프랑스에 의해 점차 잠식당했으며, 20세기에는 현재 태국의 영토만을 보유하게 되었다. 태국 혁명정부의 지도자들은 이렇게 영국과 프랑스에게 빼앗긴 영토를 회복하자고 국민에게 호소하면서 군사력 증강이 최우선 과제라고 주장했다.

혁명정부는 자신들의 주장을 국민, 특히 태국 청년들에게 이해시키기 위해 1935년부터 애국청년운동을 벌였다. 이는 향후 반제국주의 민족해방투쟁의 선두에 설 청년을 육성하는 운동으로, 구체적으로는 중학생에게는 군사훈련, 고교생에게는 예비역 하사관 육성훈련, 대학생에게는 사관 육성훈련을 하도록 구성되어 있었다. 또 여학생에게는 야전간호사 훈련을 받게 하는 운동이 전개되었다. 이렇게 청년들을 군사적 애국주의의 방향으로 무리하게 이끌어가며 착실히 군비를 강화했다. 이로 인해 1937년도 군사비는 2,700만 바트 수준(총예산지출의 25%)에 달해 1932년도에 비해 2배 이상 증가했고, 군인 수는 4만 명을 넘어섰다.[21]

프라야 파혼 정부는 국민들에게 프랑스와 영국에 대한 적개심을 고취시키는 한편, 국내 경제를 장악하고 있는 화교에 대한 반격의 기회를 엿보며 국민의 내셔널리즘을 충족시키고자 했다. 특히 화교에 의해 잠식당한 태국의 경제활동을 재건하는 데 주력했다. 이를 위해 몇 개의 국영공장을 발족하고 협동조합을 육성했으나, 정부의 '위로부터의 개혁'에 부응하여 태국인들이 바로 경제활동에 뛰어드는 것은 시기상조였다. 즉 상업적 재능이 뛰어난 중국인을 상대하기에는 역부족이었다. 그럼에도 프라야 파혼 정부는 포기하지 않고 장래의 꿈을 위해 어린이들을 교육시키고 중국인과 대항할 수 있도록 인재를 육성했다. 즉 혁명정부는 군사력을 증강시키는 것에 버금가는 열의로 교육에 대한 투자도 적극적이었다.

교육 예산은 1932년도 320만 바트에서 1938년도에는 1,470만 바트로 4배 이상 증가했다. 이것은 같은 해의 군사비 2,788만 바트의 절반 이상을 차지하는 규모였다. 1932년도의 교육비가 고작 군사비의 25% 수준이었던 점을 감안하면 크게 증가한 것이었다. 이 결과 전국의 학교 수는 1932년 6,485개에서 1938년에는 13,322개로 2배 이상 증가했으며, 학생 수도 같은 기간 4만 7천여 명에서 157만 명 가까이 늘었고, 교원 수도 1만 4,590명에서 4만 3천여 명으로 증가했다. 그러나 이러한 증가는 대부분 초등학교에 국한되었다.[22]

반화교정책 전개

이와 같이 태국의 혁명정부는 내셔널리즘을 전면에 내세워 착실히 군비를 증강했으며, 청소년들에게는 군사훈련을 실시하고 미래의 꿈을 위해 교육에 집중적으로 투자했다. 이러한 내셔널리즘의 고조는 점차 대공황의 경제위기와 화교의 착취 등으로 침울해 있던 태국인들 사이에 강한 공감대를 형성했다. 태국인들은 정부가 어떠한 형태로든 적극적인 내셔널리즘을 분출하기를 기대했다.

이러한 태국인들의 기대는, 1938년 12월 노령에 가까운 프라야 파혼 수

〈그림 3〉 태국 종족 거주지역

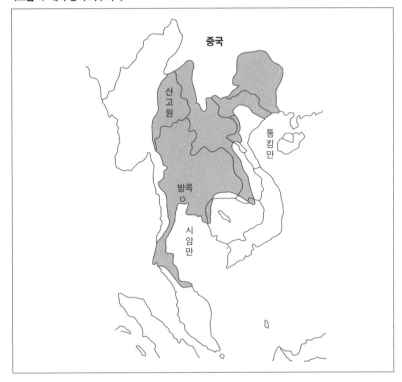

상을 대신하여 국군의 최고실력자인 피분송크람이 수상에 취임하고, 새
로운 세력으로서 태국의 내셔널리즘 운동을 전개하는 것으로 크게 충족
되었다. 피분 수상은 군사와 외교를 지휘하는 한편, 1932년 혁명의 동료
인 쁘리디 파놈용을 재무장관으로 임명하고 국가가 직접 나서서 경제개
혁을 추진할 수 있도록 기회를 주었다.

피분 내각은 먼저, 1939년 시암이라는 국명을 폐지하고 태국이라는 새
로운 국명을 채용했다. 이것은 태국 민족주의 운동의 발전을 기대하고 실
행에 옮긴 것이다. 왜냐하면 태국이라는 이름은 인도차이나반도에서 남
중국에 걸쳐 살고 있는 태국 종족의 전체를 칭하는 것이지만, 시암이라는

명칭은 태국 국내의 메남강 하류지역에 살고 있는 태국 종족만을 가리키는 것에 지나지 않았기 때문이다. 이제 방콕의 신정부는 단순히 당시 시암족의 정부에 머물지 않고, 인도차이나 전역에 살고 있는 태국 종족을 대표하는 정부가 되었다.

그러나 피분 정권이 실시한 또 하나의 정책은 보다 구체적이고 충격적이었다. 이른바 정부의 경제 개입을 강화함으로써 태국인이 경제활동에 참가하도록 촉구하는 반면, 화교의 경제활동은 각종 규제를 통해 제한하는 등 과격한 방법을 동원했다.

1938년 12월, 태국 정부는 태국미곡회사를 설립하는 동시에 중국인이 경영하고 있던 정미공장을 인수하여 쌀 거래에 직접 개입하는 새로운 정책을 펼쳤다. 즉 정부가 직접 화교가 독점하고 있는 쌀 거래에 개입하여 쌀 집하 및 가공에 참여하며 수출까지 하려 했던 것이다.

1939년 1월 문부성은 전국 국립학교 내에 중국인 상점이 입주하는 것을 금지하고 정부의 모든 시설에 확대 적용하였다. 태국 정부는 화교의 식료품과 행상의 활동에 태국인 상인을 새롭게 개입시키려 했던 것이다. 3월과 4월에는 반화교정책이 한층 강화되었다. 3월 22일 염업법(鹽業法)이 공포되어 중국인이 독점하던 제염업(製鹽業)이 일시에 정부의 관리하에 놓였고, 때를 같이하여 '담배법'도 동일한 규제를 받았다. 또한 3월 중에는 '식용동물도살법'이 실시되어 중국인이 하던 영업을 태국인이 대신하도록 했다. 3월 중 실시된 정책에서 가장 주목할 것은, 3월 29일 시행된 새로운 수입법(收入法)이었다. 이것은 군비 확장과 교육비의 증대 및 신경제정책을 실시하기 위해 필요한 재원을, 화교를 중심으로 한 기업에 과세를 통해 부담시키려 한 것이다. 그리고 농민이 부담해야 할 토지세는 경감해 주었다. 아울러 태국 정부는, 화교가 세금 부담을 물가인상으로 전가시키지 못하도록 '폭리금지법'도 강화했다. 4월에는, 택시운전수 허가증이 태국인이 아닌 자에게 발행되는 것을 금지했고, 같은 달 제정된 '태국선박법'은 10월 이후 일정량 이상의 선박은 태국인과 태국인 소유의 선박회사만이 등록 허가되도록 규정했다.[23] 또한 4월에는 '액체연료법'이라는 중대한 법률도 제정했다. 이 법률을 통해 태국 정부는 지금까지 구미의 석유회사가 수입, 정제하여 화교를 통해 판매하던 석유, 휘발유 등을 정부의 석유정제공장과 직영판매점에서 독점하려 했다. 이를 위한 구체안으로 태국 정부는 외국의 정유회사에 연간 수입석유량의 절반을 태국 국방을 위해 비축하도록 했다. 이와 같이 실수요가 없는 석유 비축에 대해 석유를 독점 공급해 오던 로열더치셸과 스탠더드바큠사는 반발했으나, 결국 8월에 두 회사는 태국에서 철수하고 말았다. 이것으로 태국 정부는 석유 정제와 배급을 자연스레 국유화했다.

이외에도 태국 정부는 4월 1일 간판법(看板法)을 제정하여 간판에는 반드시 태국어를 사용하도록 했으며 8월에는 어업을 태국인이 독점하게 했다. 그리고 가을에는 모든 기업에서 종업원의 75%를 태국인으로 고용하도록 하는 한편, 5월에는 정부가 광업을 직접 경영할 것을 선포했다. 또한 고무산업에 새롭게 종사하려는 자는 정부의 허락을 받도록 하는 등 지금까지 화교가 독점해 온 고무와 주석산업에까지 정부가 직접 개입하려는 의지를 명백히 했다. 특히 태국인 75%의 고용은 현실적인 문제로서 당장 실행하지 않을 수 없었다.

영국, 프랑스와 대립하는 태국의 애국주의

이처럼 1939년 피분 신정권은 반화교와 '태국화(化)'를 목표로 과격한 경제개혁을 실행했으며, 이러한 정책은 태국의 화교 사회에 커다란 충격을 주었다. 태국 정부의 화교 탄압은 동남아시아 각지의 화교 사회와 중국 본토로부터 비난을 받기에 충분했다. 더욱이 태국 내에서는 화교의 지하단체, 이른바 비밀결사에 의한 반정부 캠페인이 계획됨에 따라, 이를 단속하는 태국 정부와 중국인 사이에 긴장이 고조되었다. 결국 1939년 8월 10일 반화교정책에서 비롯된 양자의 대립이 화근이 된 최대 사건이 발생했다. 이날 태국 경찰은 방콕의 화교가에서 화교 비밀결사에 대한 단속을 전격적으로 단행하여, 반정부투쟁과 파업을 외치는 팸플릿을 회수하고 수십 명의 중국인을 체포했다. 7~8월 사이에는 중국인 수백 명이 경찰에 소환되었다.[24]

그러나 태국 정부의 군비 증강, 태국의 내셔널리즘 고조 및 반화교 경제정책 등으로 나타난 격렬한 민족주의 정책은, 본래 국내 정치문제에서 비롯되었음에도 불구하고 중일전쟁의 확대와 나치의 태동을 특징으로 하는 1930년대 후반의 국제 정세에, 특히 동남아시아 일대의 정국에 중요한 영향을 미쳤다.

중일전쟁이 심화되는 시점에 전개된 태국 정부의 반화교정책은 필연적으로 태국이 일본과 손을 잡을 수밖에 없는 상황을 초래했다. 이러한 태국 정부의 입장은 이미 동남아시아, 특히 중국에 인접한 인도차이나반도 진출을 꾀하고 있던 일본에게 매우 중요한 의미를 지녔다. 일본은 태국 정부의 반중국인 정책을 이용하기 위해 태국에 접근하려 했다.

이렇듯 태국의 민족주의의 고양은 그 자체로서 또 다른 중대한 국제적 파문을 일으키는 요인이 되었을 뿐 아니라, 태국과 일본의 이해를 일치시키는 결과를 가져왔다. 즉 태국 정부는 군비를 강화하고 애국청년운동을 발전시키는 과정에서, 옛날 태국 왕국의 영광을 강조하여 광대한 영토를 빼앗은 영국과 프랑스에 대한 국민의 적개심을 고조시켰다. 군비를 확장하고 내셔널리즘을 고조시킨 반화교정책이 진행되면서 태국 정부와 국민 모두가 영국과 프랑스에 빼앗긴 영토를 현실적으로 회복할 권리가 있다는 의식이 급속히 높아졌다. 이러한 현상은 필연적으로 혁명정부와, 인접하고 있는 프랑스령 인도차이나, 영국령인 미얀마와 말레이시아의 식민지 당국자와의 관계를 적대적으로 변모시켰다. 영국과 프랑스는 19세기 후반 당시 태국 왕국에 속한 여러 지역을 무력으로 빼앗아, 그 땅을 프랑스령 인도차이나나, 영국령 미얀마, 말레이시아의 일부로 각각 편입시켰기 때문이다.

그러나 영국, 프랑스와 태국의 관계 악화는 일본에게는 더할 나위 없이 좋은 기회였다. 태국 정부에게 있어서도, 적국이 되어버린 영국과 프랑스에 대항하는 일본과 그 배후에 있던 독일, 이탈리아 등의 자본주의 국가와 관계를 맺는 것은 바라던 바였다. 이리하여 태국 정부는 1930년대 말부터 1940년대 초반에 걸쳐 급속히 일본, 독일 등과 가까워졌다. 일본, 독일과의 긴밀한 관계를 통해 잃어버린 땅을 회복하려는 태국 정부의 전략은 1940년대 전반에 들어서면서 커다란 성공을 거두게 된다.

그러나 한편으로 이러한 영토 회복 투쟁과는 별도로 1939년 태국 정부의 과격한 반화교정책은, 그것이 제2차 세계대전 이후 독립한 신생 동남아시아 국가들에게 경제국유화 정책 및 반화교정책의 선행 모델을 제공하였다는 점에 주목할 필요가 있다.

이상으로 제2차 세계대전 발발에 앞서 전개되었던 1930년대 후반 동남아시아 국가들의 정세 분석을 마친다.

註

1) 東亞經濟調査局 編(1939), 『比律賓』, 南洋叢書 第5卷, pp. 372~382.

2) A. Vandenbosch(1944), 『The Dutch East Indies』, California Univ. Press, pp. 341~349.

3) 滿鐵東亞經濟調査局 編(1942), 『蘭領東印度』, 慶應書房, pp. 80~81.

4) ジェイムズ・リーサー(1969), 『シンガポール』, 早川書房, pp. 80~120.

5) 太平洋協會 編(1940), 『佛領印度支那』, pp. 71~73.

6) J. Buttinger(1967), 『Vietnam: A Dragon Embattled』, London, Pall Mall Press, p. 233.

7) ジョン・ルロイ・クリスチャン(1943), 『現代ビルマの全貌』, 同盟通信社, p. 236.

8) 陸戰史研究普及會 編(1971), 『ビルマ進攻作戰』, pp. 10~11.

9) A. B. Saulo(1969), 『Communism in the Philippines』, p. 33.

10) J. R. Hayden(1955), 『The Philippines-A Study in National Development』, pp. 444~446.

11) Luis Taruc(1967), 『He Who Rides the Tiger』, London, pp. 6~18.

12) エリック・H・ジャコビー(1957), 『東南アジアの農業不安』, p. 223.

13) 東亞經濟調査局 編(1939), 『比律賓』, 南洋叢書 第5卷, p. 404.

14) ジャン・ラクチュール(1968), 『ベトナムの星』(吉田・伴野 譯), サイマル出版會, p. 54.

15) エレン・ハマー(1970), 『インドシナ現代史』(河合 譯), みすず書房, pp. 92~93.

16) J. Buttinger(1967), 『Vietnam: A Dragon Embattled』, London, Pall Mall Press, p. 223.

17) D. Lancaster(1961), 『The Emancipation of French Indochina』, Oxford Univ Press, p. 89.

18) J. Buttinger(1967), 『Vietnam: A Dragon Embattled』, London, Pall Mall Press, p. 146.

19) ジョン・ルロイ・クリスチャン(1943), 『現代ビルマの全貌』, 同盟通信社, pp. 351~352.

20) R. Butwell(1969), 『U Nu of Burma』, Stanford Univ. Press, pp. 30~31.

21) 南方年鑑刊行會 編(1944), 『南方年鑑』, 1943年版, 東邦社, pp. 507~508.

22) 南方年鑑刊行會 編(1944), 『南方年鑑』, 1943年版, 東邦社, pp. 473~499.

23) G. W. Skinner(1962), 『Chinese Society in Thailand』, Cornell Univ. Press, pp. 262~263.

24) K. P. Landon(1941), 『The Chinese in Thailand』, New York, pp. 446~447.

제 5 장

●

제2차 세계대전과 동남아시아

세계 대공황과 나치 독일, 일본 군국주의의 대두로 특징지어지는 '위기의 1930년대'가 동남아시아에 정치적, 경제적 격동을 남기면서 지나가려 하고 있었다. 그러나 1930년대가 만들어낸 위기와 나치, 일본군의 대두에 대해 세계 각국은 최종적인 답을 내지 못했다. 물론 미국, 영국 등 연합국은 그 후 제2차 세계대전에서 독일과 일본을 패전으로 몰고감으로써 그들 나름대로 하나의 답을 내놓았다. 하지만 그것은 제2차 세계대전 후 현재에 이르는 역사가 증명하듯이 최종적인 답이 아니었고, 미국과 영국 진영이 세계경제의 대립에 종지부를 찍는 근본 대책을 세웠음을 의미하지도 않았다.

동시에 1930년대 동남아시아로부터 제기된 문제들, 특히 선진국에 의존하는 허약한 경제구조, 비참한 소작인들의 운명, 화교와 인도인들의 문제, 반복되는 독립과 경제발전을 위한 전쟁, 자립경제를 위한 도전 등에 대해 제2차 세계대전은 근본적인 해결책을 제시하지 못했다. 이는 전쟁이 끝난 후에도 동남아시아의 정치적, 경제적 대립과 분쟁이 계속된 것을 보아도 명백하다. 물론 제2차 세계대전 후 수년간에 걸쳐 동남아시아 국가들이 대부분 독립했다는 점에서는 문제가 어느 정도 해결되었음을 의미한다. 그러나 동남아시아의 근본적인 경제, 사회 구조는 변하지 않았기에 각국 내 정치 대립의 기본 구조 또한 바뀌지 않았다. 결론적으로 제2차 세계대전은 동남아시아의 근본 문제들을 해결하지 못했다.

그렇다고 해서 동남아시아의 이러한 문제들이 제2차 세계대전의 영향을 전혀 받지 않은 것은 결코 아니다. 오히려 동남아시아는 제2차 세계대전 중, 특히 일본군이 점령한 시기에 중요한 정치적 발전과 경제, 사회적 변화를 보였다. 이러한 변화는 제2차 세계대전 후의 동남아시아 역사에 중대한 영향을 미쳤다. 일본군의 점령은 동남아시아의 기본 구조, 정치·경제적 대립의 성격을 바꾸지는 못했지만, 그 대립에 있어서의 힘의 구조와 그 후의 발전에 중요한 역할을 했다. 예를 들면, 1930년대 초 동남아시아 각지에서 일어난 농민운동은, 일본군의 지배에 항거하며 강력한 무장 세력으로 발전했고, 이들은 이후 주요한 정치세력으로 거듭났다. 본 장에서는 일본군의 점령이 동남아시아에 어떠한 영향을 미쳤는지 살펴보는 것에 초점을 두고 있다.

　제2차 세계대전이 시작되고 일본군이 동남아시아를 침략하기까지는 2년여의 공백이 있다. 이 기간 동안 동남아시아에서는 흥미로운 사건들이 일어났다. 프랑스와 네덜란드는 나치 독일의 지배에 들어갔고, 그들의 식민지였던 인도차이나와 인도네시아의 식민지 정권은 제각기 본국과 격리되었다. 일본이 동남아시아 침략을 본격적으로 준비하는 동안, 미·영 양국은 방위체제를 수립하는 데 힘을 쏟았다. 태국 정부는 내셔널리즘의 입장에서 새로운 정세를 잘 이용했다. 또한 이 기간에 각 지역의 반정부세력은 새로운 시련을 겪었다. 이러한 일련의 움직임은 이후의 동남아시아 발전에 적지 않은 영향을 미쳤다. 우선 일본군이 동남아시아를 점령하기에 앞서 약 2년여 동안 동남아시아에서는 어떠한 사건들이 일어났는지 살펴보자.

1 나치 독일의 서구 침략과 진주만 공격

전쟁과 평화 속의 혼란

1939년 9월 제2차 세계대전이 발발했다. 9월 1일 독일군이 폴란드를 공격하자 9월 3일 영국과 프랑스가 독일에 선전포고를 하면서 제2차 세계대전이 시작되었다. 그러나 독일군의 폴란드 침공과 영·불의 선전포고가 곧바로 유럽 전역을 전쟁으로 끌어들이지는 못했다. 독일군은 폴란드를 침공했지만 곧바로 프랑스를 공격하지 않았다. 영·불 양국도 일부러 독일을 공격하지 않았다. 이탈리아는 참전을 보류하고 네덜란드와 벨기에 등은 중립을 선언했다. 이처럼 서구에서는 '전쟁도 평화도 아닌' 기묘한 상태가 이어졌다. 독일이 폴란드 침공에 앞서 8월에 소련과 '독소불가침 조약'을 체결하고, 폴란드를 소련과 분할하는 것에 동의했기 때문이다. 독소(獨蘇)조약은, 폴란드를 어떻게 방위할 것인가를 둘러싸고 소련과 영·불의 합의가 이뤄지지 않은 상태에서 자칫하면 소련만이 폴란드를 침공하려고 하는 독일군과 대립하게 될 상황이 우려되었고, 서유럽이 참가하지 않는 독소(獨蘇)전쟁으로 가는 것을 막기 위해, 돌연 소련이 독일과 폴란드 분할과 관련하여 강화조약을 맺은 것이다. 소련은 9월 17일 폴란드를 침공한 뒤 그 땅을 나치와 분할했으며, 이로 인해 독일은 소련과의 전쟁을 피할 수 있었다.

무엇보다 소련은 나치와의 대결을 피하기 위해 서쪽 국경을 방어하는 것이 시급했다. 1939년 9월 말부터 10월 상순에 걸쳐 소련은 자국과 폴란드 사이에 있는 에스토니아, 라트비아, 리투아니아의 발트 3국에 대해 소련군 기지를 설치할 것을 요구하고, 일부 지역에서는 소련군 주둔 허가를 승인하도록 했다. 더욱이 소련은 발트 3국 북방의 핀란드에 대해서도 동일한 내용을 요구했다. 그러나 핀란드가 이를 거부하자 소련은 무력으로 1939년 11월 말부터 1940년 3월 중순까지 핀란드와 전쟁을 치렀고, 소련은 막대한 피해를 입었으나 결국 핀란드를 점령했다.

이와 같이 기묘한 형태로 전개된 유럽 내 전란은, 결국 영·불만이 독일과 전쟁을 하고, 소련은 연합국 체제에서 이탈하여 독자적으로 이익을 추구하는 결과를 가져왔다. 이러한 상황은 영·불에게 있어서 참을 수 없는 소련의 배신행위였을 뿐 아니라, 한편으로는 자신들의 외교적 실패를 세계에 드러낸 것이나 다름없었다. 게다가 소련은 폴란드 분할 후, 영·불과 독일에 대해 조기에 강화조약을 맺어야 한다고 주장하는 등 유럽의 새로운 정세를 그대로 유지시키려 했다. 또한 만일 영·불이 독일과의 조기 강화조약에 응하지 않을 경우, 영·불은 물론 독일 내의 공산당을 통해 영·불의 전쟁 준비를 방해하는 평화운동을 전개하도록 명령했다. 즉 각국의 공산당은 1935년 이후 '반파쇼통일전선전략'에 입각하여 나치 독일을 적으로, 영·불 정부를 아군으로 하여 독일과의 전쟁 준비에 협력하도록 명령 받았으나, 결국 독소조약으로 인해 전혀 반대되는 명령을 받게 되는 상황에 처했다. 이를 계기로 영·불 양국의 공산당에 대한 태도는 당연히 급변할 수밖에 없었다. 프랑스에서는 1938년 공산당을 포함한 인민전선

내각이 붕괴되었고, 그 후 성립된 보수파 내각은 제2차 세계대전 돌입 직후인 9월 26일 공산당을 비합법화했으며, 영국 또한 공산당에 대한 경계심을 높였다.

프랑스령 인도차이나의 공산당 탄압

이와 같은 유럽 정세의 급박한 상황 전개, 그리고 영·불의 선전포고, 독소조약, 소련과 영·불의 대립 등의 새로운 사태는 당연히 동남아시아에도 적지 않은 영향을 미쳤다. 특히 영·불의 식민지에는 직접적인 영향을 끼쳤고, 소련과 영·불이 대립하는 것과 마찬가지로 식민지 현지에서도 공산당과 정부가 대립하는 양상으로 나타났다.

프랑스 본국에 이어 인도차이나에서도 공산당에 대한 탄압이 시작되었다. 인도차이나공산당에 대해, 또한 남베트남의 트로츠키스트에 대해서도 탄압이 가해졌다. 양쪽 모두 비합법화되면서 두 단체의 조직원 모두 약 2천 명이 체포되었다.[1] 이로 인해 트로츠키스트파는 지도부를 잃어버리고 붕괴되고, 대부분 비밀리에 지하활동을 하게 되었다.

그 후 공산당의 활동은 엄중한 감시하에 놓여, 당원들은 항상 경찰의 눈을 피해가며 조직을 꾸려나갔다. 정부의 탄압을 두려워한 공산당 지도부는, 1939년 말 당 본부를 중국 남부의 중국국민당이 지배하고 있던 윈난, 광서 지구로 옮기기로 했다. 그곳에는 인도차이나공산당의 창립자인 호찌민이 있었기 때문이다. 호찌민은 1938년 8월, 5년간의 소련 생활을 마치고 중국공산당의 거점인 옌안으로 갔다. 호찌민은 이곳에서 중국공산군의 예젠잉(葉劍英) 장군과 함께 중국 남부로 들어갔다. 예젠잉은 국민당군에게 게릴라전을 가르치는 임무를 맡고, 호찌민은 예젠잉 군사훈련단의 정치위원으로 활동했다.[2] 호찌민은 이와 같이 남부 중국, 특히 윈난성, 쿤밍(昆明) 등을 거점으로 재차 베트남공산당 운동을 지도할 수 있는 입장이 되었다. 새로운 거점으로 베트남에서 우수한 당원들을 상당수 불러들여 지도부를 형성하고 훈련시켰다.

말레이시아공산당의 반영 투쟁

베트남 공산주의자가 탄압받고 있을 때, 영국령 말레이시아에서는 공산당이 또다시 과감한 반영(反英) 투쟁에 돌입했다. 말레이시아공산당은 모스크바의 전략이 변경됨에 따라 영국의 전쟁 준비를 방해하는 임무를 띠었다. 특히 말레이시아는 전쟁에 필요한 고무와 주석의 생산지였다. 공산당은 말레이시아 노동자가 군수물자를 생산하고 이를 영국에 수송하여 전쟁 준비에 협력하는 것을 어떻게든 저지해야 했다. 말레이시아공산당은 1939년 말부터 1940년에 걸쳐 노동자집회를 지속적으로 열고 홍보책자와 신문 등을 통해 제국주의자의 전쟁 준비에 협력하지 않도록 호소했다. 고무와 주석의 가공공장과 수출항이 있는 싱가포르에서 수차례의 파업을 주도했다. 1940년 5월 1일에는 싱가포르에서 계획했던 노동자집회가 경찰에 의해 저지되면서 노동자 두 명이 사망하는 사건이 일어났다. 그러나 그 후에도 말레이시아공산당의 반영 투쟁은 계속되었다.

한 가지 주목할 점은, 당시 말레이시아공산당이 비합법단체였기 때문에 이와 같은 반영 투쟁은 합법적인 중국인 항일단체를 통해 전부 이루어졌다는 것이다. 그런데 이처럼 공산당원이 항일단체의 이름으로 반영 투쟁을 호소했던 것은, 항일단체를 강력히 지원했던 국민당을 분노하게 만들었다. 당시 장제스 정권은 충칭에 있었으며 영국이 이를 지원하고 있었기 때문이다. 따라서 국민당은 영국의 전쟁 준비를 지지했다. 국민당은 공산당에 반발하여 일시적으로 항일단체에서 탈퇴하고 공산당과 폭력적으로 대립했다.[3] 이로써 말레이시아공산당의 통일전선전략은 중대한 시련을 맞았다.

그러나 말레이시아에서 일어난 국민당과 공산당 간의 대립과 위기는, 1940년 9월 중국공산당이 말레이시아공산당에게 국민당의 영국 지지를 비난하지 말 것을 지시하면서 일단락되었다.[4] 결과적으로 말레이시아공산당은 반영 투쟁의 강도를 크게 낮추었다.

미얀마 타킨당의 비합법화

또한 영국령 미얀마의 공산당은 1939년 말 결성되었지만 국제적 연대는 거의 없었고 국내 세력도 약하여 독자적으로 투쟁조직을 만들지 못했다. 그렇기에 반영 투쟁은 여전히 타킨당이 중심이 되었다.

타킨당은 1938년 후반 반인도인, 반영 봉기 등에 참가하여 영국 당국으로부터 언제 탄압을 받을지 모르는 상태에 있었고, 스스로도 탄압에 대비하여 사병 조직을 결성하는 데 힘을 쏟았다. 1940년에 들어서도 어떻게든 합법조직으로서 반영 선전투쟁에 주력한다는 입장을 고수하고, 각지에서 대중집회를 통해 반영 선전활동을 지속했다. 특히 기성 민족정당과 손을 잡고 '자유블록'이라는 통일전선을 결성하여 반영 활동의 기반을 확대하려고 애썼다.

선전이 주된 활동이라고는 하지만 영국 당국은 타킨당을 경계했다. 타킨당이 1940년 5월 총회에서 영국에 대해 즉각적인 독립을 요구하고 이것이 관철되지 않을 경우, 영국이 전쟁에 나서는 것을 방해하겠다고 선포했다. 이를 계기로 영국 당국은 6월 타킨당의 비합법화를 선언하고 우누 등 많은 지도자들을 체포했다. 그러나 타킨당의 최고 실력자 아웅산은 체포되지 않고 지하로 숨어 많은 당원들과 함께 서둘러 무력 반영 투쟁을 준비했다. 결국 이들은 얼마 지나지 않아 일본과 손을 잡고 반영 투쟁조직을 결성했다.

나치스, 네덜란드와 프랑스 정복

이상과 같이 제2차 세계대전이 시작되면서 형성된 기묘한 정세, 소련과 영·불 관계의 악화가 동남아시아에 적지 않은 영향을 미치고 있을 때, 유럽의 정세가 갑자기 돌변했다. 즉 폴란드 침공 이후 9개월간 숨죽이고 있던 독일군 정예부대가 1940년 5월 10일, 중립을 선언했던 벨기에, 네덜란드, 룩셈부르크를 한꺼번에 침공한 것이다. 이에 유럽은 '전쟁도 아닌 평화도 아닌 혼란기'를 끝내고 본격적으로 전쟁에 돌입했다.

네덜란드, 벨기에, 룩셈부르크는 순식간에 독일군의 지배하에 들어갔고, 독일군은 그 기세를 몰아 프랑스와 영국의 연합군과 대치했다. 영·불 양군이 선전했지만 독일군의 공세를 막지는 못했다. 프랑스 북부에 있던 영·불군은 5월 말 영국해협(영불해협) 됭케르크(Dunkerque) 해안까지 밀리면서 결국 영국으로 후퇴할 수밖에 없었다. 독·불 국경선의 프랑스군이 자랑하는 방위선인 '마지노선'도 6월 초순 독일 전차부대에 의해 돌파되고 프랑스군은 전면 퇴각했다. 더욱이 이탈리아가 독일과 손을 잡으면서 프랑스 남쪽에서 공격해 들어갔다. 프랑스는 붕괴 직전이었다. 6월 14일, 프랑스의 상징인 파리가 점령되고 6월 17일에는 결국 프랑스 정부가 독일에 항복했다. 프랑스 전국은 독일군이 점령하고, 미국의 조지 패튼(George Patton) 장군이 지도하던 프랑스 정부는 독일군에 전면적인 협력을 약속하면서 정치생명을 유지할 수밖에 없었다. 프랑스 정부는 파리에 본거지를 두지 못하고 남부 프랑스 비시(Vichy)로 옮겨 '비시정부'로 명명되었다. 그러나 이때 한 무리가 프랑스를 도망쳐 영국으로 건너갔다.

그들은 비시정부의 독일 협력에 반대하고, 끝까지 항전하여 본토를 탈환하자고 외쳤다. 그들의 지도자는 바로 샤를 드골(Charles De Gaulle) 장군이었다. 드골 장군은 영국에서 프랑스해방군, 즉 '자유프랑스(Forces Françaises Libres, FFL)'를 조직하고 프랑스 탈환을 노렸다. 본토가 나치 지배하에 놓여 있는 상황에서 드골은, 프랑스 본국 이외의 프랑스 식민지에서도 병력을 모집하는 계획을 세웠다. 알제리 등 많은 프랑스령 식민지가 아프리카에 있었으며, 그리고 아시아에는 프랑스령 인도차이나가 있었다. 프랑스의 힘은 아직 충분히 남아 있었다.

그러나 북아프리카의 프랑스령은 머지않아 독일군의 공격을 받고, 동남아시아의 식민지는 파리 함락 소식과 동시에 프랑스로부터 급속히 이탈했다. 파리 함락과 네덜란드의 패배는 아시아에도 중대한 영향을 미쳤고, 일부 아시아 국가들은 그것이 서구 열강이 오랜 기간 아시아를 지배해온 데 대한 보복이라고 생각했다.

따라서 이상적인 아시아 건설을 위해 이 기회를 충분히 활용해야 한다고 판단하고, 프랑스령 인도차이나와 네덜란드령 인도네시아가 제일 먼저 행동에 나섰다. 이들 지역은 이제부터 서구 열강을 위해서가 아니라 아시아인 스스로를 위해 일해야 한다고 생각했다. 프랑스와 네덜란드의 식민지는 이미 본국에 대한 어떠한 충성이나 협조도 할 수 없는 상황으로 변해 갔다.

일본군의 프랑스령 인도차이나 주둔

프랑스의 항복을 곧바로 자국의 이익에 이용한 나라는 바로 일본이었다. 일본의 국익에 제일 처음 이용된 나라는 프랑스령 인도차이나였다. 일본은 앞에서 언급했듯이 중국과 전쟁을 치르는 과정에서, 프랑스령 인도차이나에 존재하는 장제스의 지원 루트에 관심이 많았다. 일본은 그 루트를 차단함과 동시에 프랑스·인도 정부에게 장제스를 지원하지 말 것을 요구하면서 프랑스를 압박했다. 프랑스는 일본의 요구를 계속 거부해 왔으나, 이미 독일에 항복한 상태에서는 더 이상 어쩔 수가 없었다.

프랑스가 항복하고 난 이틀 후인 1940년 6월 19일, 일본 정부는 프랑스령 인도차이나에 대해, 프랑스·인도 정부가 북부 베트남 지역을 통해 중국에 트럭과 휘발유 등의 전략물자 수송을 중지할 것과, 이행 과정을 확인하기 위해 일본군 사절단의 주둔을 인정하라고 요구했다. 본국을 상실한 프랑스령 인도차이나 당국은 강력한 군사력을 앞세운 일본군의 요구를 거절할 수 없었다. 그러나 일본군의 요구는 여기에서 멈추지 않았다. 일본군은 프랑스령 인도차이나 북부에 직접 주둔할 것을 계획하고 있었다. 이를 통해 일본군이 얻을 수 있는 이익과 목적은 두 가지였다. 하나는 중국 남부에 인접한 북부 베트남 지역에 일본군을 배치함으로써 장제스를 제대로 포위할 수 있으며, 아울러 공군기지를 보유하면 군사작전에도 더욱 효과적이었기 때문이었다. 또 다른 하나는 이를 통해 향후 남진(南進)정책, 특히 미얀마·말레이시아로 진출할 수 있는 토대를 구축하는 것이었다.

이를 위하여 일본군은 1940년 8월 2일, 프랑스령 북부 인도차이나에 일본군을 주둔시키고, 그곳을 통해 일본군이 중국으로 자유롭게 이동할 수 있도록 하며, 몇몇 지역에 공군기지를 건설하는 계획을 승인하도록 요구했다. 일본군의 이러한 요구는 결국 인도차이나 당국과 프랑스 본국의 비시정부에 의해 승인되었다. 프랑스는 이미 저항할 힘을 잃었다. 한편 프랑스는 일본군의 북부 인도차이나 주둔을 인정하는 대신 인도차이나의 주권을 여전히 보유할 수 있었다. 즉 1940년 9월 22일 프랑스는 일본과의 협정을 통해 일본군 주둔 후에도 프랑스령 인도차이나 정부가 존속하도

록 했다. 이에 따라 일본은 북베트남의 송코이강(紅河) 이북에 6천 명의
병력을, 인도차이나 전역에 2만 5천 명 규모의 병력을 주둔시켰으며 공군
기지와 항구의 이용을 승인 받았다. 한편 이러한 일본군의 프랑스령 인도
차이나 주둔은 그동안 일본의 침략주의에 반대해 왔던 미국, 영국과 일본
간의 관계를 악화시켰다.

베트남인의 반란

한편 프랑스의 패배를 자신들의 이익을 위해 활용한 두 번째 아시아인은
당연히 베트남인이었다. 즉 프랑스가 패배한 데 이어 일본군이 인도차이
나에 주둔할 때 프랑스령 인도차이나 당국이 아무런 저항도 하지 못했던
사건은, 베트남인 자신들이 프랑스 지배에서 벗어날 기회가 왔음을 의미
했다. 베트남인들은 프랑스가 패배하자 두 가지 형태로 반프랑스 투쟁에
나섰다.

첫 번째 투쟁은 북부 베트남 산악에서 일어났다. 투쟁을 지도한 사람들
은 1930년 이후 프랑스의 탄압을 피해 이 지방에 숨어 있던 베트남 민족
주의자들이었다. 그들은 산악지대의 토착 소수 민족과, 랑손(Lang Son)과
동당(Dong Dang)에서 일본군에 패배한 프랑스군으로부터 탈출한 베트
남 병사들을 모아 반프랑스 봉기를 계획했다. 1940년 10월, 일본군으로부
터 석방된 프랑스군이 재차 수비를 하고 있던 랑손에서 약 3천 명이 봉기
를 일으켰으나, 프랑스군이 비행기와 신식 병기를 동원하여 봉기군을 진
압하고 봉기는 실패하고 말았다.

두 번째 봉기는 남베트남 메콩삼각주를 중심으로 일어났으며 첫 번째
보다 규모가 컸다. 봉기를 계획하고 지도한 것은 인도차이나공산당의 남
베트남 지구위원회였다. 이 위원회는 1940년 6월 프랑스가 패배한 이래

남베트남, 즉 코친차이나 전역에 인민민주정부 수립을 계획하고, 마을과 농촌에 무장봉기의 거점을 세우기 위해 총력을 기울였다. 특히 반지주투쟁에 의욕을 불태웠던 메콩삼각주의 농민을 게릴라 병사로 키우기 위해 힘을 쏟았으며 이를 위해 까오다이교도에게도 접근했다. 그리고 트로츠키스트의 잔여 세력도 봉기에 동참했다.[5]

1940년 9월, 봉기계획이 공산당 남베트남위원회에서 결정되고 봉기와 관련된 준비사항이 각지로 전달되었다. 그러나 10월로 접어들자 남중국의 공산당 중앙위원회가 이 계획을 철회하라고 권고했다. 당 본부는 이 봉기가 시기상조이며 준비 부족이라고 판단했던 것이다. 그러나 당 본부는 멀리 떨어져 있었기 때문에 현장지도자들을 막을 수 없었고 공산당 이외의 세력도 봉기에 동참할 계획이었기 때문에 봉기는 강행될 수밖에 없었다.

1940년 11월 22일, 봉기는 메콩삼각주 북동부, 미토(My Tho) 지방의 '동타프(Dong Thap)무오이(갈대평원)'에서 시작되었고, 삼각주 각지로 퍼졌다. 봉기참가자는 농민을 중심으로 1만 명을 넘어섰다. 타격을 받은 프랑스는 대병력을 동원하여 진압에 나섰다. 프랑스는 외인부대 1개 대대, 현지인 부대 1개 대대, 포병 2개 대대, 기계화부대와 거포함, 전투기를 투입했다. 봉기는 약 1개월 동안 지속된 후 진압되었는데 참가자 중 약 6천여 명이 체포되었다. 갈대평원에 자리했던 봉기군의 거점은 프랑스 공군의 폭격으로 파괴되었고 결국 제2의 봉기도 실패로 끝났다.

나치에 대한 프랑스 본국의 패배를 계기로 일어난 1940년대 후반의 베트남 봉기는 두 차례 모두 실패했다. 그러나 이 봉기는 먼 훗날까지 영향을 미쳤다. 북부 산악지대에 생존한 봉기 참가자들은 곧바로 그 지역에 반프랑스 무장투쟁의 거점을 세우려는 호찌민의 공산당원들과 합세하고, 얼마 지나지 않아 결성된 '베트민군'의 핵심 병사로 편입되었다. 또한 메콩삼각주의 농민들은 1960년대의 베트남전쟁에서 베트콩, 즉 해방전선군의 최강 거점을 또다시 이 갈대평원에 건설하게 된다.

태국·인도차이나 전쟁

프랑스가 패배한 후 프랑스령 인도차이나에는 일본군이 주둔했다. 베트남에서 반프랑스 봉기가 일어나자 이것을 국익에 이용한 세력은 바로 태국인들이다.

태국 정부가 내셔널리즘을 고양하고 군비를 강화하여 영국과 프랑스에 빼앗긴 영토를 회복하려는 강한 의욕은 이미 앞서 설명한 바 있다. 이러한 상황에서 프랑스의 패배는 태국 민족주의라는 중요한 목표 실현에 절호의 기회를 안겨준 셈이다. 마침내 태국 정부는 약화된 프랑스령 인도차이나 정부에게 프랑스가 빼앗아간 영토를 돌려달라고 요구할 때가 왔다고 판단했다.

1940년 9월 13일, 태국 정부는 프랑스령 인도차이나 정부에 대해 라오스의 메콩강 서안지구, 캄보디아의 서북부 3성(省)을 반환해 줄 것을 요구했다. 이에 대해 프랑스령 인도차이나 정부는 일단은 태국 정부의 요구를 검토하겠다고 했으나, 10월 15일 정식으로 거부했다. 태국 정부도 쉽게 물러서지는 않았다. 라디오와 신문을 통해 반프랑스 투쟁에 참여할 것을 국민들에게 호소하고, 방콕과 그 외 지역에서 반프랑스 봉기를 조직함과 동시에 프랑스령 인도차이나군과의 군사 대결을 준비했다. 인도차이나군도 태국 국경 쪽으로 집결했다. 양국은 무력으로 해결하기로 한 것이다.

11월 23일, 캄보디아와 태국 국경 지대에서 양국 군대가 충돌했다. 28일에는 인도차이나 경폭격기 5대가 태국 동북부 메콩강 유역을 폭격했고, 이에 맞서 30일 태국 공군이 메콩강 부근의 타케쿠 마을을 공습했다. 이

로 인해 양국은 전면전으로 돌입했다.

1941년 1월, 전투는 더욱 치열해졌다. 메콩강 해안의 라오스와 태국의 거점이 폭격되었으며, 이에 맞서 태국군도 메콩강 유역과 캄보디아령을 폭격하고 공격했다. 1월 7일 태국군은 캄보디아령은 물론 라오스 남부까지 점차 포위망을 넓혀갔다.

한편 이에 대해 인도차이나군은 태국군의 후방기지인 방콕을 폭격하고, 지상군을 증원하여 태국군을 격퇴했다. 그러나 1월 16일 캄보디아 탈환을 시도했던 인도차이나 4개 대대는 태국군의 반격에 여지없이 무너졌다. 이것은 인도차이나군에게 있어 뼈아픈 패배였다. 인도차이나군은 1월 17일 시암만(Gulf of Siam, 타이만) 해전에서 태국군에게 큰 피해를 입혔지만, 지상에서의 패배를 만회하지 못했다.

이리하여 태국과 인도차이나의 전쟁은 태국군이 우세한 가운데 약 2개월이 흘렀다. 언제 끝나게 될지 알 수 없었으나, 이때 개입한 일본군에 의해 정세는 급변했다. 일본군은 이미 언급한 바와 같이 태국과 긴밀한 관계를 유지해 왔고, 인도차이나 주둔 후에는 인도차이나 정부와도 우호적으로 지내기를 원했다. 더 이상 사태가 악화되면 일본은 인도차이나반도에서의 입장이 불리해진다고 판단하여, 양 정부를 상대로 정전(停戰)과 교섭을 권했다. 결국 1월 26일, 전쟁으로 인해 여러 모로 피해가 컸던 양국은 전격 합의하여 정전에 돌입했다.

정전 후 양국은 오랫동안 외교 교섭을 추진했으나, 지상 전투에서 우위를 점하고 일본의 지지를 받았던 태국이 결국은 목적을 달성했다. 즉 태국은 1941년 3월 11일의 협정을 통해 인도차이나에서 넓은 면적의 영토를 탈환했다. 태국의 내셔널리즘은 '프랑스의 패배'를 이용하여 찬란한 승리를 거두었다.

베트민의 결성

프랑스의 패배는 일본군의 인도차이나 주둔, 인도차이나 내에서의 반프랑스 반란, 태국의 인도차이나 영토 탈환 등 여러 사건을 초래했다. 물론 이러한 사건은 모두 인도차이나 정권이 크게 약화되었음을 여실히 나타냈다. 프랑스령 인도차이나 정권의 약화는, 그때까지 인도차이나 정부를 타도하기 위해 집요한 투쟁을 벌여 온 반정부세력, 특히 그 중심에 있던 인도차이나공산당에게는 최후의 결전의 날이 가까워졌음을 의미했다. 그러나 그 투쟁은 인도차이나군과 공산군의 생사를 건 일대 무력투쟁이 될 예정이었다. 공산당은 그 결전을 위해 강력한 무장부대를 결성하고, 국민들 사이에 폭넓은 지지조직을 구축해 놓아야 했다.

공산당 지도자 호찌민은 1945년 결전이 시작되었을 당시 베트남의 독립을 굳게 믿었다. 그렇기에 시기에 맞추어 강한 무장조직과 독립을 갈망하는 베트남인들로 구성된 조직을 구축해야 했으며, 호찌민은 1940년 말부터 1941년 전반에 걸쳐 이들 정치조직을 급속히 결성하기에 이른다.

그러나 공산당은 베트남 내부에서 계속되는 탄압과 봉기의 실패로 어려움에 처해 있었다. 새로운 조직은 프랑스의 감시가 미치지 않는 곳에서 결성되어야 했는데, 그곳은 바로 호찌민이 있었던 중국 남부와 베트남 북부의 경계지대였다. 그곳으로 프랑스의 탄압을 피해 공산주의자와 여러 당파의 민족주의자들이 모여 들었다. 지방 토착민으로 이루어진 반프랑스 단체와 랑손 봉기의 생존 병사 등도 속속 집결했다. 드디어 새로운 조직이 결성된 것이다.

1940년 말경, 베트남 북부 까오방성(省)의 산속에 하나의 무장부대가 조직되었다. 1941년 2월, 호찌민이 이 부대로 찾아왔다. 베트남으로 돌아온 것이다. 호찌민은 미래의 공산당군을 육성하기 위한 훈련학교를 열었으며, 곧 이곳은 베트남 공산당군의 최초의 항구적인 군사거점이 되었다.

호찌민은 1941년 5월, 산중의 기지에서 팜반동(Pham Van Dong) 등을 모아 미래의 독립투쟁을 지도하는 광범한 통일전선인 '베트남독립동맹회'를 결성했다. 훗날 베트민(Viet Minh)으로 세계적으로 유명해진 조직이 바로 그것이다.

이리하여 베트남 공산주의자들은 산속에서 병력을 양성하고 정치조직을 결성하여 전국으로 지지자를 확대해 나갔으며, 이를 통해 앞으로 다가올 프랑스와의 결전을 대비했다.

일본의 인도네시아 자원 점령 시도

프랑스가 패배한 뒤 프랑스령 인도차이나의 정세는 혼란에 빠졌다. 마찬가지로 네덜란드의 패배도 네덜란드령 인도네시아를 혼란 속으로 몰아넣었다. 네덜란드의 패배를 이용하려고 했던 세력도 역시 일본이었다. 그러나 일본은 인도네시아에서 군사적인 것보다 경제적인 이권에 관심이 많았다.

일본은 중일전쟁이 확산되고 시간이 흐를수록 전략물자의 필요성을 절감했다. 석유를 비롯한 전략물자의 보유량은 점차 감소했다. 특히 1939년 7월, 중일전쟁을 반대하던 미국이 미일통상조약을 포기한 것은 일본에 큰 타격이었다. 미국으로부터 주요 전략물자를 수입했기 때문이다. 일본은 새로운 자원 수입처를 물색해야만 했는데 아시아에서는 인도네시아밖에 없었다. 무엇보다 석유가 풍부했기에 일본으로서는 어떻게든 인도네시아를 손에 넣고 싶었다.

1940년 8월 11일, 네덜란드 패배 후 얼마 지나지 않아 일본 정부는 인도네시아 자원을 염두에 두고 기본 방침을 세웠다. 이것은 '란인(蘭印, 네덜란드령 인도네시아) 대책요망'이라 일컬어졌는데 그 내용은 가히 놀랄 만했다. 즉 일본은 네덜란드 본국에 대해 다음과 같이 요구했다.

첫째, 일본인의 모든 경제활동의 자유를 인정하고 자국민과 동등하게 대우하며, 둘째, 인도네시아의 무역과 외환관리를 일본과 인도네시아 당국이 공동으로 관리하고, 네덜란드령 인도네시아 정부는 일본이 필요로 하는 물자를 일본에 제공할 의무를 진다. 셋째, 일본 배와 항공기가 기항하는 것을 인정하고 통신, 방송, 신문을 공동관리하에 두어야 한다는 내용이었다.

이 내용은 인도네시아를 일본이 점령하는 것을 의미했기 때문에 네덜란드 정부가 당연히 승인할 리 없었다. 이 계획을 주도한 일본의 무리들도 물론 당연히 예상한 바였다. 따라서 양국의 교섭이 이루어지지 않을 경우, 일본은 군대를 파견하여 인도네시아를 점령할 필요가 있음을 강조했다.

일본 정부는 이 강경 방침을 배경으로 인도네시아에 대표를 파견하여 네덜란드와 교섭을 개시했다. 교섭은 1940년 9월부터 시작되었지만 곧바로 결렬되고 말았다. 네덜란드는 소량의 석유만을 제공하겠다는 입장을 보였다. 일본은 네덜란드 당국의 확고한 태도를 접한 후, 인도네시아의 자원을 자유롭게 손에 넣기 위해서는 인도네시아를 점령할 수밖에 없다고 판단했다.

물론 인도네시아에 현지인으로 구성된 강력한 반네덜란드 세력이 있어서, 일본이 그들과 제휴한 후 네덜란드를 타도하고 정치적으로 그곳에 친일정권을 수립할 수 있는 가능성이 있었다면 이야기는 달라진다. 그러나 인도네시아의 반정부세력은 당시 최악의 상황에 처해 있었다. 주요 반정부단체는 이미 기력을 다했고, 유일한 야당이라고 할 수 있는 '인도네시아정치연합(KAPI)'은 네덜란드가 패배한 뒤에도 네덜란드와 협력하여 반일을 주장하고, 기껏해야 자치(自治) 정도를 정부에 요구하고 있는 실정이었다. 결국 일본이 네덜란드의 정세를 바꾸기 위해서는 군사점령 외에 다른 방법이 없었다.

그러나 인도네시아에 대한 군사침략은 미국, 영국과의 군사대결을 의미했다. 인도네시아에는 여러 개의 미·영 기업이 진출하여 무역도 긴밀하게 이루어지고 있었다. 또한 인도네시아는 일본과는 지정학적으로 거리가 멀고, 그곳에 이르려면 미국령 필리핀과 영국령 말레이시아를 거쳐야 했다. 그 지역의 미·영군을 군사적으로 억제해 둘 필요가 있었으나 그 결전에서 이기리라는 보장은 없었다.

더구나 일본에는 또 하나의 적이 있었으니 바로 소련이었다. 일본은 전통적으로 소련을 미국과 같은 적국으로 여기고 있었다. 소련의 위협을 좌시한 채 미국과의 전쟁에 돌입할 수는 없었다. 일본군 지도부는 고민에 빠졌으나, 곧 다가올 사태에 대해 황급히 손을 써야 했다. 중일전쟁의 지속과 일본군의 프랑스령 북부 인도차이나에서의 주둔, 인도네시아를 둘러싼 네덜란드 당국과의 분쟁은 모두 일본과 미·영의 관계를 긴장시키는 요소였다. 일본은 정말로 미·영과 전쟁을 하게 될지도 몰랐다. 인도네시아를 손에 넣기 위해 동남아시아 전역에서 미·영과 전쟁을 불사하게 될 가능성이 있었기 때문에, 일본군은 1940년 말경부터 미·영과의 전쟁과 동남아시아 침공에 대한 구체적인 준비에 착수했다. 물론 전쟁이 발발할지는 아무도 몰랐고 어떤 것도 결정되지 않은 상황이었다. 그것은 글자 그대로 세계정세의 추이에 달려 있었다. 이윽고 세계정세는 1941년 말 태평양전쟁이 발발하면서 새로운 국면을 맞게 된다.

전쟁 준비에 착수한 일본

1941년, 일본군은 전망이 불투명한 상태에서 미·영과의 전쟁 준비, 동남아시아 침공 준비를 시작했다. 여러 가지 전략적, 전술적 조사를 서둘렀고 동시에 동남아시아 각지에 정치공작을 위한 공작원들을 파견했으며, 반정부세력과 접촉하여 친일파의 결집을 도모했다.

일본이 펼친 정치공작 중 한 가지 성과는, 1941년 2월부터 3월에 걸쳐 일본군의 대(對)미얀마 정치공작반이 미얀마의 가장 전투적인 반영국단체 타킨당의 활동가 30명을 일본으로 탈출시키는 데 성공한 것이었다. 일본의 정보장교들은 1940년 말경, 영국 정부의 탄압을 피해 지하로 숨어들어 중국 연안의 마카오에 외국의 원조를 요구해 왔던 타킨당 서기장 아웅산과의 접촉에 성공했다. 그리고 일본이 타킨당의 반영국투쟁에 협력할 것을 약속하고, 그 본보기로 30명의 타킨당원('30인의 동지')을 일본으로 불러 군사훈련을 받을 수 있게 했다. 1941년 3월 일본에 도착한 30명 중에는 아웅산 등 훗날 미얀마 정계에서 활동하게 될 사람들이 많았다. 그들은 일본인으로부터 군사훈련을 받고, 일본군의 미얀마 침공과 동시에 '미얀마독립의용군'을 결성하여 미얀마에 들어갔다.

일본군은 이외에도 말레이시아와 인도네시아 등에도 많은 공작원을 파견했다. 말레이시아에서는 반일 중국인에 대항하기 위해 인도인과 말레이시아인을 우군으로 만드는 공작을 펼쳤다. 일본 공작원은 전투 직전에 인도 독립을 원하는 시크족(Sikhs)의 비밀결사 '인도독립연맹'과의 접촉에도 성공했다.

일본은 이와 같이 지하공작을 전개하는 한편 외교활동을 통해 동남아시아에 일본의 영향력을 확대하기 위해 힘썼다. 태국에 경제적, 외교적 접근을 강화하는 한편, 프랑스령 인도차이나 정부에는 일본과의 긴밀한 경제활동을 수립하도록 요구하고, 인도네시아에서와 마찬가지로 일본인의 자유로운 경제활동의 허가, 인도차이나의 자원을 독점적으로 일본에 제공할 것을 요구했다. 인도네시아 당국은 일본의 요구에 강하게 반발하여 양국의 협상은 1941년 5월경 완전히 결렬됐지만, 인도차이나 당국은 일본에 더 이상 저항하지 않고, 1941년 5월 협정에서 인도차이나 경제에 대한 일본의 특권적 지위를 인정했다.

독일·소련 전쟁과 진주만 공격

이와 같이 일본이 미·영과의 결전, 동남아시아에 대한 침략을 준비하고 있던 1941년 중순, 유럽 전역은 재차 격렬한 소용돌이에 휩싸였는데, 그것이 일본의 동남아시아 침공, 미·영과의 결전을 결정짓는 계기가 되었다. 즉 1941년 6월 22일, 서유럽을 제패하고 미·영을 포위하는 작전에 성공한 독일군이 돌연 유럽의 동쪽, 소련에 공격을 개시하여 독일과 소련 간 전쟁이 시작된 것이다. 전차를 선두로 한 독일군 정예부대는 국경에서 소련군을 일격에 물리치고, 우크라이나와 러시아 평원에 이어 모스크바와 레닌그라드를 향해 진격했다.

독소전쟁은 일본군에게 미·영과의 전쟁을 개시하도록 하는 결정타가 되었다. 더 이상 소련의 위협을 의식하지 않고 미·영과 싸울 수 있었기 때문이다. 1941년 7월 2일, 일본 정부는 독소전쟁에 개입하지 않고 프랑스령 남부 인도차이나, 즉 남베트남으로 향했다. 남부 인도차이나로의 전진은 곧 동남아시아 침략전쟁의 시작을 알리는 신호탄이었다. 남베트남 남단에 공군기지를 가지게 되면, 일본 공군기는 침략 목표인 인도네시아에 이르는 길목에서 장애물이었던 영국령 말레이시아의 영국군 기지를 직접 공습할 수 있었다. 물론 지상군의 보급기지로서도 남베트남은 중요했다. 인도네시아에 이르는 경로 중 하나인 필리핀 미군기지에 대해서도 대만의 일본군 기지에서 태평양을 건너 공격하는 것이 가능했던 것이다.

1941년 7월 28일 일본군의 진군이 시작되자 미·영은 격렬히 반발했다. 같은 해 7월 25일, 미·영은 일본의 재외자산을 동결시키고, 8월 1일 미국은 대일 석유수출을 금지했다. 이러한 미·영의 대일 제재조치는, 일본의 미·영에의 결전 결의를 더욱 고조시켰다. 일본 정부는 9월 6일, 남방작전 준비를 결정하고 12월 8일 태평양전쟁 개시를 위해 돌진했다.

일본의 전투 준비 강행과 이에 따른 미·영과의 관계 악화는, 미·영 양국으로 하여금 일본과의 결전을 불가피하게 했다. 미·영도 대일 제재조치 발동과 함께 일본과의 전쟁 준비를 서두르는 한편, 예상되는 일본군 침략경로인 필리핀과 말레이시아에 대한 방위를 강화했다.

미·영군의 방위체제 강화

필리핀은 1936년 발족한 국방군과 미국 주둔군이 방위하고 있었다. 1941년 1월, 국방군은 상비군 약 4천 명, 예비군 13만 2천 명으로 구성되어 있었다. 1936년에 국방군으로 편입된 약 6천 명의 경찰군은, 1938년 국방군에서 분리되어 내무부 지휘하의 국가경찰이 되어 국방군의 숫자에는 포함되어 있지 않았다.

여전히 주력군은 미군이었으며, 병력은 1940년 1만 명을 조금 넘는 미 정규군과 1만 명 정도의 미군 지휘하의 필리핀 보조부대 '필리핀 스카우트'로 구성되었다. 1941년 후반 일본군의 위협 때문에 필리핀은 국방력을 소폭 증강했다. 같은 해 7월 이후부터 8천 수백여 명의 미군이 필리핀에 도착했다. 미군 병력은 11월 말에는 필리핀 스카우트를 포함해 3만 1천여 명이 되었다. 그 외에 1941년 8월에는 필리핀의 예비군 2만 명이 동원되어 미군의 통솔하에 놓였고, 11월에는 다시 2만 명의 예비군이 미군에 편입되었다.[6] 이들 부대는 1941년 7월, 필리핀군 원수에서 미군 극동군 총사령관으로 복귀, 임명된 맥아더 장군이 지휘했다. 그러나 미군의 방위체제가 강력한 일본군에 비하면 충분한 것은 아니었다.

말레이시아의 경우 싱가포르 방위가 주목적이었으나 1940년 초반까지 방위력은 허술하였고, 싱가포르 기지수비대를 제외하면 말레이시아반도에는 영국령 인도 병사를 주력으로 하는 영·인(英印)군 1개 여단 정도가 있을 뿐이었다. 그러나 1940년 말부터 1941년에 걸쳐 병력이 증강되어 영·인군 2개 사단, 호주군 1개 사단이 말레이시아반도에 배치되었다.[7] 그리고 전쟁 개시 전에는 말레이시아인 의용군도 결성되었다. 그러나 이 방위체제도 결국 일본군의 진격을 막을 수는 없었다.

또한 영국령 미얀마에서는 영국이 일본군의 미얀마 침공을 예상하지 못했기 때문에 그 방위력은 미약했다. 1만 명이 채 안 되는 미얀마 지휘하의 국방군과 영국 직속의 7천 명 정도의 국경경비대가 전부였고 1941년 후반 인도에서 2개 여단이 파견되는 데 그쳤다. 개전 후 영국은 1개 여단과 1개 사단의 병력을 인도에서 파견했고[8] 중국 국민당군의 일부도 개전 후 미얀마 동북부에 지원부대로 들어갔다.

일본군의 목적지인 인도네시아에는 1939년경 네덜란드군이 현지인 병사를 포함하여 3만 5천 명 정도 있었지만, 1941년에는 현지인 병사를 증강하여 6만 명에 달했다. 그리고 여기에 미·영은 수천의 병력을 파견하여 개전 시의 총병력은 약 7만 명이었다.[9]

그 외에 미·영의 방위체제 강화를 위한 노력 중 주목할 사항은, 독소전쟁 개시 후 동남아시아의 공산당이 다시 미·영 등의 연합국 쪽에 협력하게 되었다는 점이다. 반영 투쟁 중이던 말레이시아공산당은 1941년 7월, 일시적으로 영국과의 협력을 결정하고 정부에 방위협력 참가를 제의했다. 또한 필리핀공산당도 1941년 10월, 하부조직에 항일무장투쟁 준비를 지시하였다. 이상과 같이 1941년 후반, 일본과 미·영은 각각 서둘러 전쟁 준비에 총력을 기울였으며, 마침내 12월 8일 전쟁은 시작되었다.

일본군의 침공

1941년 12월 8일 오전 2시 15분, 영국령 말레이시아 북단 코타키나발루 해안에서 말레이시아 공략을 노리고 상륙한 일본군과 영국군 사이에 태평양전쟁의 첫 전투가 일어났다. 그리고 약 한 시간 후 일본군은 진주만의 미 함대를 상대로 기습공격을 감행했다. 같은 날 오전 9시 30분 대만기지를 떠난 일본 육군 폭격기가 필리핀 루손섬의 미군기지에 폭탄을 투하했다. 일본군과 미·영과의 전투, 그리고 동남아시아에 대한 침공작전은 이렇게 시작되었다.

이 세 지점에 대한 동시 공격은 일본의 전략적 의도를 잘 나타내고 있었다. 말레이시아, 필리핀에 대한 공격은 인도네시아에 이르는 주요 경로를 확보하기 위함이었고, 하와이 미군에 대한 공격은 동남아시아 일본군 주둔에 대한 최대의 방해자로 간주된 미 태평양함대의 주력을 제거하기 위함이었다. 그리고 이 동시 작전에서 일본군은 만족할 만한 성과를 거두었다.

여기에서는 일본군의 침략작전 내용보다는 태평양전쟁의 전반적인 흐름과 특징, 그리고 동남아시아 각국의 정세에 대해 구체적으로 살펴보고자 한다.

1941년 12월 8일 진주만, 말레이시아반도, 필리핀을 공격하면서 미·영에 선전포고를 한 후 수개월의 전황(戰況)은 일본군에게 유리하게 돌아갔다. 12월 8일 말레이시아반도에 상륙한 일본군은, 영국군의 저항을 돌파하며 급속히 말레이시아반도 남쪽으로 진격했다. 일본군은 12월 22일 필리핀 루손섬에 상륙, 1942년 1월 2일에는 마닐라로 향했다. 맥아더 지휘하의 미·필리핀군은 마닐라를 포기하고 바탄(Bataan)반도와 코레히도르(Corregidor)섬 요새에서 방어를 했다. 1942년 1월 후반, 일본군의 일부는 인도네시아령 보루네오섬, 셀레베스섬에 상륙했으며, 이윽고 태평양의 괌과 비스마르크제도에까지 들어갔다.

이 와중에도 일본은 태국 정부에 압력을 넣어 1941년 12월 21일, 일본·태국 동맹조약을 체결하는 데 성공하고 이에 근거하여 태국을 일본의 후방기지로 삼았다. 태국 정부는 1942년 1월 25일, 미·영에게 선전포고를 했다.

1942년 2월 일본군의 진격은 계속되어, 2월 8일 말레이시아반도 남단에 도착한 일본군은 15일 드디어 싱가포르를 점령했다. 영국군은 항복하고 말았다. 같은 날 일본 군대는 싱가포르 남쪽, 수마트라섬 유전지대까지 진격함에 따라 최종 목적지에 근접했다. 같은 해 2월 27일 자바섬 수라바야 해안에서 자바방위연합군 함대를 격파한 일본군은, 3월 1일 자바섬에 상륙하여 같은 날 인도네시아의 수도 자카르타를 손쉽게 점령했다. 네덜란드군은 거의 저항하지 못했고, 일본군은 네덜란드의 지배로부터 해방된 것을 축하하는 민중들의 환영을 받으며 자바로 진격했다. 네덜란드군이 3월 9일 일본군에게 항복하자, 일본군은 3월 중 주석과 고무의 보고

(寶庫)인 수마트라섬을 완전히 점령했다.

일본군은 1941년 12월 중순 미얀마를 향해 공격작전을 개시했지만 본격적인 공격은 1942년 1월 10일에 시작되었다. 일본군은 영·인도군을 각지에서 물리치고 3월 8일에는 랑군을 점령했다. 이 미얀마 침공작전에는 아웅산 등의 미얀마 타킨당원을 중심으로 하는 미얀마인 부대도 참가했다. 그들은 개전 후 방콕에 결집하고 거기에서 현지 미얀마인들을 모아 12월 28일 '미얀마독립의용군'을 결성하여 일본군과 함께 미얀마에 들어갔다. 그러나 의용군의 미얀마 침공시점과 일본군의 랑군 공격 완료시점 사이에서 주목할 만한 변화가 일어났다. 즉 침입 시 2백 명이 안 되었던 의용군은, 그 후 '미얀마해방군'을 위해 계속해서 모여드는 미얀마 청년들을 받아들여 랑군 공략 직후인 3월 중순에는 1만 2천여 명으로 늘어난 것이다.[10] 일찍이 사야산의 '갈론군'의 응원을 위해 수천의 갈론병이 탄생했던 것과 마찬가지로, '새로운 갈론군'에 재차 1만 명이 넘는 미얀마 병사가 참여했다. 그리고 갈론군이 봉기한 1931년 전반부터 이 같은 일본형(型) 신갈론군이 미얀마에 돌입하기까지는 불과 10년밖에 걸리지 않았다. 아마도 일찍이 갈론군에 참가했던 사람이거나 그 후손들이 이 미얀마 독립의용군에도 다수 참가했을 것이다. 그러나 어쨌든 이 적지 않은 병력을 가진 신미얀마군의 탄생과, 이것을 아웅산의 타킨당원이 지휘하게 되었다는 사실은 미얀마 정치에서 중요한 의미를 갖는다.

일본군은 미얀마에서 계속 진군하여 1942년 5월 1일 미얀마의 요충지인 만달레이를 점령하고, 북상하여 5월 중순 무렵에는 영·인도군과 미얀마 정부군을 인도로 몰아냈다. 또한 미얀마 북동부 샨고원에 영국군을 지원하기 위해 주둔해 있던 중국군을 윈난고원으로 내몰아, 마침내 미얀마 북부를 통과하는 장제스 지원 경로를 봉쇄하는 데 성공했다.

시기를 같이하여 필리핀에서는 바탄반도와 코레히도르 요새가 1942년

4월부터 5월에 걸쳐 전개된 일본군의 총공격으로 함락되었으며, 필리핀 주둔 미군은 5월 7일 정식으로 일본군에 항복했다. 게다가 한때 코레히도르, 바탄으로 도망가 있던 케손 필리핀 대통령과 맥아더 미 총사령관은 제각기 필리핀을 탈출했다. 케손 대통령은 미국으로 건너가 그곳에서 망명정부를 이끌었다.

이리하여 일본군의 동남아시아 공략작전은, 1941년 12월 8일에 시작되어 1942년 5월 중순까지 일단은 성공적으로 전개되었다. 일본군의 동남아시아 지역 작전총사령부인 남방군은, 5월 18일 동남아시아 공략작전 완료를 선언했다.

연합군의 반격

일본군은 태평양전쟁이 일어난 후 6개월간 놀랄 만한 힘을 과시했다. 동남아시아는 역사상 처음으로 단일 정부의 지배하에 들어갔다. 영국, 네덜란드, 미국의 지배자들이 추방되었으며, 인도네시아에서는 프랑스가 명목상으로만 지배할 뿐이었다. 태국도 일본군 주둔을 인정했다. 동남아시아의 정세는 확실히 격변하고 있었다.

식민지 지배자들은 대부분 망명하든가 체포되었으며 식민지군은 해방되었다. 그리고 부유층, 식민지 자본가들의 일부도 망명 또는 은둔 생활에 들어갔다. 동남아시아에서의 일본 점령체제는 확고해졌다. 일본의 점령은 강대한 군사력을 바탕으로 하고 있어서 언제까지나 영원할 것처럼 보였다. 일본군이 점령한 각 마을의 부유층과 일부 현지 정치가들은 새로운 권력자의 총애를 얻기 위해 일본군 고관의 주위로 몰려들었다. 미얀마, 인도네시아에서는 민중 스스로 해방군 일본에 대해 호의를 보였다. 말레이시아에서도 항일운동이 뿌리 깊게 박혀 있는 중국인을 제외한 말레이시아인, 인도인들은 일본군이 자신들을 대우해 준다고 생각했기에 기대를 걸었다. 그러나 필리핀에서는 독립체제를 무산시켜 버린 일본군에 대해 민중의 반감이 고조되었다. 물론 여기서도 일부 부유층은 새로운 권력자를 중심으로 모여들었고, 친일 그룹을 결성하여 일본군과 같이 민중을 탄압하는 역할을 자처했다.

이처럼 일본군의 점령체제에서 일본군의 힘은 압도적이었다. 그러나 일본군이 '남방전략'을 완료하고 그 권력이 정점에 달했을 1942년 중순경, 일본군과 동남아시아 지배의 앞날에 어두운 그림자를 드리우는 중대 사건이 발생했다.

1942년 6월 5일부터 6일에 걸친 태평양 미드웨이(Midway) 해역에서 미·일 양 함대의 결전에서 일본군이 패배한 것이다. 일본 해군의 주축인 항공모함 4척이 파괴되었는데 그것은 일본군이 태평양에서 해상권과 제공권(制空權)을 일거에 상실했음을 의미했으며, 아울러 진주만 공격의 성과가 유명무실화되고, 일본의 동남아시아 침공작전에 있어서 최대의 방해자인 미 육해군이 드디어 일본의 동남아시아 점령지역에 대한 반격을 개시했음을 뜻했다.

일본군 수뇌부의 충격은 컸으며 패전의 어두운 전조를 느끼지 않을 수 없었다. 그러나 이제 막 시작한 전쟁을 멈출 수는 없었다. 그렇지만 태평양의 제공권과 여러 해상권의 상실은 이미 미군에 대한 일본군의 공격이 불가능하다는 것을 일깨워 주었다. 일본군은 그저 그때까지 점령한 지역을 끝까지 지키며 진격해 오는 미군을 전력을 다해 대항하는 수밖에 없었다. 일본군은 1942년 6월을 기점으로 개전 후 6개월 만에 수세작전 체제에 들어갔다. 게다가 그 수세작전도 1942년 후반부터는 힘을 발휘하지 못했다. 1942년 8월, 미군의 남태평양 과달카날(Guadalcanal)섬(솔로몬제도에서 제일 큰 섬) 상륙작전이 성공하자 일본군 방위체제는 무기력해졌다.

일본군은 1942년 후반부터 1943년 초에 이르는 기간 중 과달카날섬과 그 주변 해역에서 벌어진 미군과의 격전에서 계속 패하면서 방위선이 무너졌다.

이와 같이 미드웨이 해전을 계기로 일본군이 수세에 몰리게 된 것은, 일본군의 동남아시아 향후 전략에도 직접적인 영향을 미쳤다. 일본군의 기본 전략은 어떻게 해서든지 동남아시아에서 일본군의 지배체제를 유지하는 데 있었다. 1942년 6월 29일, 일본군은 남방군 총사령관에 대해 남방의 주요 지역을 안정적으로 확보하고, 미얀마와 말레이시아·인도네시아의 방위체제에 전력을 다하며, 점령지역의 외곽에서 군사작전을 준비할 것을 명령했다.

그러나 동남아시아 점령지를 안정적으로 방어하는 것이 쉽지 않았다. 단순히 동남아시아 주변에서만 미·영군이 돌진해 오는 것은 아니었다. 동남아시아 내부에도 일본군 지배에 도전하는 정치세력과 군사세력이 존재했다. 어떤 세력은 일본군이 침략하자마자 처음부터 일본군에 저항했고, 어떤 세력은 일본군 지배가 자신들의 이익에 반한다고 판단하자 즉시 일본군에 도전했다. 동남아시아에는 격렬한 정치투쟁의 역사가 있었고 그 가운데 많은 정치세력이 출현했다. 수많은 친정부, 반정부 조직들이 서로 투쟁하고 힘을 합쳐 투쟁력을 축적해 왔다. 시간이 지나자 동남아시아 현대사의 주역을 담당해 왔던 대부분의 세력들이 결국 일본군 지배에 도전하게 된 셈이다. 여러 형태의 항일단체들은 일본군이 도착하기 전에는 서로 적이 되어 투쟁하기도 했다.

각국 항일단체가 한결같이 단결해 왔다고는 볼 수 없지만 일본군 앞에서는 강한 응집력으로 단호한 모습을 보였다. 동남아시아 각지의 반식민지, 반정부세력은 지금까지 유혈 탄압을 수없이 받으며 극복한 역사가 있었기에 그 투쟁력을 무시할 수 없었다. 그러나 동남아시아를 침략한 대부분의 일본군은 그때까지 진행되어 온 격렬한 동남아시아 정치투쟁의 역사를 제대로 파악하지 못했다. 그것은 일본군 수뇌부도 마찬가지였다. 일본군은 동남아시아 지배가 연합국의 공격으로만이 아니라 내부의 저항에 의해서도 무너지기 시작하는 것을 보고 넋이 빠졌다.

항일단체의 등장

일본군 지배에 대한 도전은, 일본군의 침공과 동시에 곳곳에서 일어났다. 처음으로 서항이 일어난 곳은 일본군이 공격 목표로 했던 영국령 말레이시아와 필리핀에서였다. 저항운동의 주력은, 1930년대 후반 반파쇼통일전선전략에 근거하여 항일조직 강화에 노력해 온 양국의 공산당이었다.

독일과 소련의 전쟁이 발발하자 말레이시아공산당은 독소불가침조약에 근거한 반영 투쟁을 중지하고 1941년 7월 정부와 함께 반일 투쟁에 나선 것은 이미 서술하였다. 1941년 12월 15일, 일본군이 말레이시아반도에 상륙하는 긴급 사태가 벌어지자 공산당과 협력 관계에 들어간 말레이시아 정부는 좌익 정치범을 전원 석방했다.[11]

일본군의 진격이 빨라지자 정부와 공산당의 공조 관계도 더욱 긴밀해졌다. 1941년 12월 20일, 말레이시아 정부는 영국군에게 게릴라 작전을 지도하기 위해 싱가포르에 설립했던 '제101특별훈련학교'에 공산당원의 입교를 인정했다. 즉 말레이시아공산당은 처음으로 당원들에게 조직적인 군사훈련을 시킬 수 있는 기회를 얻었다. 말레이시아공산당은 12월 21일, 전국적으로 항일투쟁을 전개할 것을 호소했다. 그러나 일본군이 중국인의 반일운동에 대해 엄중히 경계하자 중국인으로 구성된 공산당원들은 쉽게 움직이지 못했다.

1942년 2월 초 일본군이 드디어 싱가포르에까지 상륙했다. 당시 싱가포르에 있던 공산당 지도부는, 일본군 배후에서 항일 게릴라전을 조직하기 위하여 비밀리에 싱가포르를 탈출하여 말레이시아반도 남단의 정글 속으로 들어갔다. 그때까지 제101학교에서 훈련받은 약 2백 명의 공산당원 대부분도 말레이시아반도에 잠입했다.[12] 물론 싱가포르 내부에도 많은 당원들이 남아 있었다.

1942년 3월, 쿠알라룸푸르가 위치하고 고무농장이 많은 셀랑고르(Selangor)주에서 무장 그룹이 탄생했다. 이 그룹은 제101학교 출신 공산당원과 지방의 동지들이 주축을 이루고 있었는데 '말레이시아인민항일군(MPAJA)' 연대라 불렀다. 그러나 인원은 고작 50명뿐이었다. 말레이시아반도 남부의 말라카해협의 아름다운 고무농장 지대 곳곳에서도 항일군이 조직되었다. 그들은 모두 규모는 작았으나 연대를 조직하자마자 일본군에 강력하게 대항하고, 수송차와 철도, 다리 등을 과감하게 공격했다.

필리핀에서도 항일군이 일어났는데 이를 결성한 것은 역시 공산당이었다. 공산당의 하부조직, 각지의 노동조합원과 구사회당 계열의 농민운동가가 중심을 이루고 있었으나 필리핀공산당은 항일군을 결성하는 과정에서 일본군으로부터 큰 타격을 입었다.

필리핀에 대한 일본군의 지배는 매우 교묘했다. 먼저 필리핀이 이미 준독립국이라는 사실을 염두에 두고 마닐라를 점령한 후에 일본군을 대신하여 필리핀 국내 통치를 맡을 괴뢰정부를 세웠다. 1942년 1월 23일 발족한 괴뢰정부의 행정위원회는, 케손 정부의 각료로서 케손 대통령이 코레히도르 요새로 도피한 뒤 마닐라에 남아서 정부의 책임을 맡았던 바르가스(Jorge Vargas) 국무장관과 라우렐(Jose Paciano Laurel) 법무장관 등으로 구성되었다. 일본군은 마닐라를 점령하자 바로 이들에게 허수아비 정권을 구성하도록 요구했다. 라우렐은 일본군의 요청을 거절하면 필리핀인들, 예를 들면 일찍부터 일본에 접근 중이던 사크달리스트당 등의 반민

족주의 단체에게 그 역할을 맡길 수도 있다고 우려하여 일본군의 요구에 응했다. [13]

　일본군은 신속하게 괴뢰정권을 세운 후, 공산당 지도부를 탄압하기 시작했다. 1942년 1월 25일 마닐라의 일본군 헌병대는 공산당 부의장 산토스(사회당 지도자)의 자택을 습격하여 산토스는 물론 그곳을 방문 중이던 에반젤리스따당 의장 등 간부들을 일망타진했다. 지도부의 체포는 공산당에게 큰 충격을 주었다. 공산당은 즉시 중부 루손 농촌에 몸을 숨기고 당 지도부를 재건하지 않으면 안 되었다. 같은 해 2월 6일, 공산당은 새 지도부를 결성하고 그들의 지휘 아래 괴뢰정권을 무너뜨리기 위한 항일투쟁에 박차를 가했다. 일본군과 그의 앞잡이 역할을 한 필리핀 경찰군에 대항하면서 농민과 노동자의 이익을 지키고, 일본군의 지배를 타도하기 위해서는 무력투쟁밖에 없었다. 공산당은 활동거점인 중부 루손의 농촌, 소작인, 농장노동자들을 설득하여 많은 병력을 모았다. 그동안 여러 차례 반정부 지주폭동에 참가한 경험이 있는 이 지방 농민들은 공산당의 요구에 부응하여 분연히 일어났다. 농민들은 강력한 무장조직을 결성하는 것이 이후의 반지주투쟁에 유리하다는 것을 본능적으로 알았다. 농민들을 오랫동안 지배해 왔던 대지주와 농장주들은 농민들이 봉기했다는 소식에 겁을 먹고 미국으로 도망가거나 마닐라의 대저택에 몸을 숨겼다. 농촌에는 가난한 농민들만이 남았다. 처음으로 자신들의 힘으로 농촌을 지배할 수 있는 기회가 온 것이다. 새로운 농촌을 건설하기 위해서라면 일본군이든 지주의 앞잡이인 필리핀 경찰대든 전력을 다해 대결할 태세였다. [14]

　이와 같이 농민들이 투쟁에 동참하여 1942년 3월 29일, 후크발라하프(Hukbalahap=Hukbo ng Bayan Laban sa Hapon), 즉 인민항일군이 결성되고 사령관에는 루이스 타루크가 취임했다. 후에 '후크단'으로 알려진 이 항일단체는 이렇게 탄생했다. 그들은 중부 루손 농민의 열렬한 지지를 받으며 정규군 2만 명, 예비병력 5만 명이라는 대규모 부대를 형성하여 일본군에게 큰 위협을 주었고, 전쟁이 끝난 후에는 필리핀의 주요 정치세력으로 거듭났다.

그러나 필리핀에는 후크단 외에 또 다른 항일단체가 있었다. 바탄반도에 몸을 숨길 틈도 없이 각지에 남겨진 필리핀 정부군과 미군부대에 의해 조직된 게릴라 부대였다. 그들은 루손섬 북부 산중에 거점을 구축하고 있었는데, 마닐라 주변의 남부 루손, 비사야(Visayas)제도의 민다나오와 같은 섬에서 활동하면서 일본군을 끊임없이 공격했다.[15] 이러한 정부군 계열의 게릴라 속에는 훗날 필리핀의 대통령이 되는 마르코스(Ferdinand Marcos)도 포함되어 있었다.

이상과 같이 일본군이 침공한 필리핀 마닐라에서는 제일 먼저 항일군이 탄생했지만, 일본군의 공격을 받은 인도네시아와 미얀마에서는 1942년 주목할 만한 저항운동이 일어나지 않았다. 인도네시아에서는 강력한 반정부세력이 없었고, 오히려 일본군이 네덜란드 쪽에서 체포한 수카르노 등 반네덜란드 활동가들을 석방할 정도였다. 물론 일본군에 대한 협력을 유도하기 위해서였다.

일본군은 광대한 나라인 인도네시아를 세 개로 분할 통치하고 군정을 실시하였는데, 이는 역으로 인도네시아 민족주의자들의 일본에 대한 기대를 약화시키는 결과를 가져왔다. 일본군은 수마트라를 말레이시아와 합쳐서 한 지역으로 통치하고, 자바 섬과 마두라 섬을 또 다른 한 지역으로, 보르네오와 셀레베스 등의 섬들을 나머지 하나로 분할 통치했으나, 이러한 통치 형태는 통일 인도네시아를 위해 독립운동을 해 왔던 민족주의자들을 격분시켰다. 더욱이 일본군이 네덜란드를 몰아낸 후 식민지를 해방시킨다는 명분과 달리 좀처럼 인도네시아를 독립시키지 않았던 것도 민족주의자들의 반감을 샀다. 이에 따라 일본군은 수마트라와 말레이시아를 한 지역으로 하는 군정을 1943년 4월 폐지하여, 수마트라와 말레이시아를 분리 통치했다. 그러나 수마트라는 여전히 자바섬 등과 분열된 상태였다.

미얀마에서는 민족운동의 지도 그룹인 타킨당이 일본군과 우호관계를 유지하고 있던 터라 표면적으로는 반일운동이 일어나지 않은 것처럼 보였으나 실제로는 심각한 문제가 꿈틀거리고 있었다. 아웅산이 이끄는 타킨당과 일본점령군 사이에는 미묘한 대립이 존재했는데 그 이유는 다음과 같다. 아웅산은 자신들이 일본에서 훈련을 받게 되면, 미얀마의 일부를 점령하는 대로 그곳에 타킨당이 독립 미얀마 정부를 세울 수 있도록 해 달라는 조건을 일본의 정보장교들에게 내걸었었다. 그러나 일본군은 미얀마의 일부뿐 아니라 랑군을 점령한 후에도 타킨당의 독립정부를 허락하지 않았다. 이로 인해 타킨당은 일본군을 강하게 불신하게 되었고, 일본군에 저항해서라도 독립을 쟁취해야겠다는 결의를 했다. 결국 미얀마에는 일본군이 점령한 직후부터 타킨당 주도로 반일투쟁의 조짐이 보이기 시작했다.

태국은 일본과 동맹을 맺었기 때문에 특별한 문제가 없을 것 같았다. 그러나 태국 역시 주목할 만한 항일운동이 일어났다. 그것은 태국 혁명정부의 쌍두마차라고 할 수 있는 피분송크람 수상과 쁘리디 파놈용 재무장관의 대립에서 비롯되었다. 정부 내부에서 친영, 친미파의 일부 세력을 대표했던 쁘리디는 일본에 접근하는 것을 반대했고, 그들은 서서히 독재자로 변해 가는 피분 수상에 대해서도 반감을 가졌다. 피분 수상과 대립했던 쁘리디는 1941년 12월 사임하고 비밀리에 반일파를 결집하여 반일 지하조직인 '자유태국'을 결성했다.

인도차이나에서는 프랑스가 여전히 지배권을 유지하는 가운데, 공산당인 베트민은 평야지대를 피해 중국 국경의 산악지대로 활동무대를 넓했다. 호찌민은 1942년 7월, 중국 방문 중에 국민당 지방정부에 의해 체포되어, 1943년 봄 석방될 때까지 옥중생활을 했다. 그러나 이러한 사건에도 불구하고 북부 산중의 베트민군은 착실히 세력을 키워 갔다.

일본군의 항일세력 탄압

일본군은 미드웨이의 패전으로 수세에 몰리고 말레이시아와 필리핀 등지에서 항일 게릴라 활동이 확산되자 큰 부담을 갖게 되었다. 이에 일본군이 가장 먼저 내세운 정책은 반정부세력에 대해 강력한 탄압이었다.

일본군의 말레이시아 탄압은 1942년 8월 본격화되었다. 우선 일본군은 각지에서 일본군의 보급로를 공격하는 항일군에게 철저한 반격을 감행했다. 게릴라와 그들을 돕는 것으로 의심되는 중국인 수천 명을 체포하여 죽였다. 항일군은 일본군의 탄압을 피해 정글 깊숙이 숨어들었다. 항일군은 일본군의 테러를 피해 도망쳐 온 많은 중국인과 함께 정글 곳곳을 전전하며 자급자족했다. 어떤 병사들은 일찍이 대공황으로 실업자가 되어 정글 내에 부락을 개척한 중국 농민 마을로 피난했다.[16] 그들은 정글과 부락 내에서 많은 중국인들로부터 지원을 받고 조직을 재건하는 데 전념했다. 일본군은 정글로 숨어든 항일군보다 싱가포르에 남아 있던 공산당원들을 탄압하는 데 집중하여 공산당 지도자들은 대부분 검거되고 말았다. 결국 1943년 3월 싱가포르에서 공산당 활동은 자취를 감추었다.

1942년 9월 1일 말레이시아공산당에게 일본군 점령기간 중 가장 비극적인 일이 일어났다. 같은 날 라이 테크(Lai Teck) 서기장이 주도하는 당 중앙위원회가 셀랑고르주 쿠알라룸푸르 북방 8마일 지점의 산중에서 열렸다. 무수히 많은 동굴 가운데 은밀히 한 곳을 택해 당 간부들이 속속 모여들었다. 반일 작전을 의논하기 위해서는 이곳이 가장 안전할 것이라고 판단했는데, 당 간부들이 동굴로 들어오자 갑자기 일본군의 공격이 시작되었다. 당원 20명이 그 자리에서 사망하고, 70명이 체포되었으며 극소수만이 위기를 모면하고 도망쳤다. 탈출자 중에는 라이 테크 서기장이 있었다. 당 간부 중에 밀고자가 있었을 가능성이 크며 그 밀고자는 극소수의 생존자 중 한 사람일 것이라는 추측이 지배적이었다.[17] 이처럼 1942년 8월부터 9월에 걸쳐 말레이시아공산당은 심각한 타격을 입었다. 결국 정글에서 조직 재건과 강화에 몰두하는 방법 외에는 다른 방도가 없었다. 정글에서 조직 재건에 성공한다는 것은 끈질기고 생명력이 강한 정글의 전사들이 출현한다는 것을 의미했다.

필리핀에서도 일본군과 경찰이 후크단 항일군에 대한 무력 토벌작전을 감행했다. 1942년 9월 일본군은 중부 루손의 후크단 근거지를 토벌하기 위해 공격을 시작했다. 같은 해 12월 초순경 팜팡가주의 후크단을 섬멸하기 위해 일본군은 지상과 공중에서 대규모 작전을 펼쳤다. 그러나 후크단은 무너지지 않았으며 오히려 일본군 전초기지 등이 공격을 받았다.

항일군의 힘이 만만치 않음을 알게 된 일본군은 다른 작전을 감행하여 1943년 3월 5일 후크단 본부를 일격에 무너뜨리고자 했다. 일본군 5천 명, 경찰군 5천 명이 동원되었고 공군의 공격도 준비되었다. 이로 인해 항일군 간부와 병사들은 사망하거나 중상을 입고 또 체포되었다. 이렇게 막대한 피해를 입은 필리핀공산당은 일본군에 대한 공격을 잠시 중지하고, 오로지 세력 확대에 총력을 기울였다.

일본군은 항일군에 대한 군사작전을 강화함과 동시에 점령지에서의 정치활동에도 삼엄한 경계를 했다. 1942년 12월 2일에는 일본군이 필리핀의 모든 정당을 해체하도록 명령함에 따라 정치 탄압은 최고조에 달했다. 필리핀의 정치가들은 일본군 지배를 찬미하기 위해 설립된 새로운 정당인 '신생필리핀봉공회'에만 참가하도록 허가를 받았다.[18] 또한 일본군은 1942년 후반부터 1943년 초까지 새로운 점령지인 말레이시아와 필리핀에서의 반일투쟁을 탄압했는데, 미처 항일운동이 일어나지 않았던 인도네시아에서도 예외는 아니어서 1942년 6월 현지 주민에 의한 정치활동을 일절 금지시켰다.

일본군의 친일세력 결집

그럼에도 불구하고 일본군은 이러한 탄압만으로는 사태가 해결되지 않으리라는 것을 깨달았다. 이와 시기를 같이하여 1943년 전세는 일본군에게 극히 불리하게 돌아갔다. 1943년 2월 '과달카날의 싸움'이라 불리는 미군과 일본군의 격전이 벌어졌고, 그 결과 일본군은 과달카날섬에서 철수하기로 결정했다. 이것은 미군이 남태평양의 일본 방위선을 돌파한 것을 의미했는데, 미군은 이를 계기로 일본의 방위거점을 적극 공격하기 시작했다. 1943년 6월 미군은 솔로몬(Solomon)제도에 상륙하여 같은 해 말에는 솔로몬제도의 대부분을 지배하게 되었다. 미군은 북태평양에서도 일본군을 바싹 뒤쫓았다. 1943년 5월 애투(Attu)섬[일본 점령 당시 아쓰타섬(熱田島)이라 불렸다]에 상륙하여 일본의 수비대를 궁지에 몰아넣었으며, 7월에는 키스카(Kiska)섬에서 일본군을 무너뜨렸다.

한편 아시아에서도 연합군의 반격이 시작되었다. 1943년 초, 구미얀마 정부군과 영국군, 인도군으로 이루어진 약 1만 명의 부대가 인도에서 일본군과 교전을 벌였다.[19] 연합군은 필리핀, 말레이시아의 항일 게릴라와 접촉하여 무기를 원조하려고 했다. 미군은 중국 전선에서 장제스 정권에 대한 지원을 강화하고, 인도로부터 공군 수송을 통해 국민당 정부를 돕는 한편, 1943년 3월 이후 미 공군을 중국 전선에 투입했다.

같은 기간 유럽 전선에서도 일본의 동맹자들은 맥을 못 추고 철수하고 있었다. 1943년 2월 레닌그라드와 모스크바로 진격하지 못하고 남러시아의 스탈린그라드를 공격 중이던 독일군이 소련군에게 항복했다. 독일군은 소련 전선에서 패배하고, 1943년 9월에는 미군의 맹공격에 이탈리아가 손을 들었다.

이처럼 1943년은 일본군에게 참혹한 해였다. 일본군은 점령지를 유지하기 위해 설치한 방위전선에 병력을 집중 투입하면서 엄청난 피해를 입었다. 점령지와 일본군을 연결해 주는 선박들은 연합군에 의해 파괴되었다. 그리하여 대부분의 병력을 연합군과의 제1전선에 투입하지 않을 수 없었다. 그동안의 방식대로 단순히 무력에 의존한 강압 통치는 더 이상 실현 불가능했다. 이는 곧 소수의 병력으로 점령지를 통치하기 위해서는 점령지 주민에 대한 유화정책이 필요하다는 것을 의미했다. 이에 따라 일본군은 반일 감정을 누그러뜨리기 위해 어느 정도의 양보와 타협을 했고, 일본군 지배하에서의 독립과 자치를 인정하며, 직접 통치하기보다는 친일 대리정부를 내세웠다. 또한 일본군의 병력 소모를 최대한 억제하기 위해 각지에 친일 군대를 세우고 경찰력을 장악하는 데 힘을 쏟았다.

어쩔 수 없이 일본이 독립을 인정하는 쪽으로 방침을 세우게 되자, 1943년 8월 1일 최초로 미얀마가 독립을 쟁취했다. 그러나 독립 미얀마 정부의 수상이 된 것은 타킨당의 지도자 아웅산이 아니었다. 미얀마 주둔 일본군은 독립 의지가 강한 타킨당 간부를 경계하여 온건 민족주의자 바모(Ba Maw) 박사를 수상으로 내세웠다. 그러나 실력자였던 타킨당원들을 내각에서 배제하지는 못했다. 아웅산은 국방장관, 우누는 외무부장관, 타킨 탕 통은 농수산부장관에 입각했다. 그리고 총 병력 1만 5천 명에 달하는 미얀마 독립의용군은 미얀마 국군으로 편입되었다.[20]

신생 미얀마 정부는 처음부터 일본군의 허가 없이는 아무것도 실행하지 못하는 허수아비 정권임에 명백했다. 이러한 형식적인 독립에 타킨당이 만족할 리가 없었다. 바모 박사가 수상이 된 것도 불만스러웠는데 타킨당은 일본군의 허구적인 독립 허용을 계기로 더욱더 반일 감정을 고조시켰다.

두 번째 독립국은 필리핀이었다. 1943년 10월 14일, 전쟁 전과 같이 대통령제 공화국이 수립되었고, 선거를 통해 국회도 구성하였다. 초대 대통령에는 허수아비 정권의 간부였던 라우렐이 선출되었고 국회의원에는 대부분 전쟁 전의 내셔널리스트 당원들이 뽑혔다. 그러나 형식적으로 전쟁 전의 공화국이 재현되었다고는 하지만, 사실상 라우렐 정권은 일본군의 허수아비 정권임에는 변함없었다. 일본군은 여러 형태로 신생 정권을 배후 조종했다. 필리핀 신생 정부는 일본의 입장을 대변하여 미·영에 선전 포고를 했다. 그러나 신생 정부가 미군과의 전투에 필리핀인의 징병을 거부하자, 일본군은 1944년 9월 친일 군사조직인 '애국동지회'를 결성했다.[21]

일본군은 말레이시아와 인도네시아같이 일본군이 군수물자 조달을 위해 긴요한 자원을 가진 국가에는 좀처럼 독립을 허용하지 않았다. 원활한 군수물자 조달을 위해서 이들 국가가 필요했던 것이다. 자원의 중요성 외에도 일본군이 직접 통치를 지속했던 또 다른 이유 중 하나는 말레이시아에 거주하는 중국인이 일본을 완전히 적대시했기 때문이다. 이것이 말레이시아가 독립정부를 세울 수 없었던 가장 큰 이유였다. 반대로 인도네시아는 일본군 지배에 대한 저항이 극히 미약하여 강력한 반일세력이 조직되지 못했던 점이 독립을 허용하지 않은 주원인이었다.

그러나 일본군은 이들 두 나라에서도 친일파를 육성하는 데 주력했다. 일본군은 말레이시아에서 말레이시아인과 인도인을 주축으로 하는 민간 방위대를 조직하여 친일조직을 결성했다. 특히 영국에 대해서는 아시아의 최대 거점인 인도에서 반영 투쟁을 일으키기 위해 일본군은 동남아시아 각지에서 투항한 연합군의 인도 군사들을 말레이시아에 모아서 친일군인 '인도국민군'을 만들었다. 그리고 일본은 인도 해방에 성의를 보이기 위해 1943년 10월 21일, '자유인도잠정정부'의 설립을 허용함으로써, 인도 역시 독립국이 되었다.

인도네시아의 경우, 일본군은 1942년 7월 자바섬에서 반네덜란드와 활동가인 수카르노와 하타를 군정에 참여시켜 친일파 정치가를 결집시키고 군사력을 육성하는 데 집중했다. 1943년 3월 일본과 협력하여 새로운 자바를 건설하려고 하는 '푸트라(민중총력결집운동)'가 수카르노와 하타를 중심으로 일어났다. 그러나 푸트라 운동이 민족주의적 색채를 띠게 되자 일본군은 1944년 1월 푸트라를 해산하고 친일조직인 '자바봉공회'를 발족시켰다.[22]

1943년 4월까지 마을경찰을 대신하여 발족시킨 '자바경방단(警防團)'이나 일본군의 보조병인 '병보(兵補)', 자바 전역에 편성된 청년단과 간부를 대상으로 한 군사훈련 등이 있었지만, 친일 군사조직의 대표격은 같은 해 10월 발족한 '자바방위의용군'이었다. 이 군대는 일본 장교의 지도를 받았지만 자바인을 중심으로 한 최초의 본격적인 군대라는 데 의의가 있다. 1945년 8월 3만 7천여 명의 병력을 갖춘 의용군 중에는 전후 인도네시아에서 실권을 쥐게 될 인물들이 대거 포진해 있었다.

일본군은 직접 점령하지 않았던 프랑스령 인도차이나에서도 앞으로 일본과 프랑스의 관계가 악화될 경우를 대비하여 반프랑스파이며 좌익성향이 없는 베트남 민족주의자와 지식인, 관료들에게 접근하여 친일파로 만드는 데 주력했다. 그 중에는 응오딘지엠과 까오다이교의 지도자들도 있었다. 아울러 일본군은 사이공 등지에서도 현지인 부대 육성에도 총력을 기울였다.

독립국 태국에서는 최고 친일파인 피분 수상의 입지가 일본군의 쇠퇴와 더불어 약해지는 것을 방지하기 위해, 일본은 1943년 8월 영국령 말레이시아 북부 일부 주를 태국에 넘겨주고, 10월에는 미얀마령 샨고원 남부 일부를 양도함으로써, 태국의 내셔널리즘과 피분 수상의 입지를 강화하려 했다.

동남아시아 경제의 붕괴

이와 같이 일본군은 전세가 악화되자 각지에서 친일세력을 육성하는 것으로 대응했으나 과거의 위력을 회복할 수는 없었다. 전선에서 미군에게 밀리고 있었으며 각국에서는 반일 정치세력들이 항거했다. 일본군에게 핍박과 고통을 받은 동남아시아 민중들의 항쟁은 날이 갈수록 거세졌다. 일본군의 횡포와 헌병대의 감시 때문에 민중들은 굴욕의 세월을 보냈으며 각국 경제 또한 피폐할 대로 피폐해졌다.

동남아시아 경제기반을 이루는 것은 무역이었다. 필리핀, 인도네시아, 말레이시아는 공업국을 상대로 자원을 수출하고 미얀마, 태국, 인도차이나는 각각 상대국과 인도에 쌀을 수출하고 있었다. 각국이 필요로 하는 공산품은 이들 국가 간의 수출입을 통해 확보할 수 있었다. 대공황은 이러한 경제구조에 큰 타격을 주었고, 이를 극복하기 위해 각국 정부는 자립경제를 향한 여러 정책을 실시했지만 아무런 효과가 없었다.

일본군이 동남아시아를 점령하려 했던 경제적 이유는 동남아시아의 경제구조를 일본을 위해 이용하기 위해서였다. 즉, 일본이 동남아시아의 자원을 독점하고, 동시에 동남아시아에 일본의 상품을 독점적으로 판매하려는 목적에서였다. 이것이 일본이 주장한 '대동아공영권 자급자족체제'의 실체였고 이 내용은 전쟁 직후인 12월 12일 일본 정부가 결정한 '남방경제대책요강'에 명확하게 서술되어 있다. 주요 자원의 획득과 개발에 관심이 있을 뿐 자원 개발과 관련 없는 공업은 현지에서는 결코 육성하지 않는다는 원칙이었다. 다만 식료품을 중심으로 한 생활필수품에 대해서만은 각국에서 자급자족하든지 동남아시아 지역 내에서 자급할 수 있도록 했을 뿐이다.

그러나 대동아공영권 자급자족체제는 삼엄한 전쟁의 현실 속에서 무참하게 붕괴되었다. 가장 큰 붕괴 원인은 공영권 경제의 전제조건인 선박이 부족했기 때문이었다. 전쟁에 필요한 군수물자를 수송하는 데 선박을 사용했으나 군사적 패배로 선박이 급감하자 공영권 각국 간, 특히 일본과 동남아시아를 연결할 선박이 부족했다. 순조로운 무역을 전제로 한 공영권 자급체제, 나아가서는 무역에 의존하는 동남아시아 경제는 어이없이 붕괴되고 말았다. 더구나 일본 본토의 공업도 군수산업 중심으로 재편되어 동남아시아로 보내지는 일본 공산품의 규모는 눈에 띄게 줄었다. 공습으로 일본 본토 공업지구가 파괴되자, 공영권 경제는 완전한 초토화되었다.

1942년 후반부터 1943년에 걸쳐 일본군의 패색이 짙어지자 일본군 점령하의 공영권 경제도 동시에 파탄에 빠졌다. 말레이시아와 인도네시아를 비롯한 일본군 점령지역 내에서는 점령과 함께 미쓰이(三井), 미쓰비시(三菱) 등 수많은 일본 기업들이 현지에 진출하여 구미, 화교 계열의 대농장과 유전, 그리고 광산 등을 경영했다. 새로운 자원을 개발, 가공하여 일본으로 수송하고 본토로부터 공산품을 수입해 왔다. 그러나 1942년 중반부터 공산품이 부족해졌는데, 주원인은 일본에서의 공급량 축소와 선박의 절대적 부족으로 인한 수입 감소였다. 동시에 유럽, 미국계 공장이 문을 닫고 원료난으로 인해 생산량이 저하되자 동남아시아 각국으로 공산품을 충분히 공급할 수 없었다. 또한 인도네시아에서 제조업이 집중되어 있던 자바가 수마트라나 보루네오, 셀레베스 등의 섬들과 분리 통치되었기 때문에 자바에서 수입해야 했던 제품의 부족 현상은 한층 더 심각했다. 구미 지역으로부터 공산품의 수입이 중단되고 일본으로부터도 공급받을 수 없었기 때문에 점령지가 아니었던 태국과 프랑스령 인도차이나에서도 역시 마찬가지 상황이 벌어졌다.

공산품이 부족하고 물가가 급상승하자 각국에서는 민중들의 불만이 고조되었다. 일본군은 불만을 잠재우기 위해 1942년 후반부터 현지 공장들을 재개하고 생산 증강방침을 세웠지만, 기본적인 원자재와 기계 부족으로 증산은커녕 사태만 악화될 뿐이었다. 1942년 후반 일본군은 선박 부족을 타개할 방도가 없자 남방경제대책요강 중 "현지에서 공업을 육성하지 않는다"는 애초의 방침을 폐지하고 각지에 현지 자급용 공장을 건설하기 위해 힘썼다. 그러나 때는 이미 늦었다. 공장 건설용 자재 부족과 수송곤란 등으로 새로운 정책은 거의 성과를 거두지 못하고 동남아시아는 심각한 공산품 부족과 인플레이션에 시달리면서 제2차 세계대전의 시기를 보냈다.

그리고 공산품 부족 현상 중 광업의 개발, 자원 가공용 기계나 부품의 부족, 자원 수송용 트럭과 선박 부족은, 결국 일본이 목표했던 현지에서의 광산물, 고무 등의 생산과 가공, 수송과정 자체를 근본적으로 곤란하게 만들었다. 전세가 악화되자 일본으로의 자원 수송은 전면 중단되었고 현지 생산체제도 멈췄다. 마침내 공영권 경제가 완전히 파산난 것이다.

더욱이 일본군의 점령은 동남아시아의 농업경제에도 중대한 타격을 주었다. 필리핀과 말레이시아, 인도네시아를 중심으로 하는 고무, 사탕, 팜유, 코프라, 마닐라삼, 담배, 커피 등 수출용 작물이 가장 심각했다. 이들 생산구조는 완전히 붕괴되었다. 전쟁으로 인해 세계시장의 판로가 막혔고 일본 단독으로는 생산물 전부를 소비할 수 없어 많은 재고가 발생했다. 재고가 쌓이면서 가격이 급락하자 농민들은 더욱 곤경에 처했다. 대농장에서는 임금을 체불하기 일쑤였고, 소농 경영은 파탄에 빠졌다. 원료의 1차 가공공장 또한 조업이 중단되었다.

일본군은 유럽, 미국인이 경영하던 대농장을 몰수하여 일본인이 운영하도록 하고 일본에서 필요한 물량과 농장 유지에 필요한 최소량만을 생산하도록 지시했다. 소규모 농장에는 생산량을 할당하여 경영이 유지되도록 유도했지만 결국 생산량은 크게 줄어들었고 농민들의 생활은 점점 더 어려워졌다. 경작을 하지 않는 농장에 쌀이나 면화 등 부족한 물자를 생산하도록 권장했지만 이 역시 근본적인 해결책은 아니었다. 필리핀 등에서는 설탕에서 알코올, 기름을 추출하거나 코프라유를 중유로 바꾸는 등의 노력도 해 보았지만 궁극적인 해결은 되지 못했다.[25] 필리핀, 말레이시아, 인도네시아의 수마트라, 보루네오는 수출 위주의 산업구조였지만 쌀은 수입했기 때문에 선박 부족으로 인한 쌀 수입 감소와 이에 따른 가격 인상은 더욱 심각했다.

이렇듯 일본군의 점령은 필리핀, 말레이시아, 인도네시아의 농민과 농업노동자에게 심대한 피해를 입혔다. 많은 사람들이 일자리를 찾아 농촌을 떠났다. 일본군에 고용되거나 현지인의 군대에 입대하는 사람도 적지 않았다. 농민들 사이에서는 일본군에 대한 반감이 높아지면서 항일단체가 조직된다면 자진해서 협력하려 했다.

동남아시아 농민이 받은 두 번째 타격은 미얀마, 태국, 베트남의 수출용 쌀에 대한 처리 문제였다. 인도를 포함해 주요 거래처를 잃어버린데다가 수송용 선박까지 부족하여 말레이시아, 인도네시아, 필리핀에 대한 수출이 중단되자 농민들은 큰 타격을 입었다. 재고가 쌓이자 농민과 쌀 거래업자, 정미소의 경영은 나날이 악화되었다. 반면 의류 등 공산품 가격은 급등하여 생활고는 가중되었다.

미얀마의 소작농 역시 태국이나 프랑스령 인도차이나와 마찬가지로 생활고에 시달렸으나, 다행히도 일본군이 점령하던 이라와디 삼각주에서는 일시적으로 자작농이 되었다가, 토지의 대부분을 소유하고 있던 인도인 고리대금업자들이 인도로 망명하는 바람에 잠시나마 지주로부터 해방되기도 했다. 그러나 빈농들은 지주가 없어지자 돈을 빌릴 곳이 없어 한때 커다란 곤란을 겪기도 했다. 일본군은 빈농을 돕기 위해 1943년 1월 소작료를 전쟁 전의 절반으로 줄인다고 선포했지만 소작료의 지불을 의무화한 것이었기 때문에 어쩔 수 없이 자작농이 돼 버린 소작농들은 이를 달가워하지 않았다. 또한 일본군은 농민에게 직접 영농자금을 대출해 주려고 했으나 이 계획도 실행되지 못했다. 자금난과 쌀 가격의 하락으로 이중고를 겪던 많은 농민들은 자급자족적인 소농 생활을 하거나, 농촌을 버리고 미얀마 국군에 입대 또는 일본군에 징용되었다. 이렇게 하여 쌀을 비롯한 농산물은 더욱 감소했고, 정미소는 조업을 중단했다.[24]

이처럼 일본군의 점령은 동남아시아 경제에 엄청난 타격을 주었다. 공산품 부족, 인플레이션, 수출용 농업의 붕괴는 민중을 고통의 도가니로 몰아넣었다. 기름이 부족하여 자동차를 탈 수 없게 되었으며, 공습으로 교통기관이 마비되는 등 전쟁 말기로 갈수록 사태는 걷잡을 수 없었다. 기계와 부품 부족으로 공업도 마비되었다. 쌀에서 짜낸 기름으로 자동차를 움직일 방법을 생각하고, 철 대신 대나무로 바늘을 만드는 등 대체품 제조에 힘을 기울였다. 일본군의 점령은 동남아시아 경제를 파괴하고 생산활동을 전멸시켰다. 결과적으로 일본군에 대한 민중의 반감은 고조되었고, 동남아시아를 병참기지와 경제기지로 확보하려던 일본의 전략은 좌절되고 말았다.

일본 군국주의의 철폐

1944년 태평양과 동남아시아에서 일본의 패배는 자명해졌다. 또한 1944년 유럽에서는 독일군이 소련에서 패하고, 연합군이 노르망디에 상륙한 해이기도 했다. 1944년 2월 일본군이 남태평양의 근거지에서 철수하자 태평양 방위선이 붕괴되었다. 미군은 일본군을 추격하여 4월에는 뉴기니아 북부에, 6월에는 사이판과 괌에 상륙했다. 7월 마침내 일본의 사이판 수비대는 전멸했다.

한편 1944년 3월, 일본군은 전세를 일거에 뒤집기 위해 무리한 작전을 감행했으나 수포로 돌아갔다. 같은 해 7월에는 일본군 잔존 병사들이 영국군의 추격을 받으면서 미얀마 남부로 도망쳤다. 일본군에 협조했던 인도네시아 국민군까지 무너지면서 일본이 주도한 인도네시아 독립의 꿈은 무산되었다. 8월에는 북부 미얀마가 영국군의 수중에 들어가고, 미얀마, 중국 국경에 남아 있던 일본군 1개 사단은 중국군의 공격을 받아 9월 7일 전멸했다.

1944년 10월 미군은 태평양의 일본군 방위선을 붕괴시키고 마침내 필리핀에 모습을 드러냈다. 10월 20일 미군은 필리핀 중부 비사얀 제도 동부의 레이테(Leyte)섬에 상륙작전을 개시하여 12월 말 완전히 장악했다. 1945년 1월 미군이 필리핀의 중심인 루손섬에 상륙하자 일본군의 패배는 사실상 결정이 났다.

1944년 일본군의 패색이 완연했으며 동남아시아에서의 일본의 지배력은 크게 저하되었다. 일본이 군사적으로 패배하고 정치, 경제적으로 붕괴하자 동남아시아 민중과 지도자들은 반격의 때가 왔음을 깨달았다. 각국의 항일군들은 일본군에 대한 대대적인 공격을 감행했고 그때까지 친일파였던 사람들은 함께 반일이 되든가 아니면 목숨을 내놓아야 했다.

1944년 7월 24일 일본의 토조 히데키(東條英機) 내각이 붕괴했다. 그로부터 3일 후 태국의 피분 내각은 의회가 정부 제출법안을 거부함으로써 총사퇴하고 반일파 자유태국 단체가 중심이 된 새로운 내각이 성립되었다. 물론 일본군이 주둔하고 있다는 현실을 고려하여 새 내각은 표면상 협력을 계속할 것을 표명했다. 그러나 태국 정부는 자유태국을 통해 연합국과 비밀리에 연락을 주고받았으며 일본으로부터 받은 영국령 말레이시아와 미얀마의 일부를 반환하겠다는 입장을 취했다. 그러나 프랑스로부터 탈취한 영토는 반환하겠다는 언급을 하지 않았다.

태국에서 친일정권이 물러간 직후인 1944년 8월 4일, 미얀마에서는 아웅산 등의 타킨당 지도부가 비밀리에 회합을 갖고, 항일투쟁의 개시와 이를 위한 지도조직으로서 '반파쇼기구(AFO)'의 결성을 결의했다. 미얀마 민족주의자들도 결국 일본과 결별했다. 반파쇼기구를 결성한 9월 말, 일본은 미얀마 민족주의자들을 처벌하기 위해 샨고원을 미얀마 정부에 넘겨주었지만 아무런 효과도 없었다.

태국과 미얀마에서 친일세력이 비밀리에 반일 전쟁 준비를 하고 있을 무렵, 각지의 게릴라들도 공격 태세를 갖췄다. 말레이시아에서는 4~5천 명의 항일군이 영국군의 무장 지원을 받아 일본군을 공격했다. 필리핀에서는 1944년 9월, 공산당 지도부가 1943년 5월 채택한 '방위를 위한 후퇴' 전략을 철회하고 공격을 준비했다.

한편 베트남 북부의 산속에서도 1944년 9월 호찌민이 중국에서 돌아와 공격 준비를 했다. 당시 베트남에서는 일본의 패배에 따른 혼란을 이용하여 권력을 탈취하라는 전문지를 배포하고, "전투 개시의 때가 왔다"고 사람들을 선동했다. 1944년 12월 호찌민은 각지에 무장 게릴라를 조직하기 위하여 까오방(Cao Bang, 베트남 북서부의 도시) 지구의 핵심 베트민 병사로 이루어진 '베트남 해방을 위한 무장선전대'를 발족하여 봉기를 일으킬 준비를 마쳤다. 그러나 주목해야 할 것은 베트남의 투쟁 대상은 프랑스령 인도차이나 정부와 그 군대였다는 점이다. 호찌민은 일본의 패배 후에도 프랑스가 계속 인도차이나를 통치하리라는 것을 잘 알고 있었다. 1943년 12월 자유프랑스의 드골 장군은 "프랑스는 인도차이나에 복귀할 것"이라고 강조했다. 베트남인들은 일본 패배 후 재차 프랑스와의 항전을 각오해야만 했고 이때 이미 이를 위한 준비가 진행되고 있었다.

일본군의 패배

1945년 독일과 일본이 패배하면서 전쟁은 끝났다. 1945년 초반 유럽에서는 독일이 프랑스와 폴란드에서도 패배하고 본국으로 쫓겨났다. 아시아에서는 2월, 미군이 드디어 필리핀의 수도 마닐라를 수복하고, 3월에는 이오지마(硫黃島)로부터 일본군이 밀려났다. 4월 독일이 패배하고 베를린 함락과 동시에 히틀러는 자살했다. 같은 달 미군은 일본 오키나와에 상륙하였고 5월 영국군은 미얀마의 수도 랑군을 되찾았다. 6월 오키나와가 함락되고 8월 15일 일본의 항복이 눈앞에 다가왔다. 1945년 전반 일본군은 어떻게든 패전을 만회하고 각 지역에 친일파 세력을 남겨놓기 위해 발버둥 쳤다.

일본군이 시도한 최후의 노력 가운데 하나는 1945년 3월 인도차이나에서 일어났다. 연합군이 프랑스를 되찾자 프랑스령 인도차이나 당국이 일본을 배반하게 될까 봐 두려워한 일본군은, 3월 9일 프랑스령 인도차이나 전역에서 쿠데타를 일으켜 대부분의 프랑스 관료와 군인을 체포했다. 일본군은 인도차이나에 대한 프랑스의 지배가 끝났음을 선언하고 즉시 친일정권을 수립했다.

북부 베트남(통킹)과 중부 베트남(안남)은 1945년 3월 11일, 바오다이 황제가 통치하는 안남 왕국으로 독립했으며 8월 14일에는 코친차이나(남베트남)도 독립했다. 3월 13일에는 프랑스의 보호국 캄보디아가 독립했으며, 4월에는 라오스가 독립했다.

일본은 이와 같이 인도차이나에서 프랑스 세력을 제압했는데, 이러한 상황은 인도차이나의 지하 독립운동 단체에게는 매우 유리한 결과를 가져다주었다. 왜냐하면 인도차이나의 프랑스 군사력과 경찰력의 해체는 베트민이 북부 산악지역에서 평야로 침투하는 것을 용이하게 만들었기 때문이다. 베트민은 이를 기회로 삼아 베트남 전역으로 그 조직을 확대하고, 8월 15일까지 베트남의 가장 강력한 지하정부로 발전시켰다. 메콩삼각주에서는 까오다이, 호아하오의 두 교단이 지하정부를 만들었다. 프랑스 권력이 붕괴하자 프랑스인과 중국인, 베트남인으로 구성된 대자본가와 대지주, 고리대금업자들은 삼각주 지역의 농촌을 떠나 사이공으로 도망쳤다. 농민의 보복이 두려웠던 것이다.

그러나 인도차이나에서 일본군이 쿠데타에 성공한 지 얼마 되지 않은 3월 27일, 미얀마에서는 일본군이 육성한 미얀마 국군이 아웅산이 인솔하는 반파쇼기구의 명령에 따라 일본군에서 이탈하여 항일투쟁에 가담했다. 이것은 일본군에게 있어서 대동아공영권의 붕괴를 상징하는 사건이었다.

일본군은 또한 인도네시아에서도 친일파에 의한 독립국 수립을 계획하고 있었다. 1945년 3월 일본군은 친일파 지도자인 수카르노, 하타와 협력하여 장래 어떤 형태로 독립 인도네시아를 건설할 것인가를 논의했다. 수카르노는 전(前) 네덜란드령 동인도를 통일한 단일 공화국을 수립해야 한다고 주장했고, 하타는 여러 개의 자치국으로 구성된 연방공화국을 주장했다.

1945년 4월 격렬한 오키나와 공방전을 앞두고 일본은 인도네시아의 독립 준비를 서둘렀다. 그러나 수많은 섬들과 다양한 민족, 종교, 언어를 가진 구네덜란드령에 어떤 형태의 독립국을 수립해야 하는지는 일본에게 있어서도 골치 아픈 문제였다. 4월 29일 일본 정부는 인도네시아 독립준비조사회를 설립하고 5월 28일 그 첫 모임을 가졌다. 수카르노를 비롯하여 지식인, 농업경영자, 상인 등 각 섬들의 친일파 민족주의자 60명이 모여 새로운 독립국의 형태를 토의하였다. 구네덜란드령 전역을 단일 국가로 할 것인가 나눌 것인가 연방국가로 할 것인가, 혹은 이슬람교를 국교로 할 것인가 등 많은 의견이 나왔으나 어떠한 것도 결론을 내지 못했다. 이때 회의에서 수카르노는 훗날 '판차 실라(pantja-sila, 건국 5원칙)'로 유명한 새로운 국가의 '정신적 기본원칙'을 발표하고 승인을 얻어냈다. 그것은 민족주의, 국제주의, 민주주의, 사회주의, 신앙의 자유 등의 5원칙을 의미했다.[25]

그러나 인도네시아의 독립 준비는 전혀 진행되지 않았다. 미군이 필리핀을 공략한 1945년 6월 이후 일본은 군사력을 일본 본토로 집중시켰기 때문에 독립은 좀처럼 진전이 없었다. 수카르노를 의장으로 하는 독립준비조사회는 7월에 새로운 헌법과 새로운 국가 영토에 대해 논의했다. 이때 수카르노가 구네덜란드령 동인도는 물론이고 영국령 말레이시아도 새로운 국가에 합병해야 한다고 주장하자 일본군은 이를 거부했다.[26] 수카르노는 수마트라를 방어하기 위해서는 말라카해협을 확보해야 하며 이를 위해서는 말레이시아를 병합할 필요가 있다고 준비위원회를 설득했다. 그러나 일본의 반대로 새로운 국가는 구네덜란드 식민지만을 영토로 하게 되었다.

독립 준비가 지체되자 안절부절못한 일본은, 1945년 7월 인도네시아 현지에 독립 준비를 독촉했다.[27] 8월 7일 수카르노와 하타 등 19명의 위원으로 이루어진 독립준비위원회가 결성되고, 8월 18일 첫 모임을 개최할 것을 결의했다. 수카르노와 하타는 8월 8일 사이공의 일본 남방군 사령관으로부터 독립을 위한 절차를 지시받고 8월 14일 자카르타로 돌아왔다. 그러나 8월 15일 일본군은 항복하고 말았다. 결국 일본군에 의해 인도네시아는 독립하지 못했다. 다만 데라우치 마사다케(寺內正毅) 장군이 8월 14일 사이공에 있는 코친차이나를 일본 군정에서 안남왕국으로 이관함으로써, 가까스로 패전하기 전에 프랑스령 인도차이나 전역의 독립은 달성되었다.

1) J. Buttinger(1967), 『Vietnam: A Dragon Embattled』, London, Pall Mall Press, p. 225.

2) ジャン・ラクチュール(1968), 『ベトナムの星』(吉田・伴野 譯), サイマル出版會, p. 57.

3) H. Miller(1954), 『The Communist Menace in Malaya』, pp. 32~33.

4) E. O'Ballance(1966), 『Malaya: The Communist Insurgent War, 1949~1960』, p. 32

5) Nguyen Phut Tan(1964), 『A modern history of VietNam』, Saigon, p. 451.

6) T. A. Agoncillo(1995), 『The Fasteful Years』, Vol. I, R. P. Gorcia Publishing Co., p. 62.

7) 陸戰史硏究普及會 編(1971), 『マレー作戰』, 原書房, p. 44.

8) 陸戰史硏究普及會 編(1971), 『ビルマ進攻作戰』, p. 23, 原書房, p. 13.

9) 林三郎(1951), 『太平洋戰爭陸戰槪史』, 岩波新書, p. 54.

10) 泉谷達郎(1967), 『その名は南謀略機關』, 德間書店, p. 187.

11) E. O'Ballance(1966), 『Malaya: The Communist Insurgent War, 1949~1960』, p. 38.

12) H. Miller(1954), 『The Communist Menace in Malaya』, p. 38.

13) 讀賣新聞社(1970), 『昭和史の天皇』, 弟10卷, pp. 90~100.

14) A. B. Saulo(1969), 『Communism in the Philippines』, pp. 38~39.

15) T. A. Agoncillo, O. M. Alfonso(1967), 『History of The Filipino People』, pp. 480~481.

16) E. O'Ballance(1966), 『Malaya: The Communist Insurgent War, 1949~1960』, pp. 42~45.

17) H. Miller(1954), 『The Communist Menace in Malaya』, p. 39.

18) T. A. Agoncillo(1995), 『The Fasteful Years』, Vol. I, R. P. Gorcia Publishing, p. 357.

19) W. R. Peers & D. Brelis(1964), 『Behind The Burma Road』, London, p. 76.

20) 泉谷達郎(1967), 『その名は南謀略機關』, 德間書店, p. 27.

21) 讀賣新聞社(1970), 『昭和史の天皇』, 弟11卷, p. 210.

22) 早大社硏 編(1968), 『インドネシアにおける日本軍政の硏究』, 紀伊國室書店, pp. 383~384.

23) 讀賣新聞社(1970), 『天皇の世紀』第11卷, pp. 17~18.

24) 太田常藏(1967), 『ビルマにおける日本軍政史の硏究』, 吉川弘文館, pp. 86~92.

25) 黑田春海 譯(1969), 『スカルノ自傳』, 角川文庫, pp. 257~262.

26) Bernhard Dahm(1969), 『Sukarno and the Struggle for Indonesian Independence』, Cornell Univ. Press, pp. 300~301.

27) Bernhard Dahm(1969), 『Sukarno and the Struggle for Indonesian Independence』, Cornell Univ. Press, 1969, pp. 307~308.

제 6 장

●

아시아의 전후동란(戰後動亂) 시대 개막

1945년 8월 15일 일본이 항복하고 아시아는 전후(戰後) 시대에 들어갔다. 그러나 일본의 군국주의가 패배했다고 해서 곧바로 평화가 찾아온 것은 아니었다. 아시아 전역은 전란으로 인해 황폐해졌다. 사람들은 목숨을 연명하고 생계를 유지하는 데 필사적이었으며, 이러한 상황은 중국이나 일본, 동남아시아 어느 나라를 불문하고 마찬가지였다.

더욱이 중국과 동남아시아의 각 민족지도자들에게는 경제재건 외에 정치적 사명도 주어졌다. 중국에서는 지주와 자본가계급의 지배로부터 해방을 원하는 중국공산당이 권력 유지를 꾀하는 국민당과의 한판 승부가 남아 있었다. 동남아시아 각국은 독립이 우선이었으며, 독립 뒤에는 대공황 이후 추진해 온 자립경제 달성이 남은 과제였다.

그러나 동남아시아의 독립은 중국공산당의 경우와 마찬가지로 쉽게 얻어지는 것이 아니었다. 일본군은 패퇴했으나 동남아시아는 다시 미군과 영국군, 그리고 프랑스와 네덜란드 등 연합군의 지배하에 놓이게 되었다. 연합군은 아무런 망설임도 없이 동남아시아를 다시 정치적, 경제적으로 지배하려 했다. 강력한 식민지 지배권력과의 대결은 어느 지역을 막론하고 민족주의자들의 유혈 희생을 필요로 했다.

전후 세계는 양대 강국인 미국과 소련의 팽팽한 대결로 긴장감에 휩싸였고 그 영향은 즉시 아시아에도 미쳤다. 소련은 제2차 세계대전 직후 약 2년간은 전쟁 중일 때와 마찬가지로 미·영 세력과 연대하여 반파쇼통일전선전략을 지속하고, 동남아시아에서도 현지 공산당에게 미·영 진영과의 대결을 피하고 전쟁 중 조직한 항일인민군의 해체를 지시했다. 중국에서도 장제스 정권을 지지하고 국민당 정부 밑에 공산당이 편입할 것을 요구했다.

그러나 1947년 후반 이후 소련은 미·영 진영과의 공동 노선을 포기하고 세계 패권을 다투기 위해 세계 각지에서 미·영 진영과 대립하는 세력을 자기편으로 끌어들이려고 애썼다. 이러한 소련의 움직임은 아시아에서도 예외는 아니었다. 중국공산당의 투쟁, 그리고 동남아시아 민족주의자의 투쟁에 재차 소련 지도부가 지지를 표명한 것이다. 물론 이러한 소련의 움직임에 미국은 강하게 반발했으며 1947~1948년 이후 중국뿐 아니라 동남아시아 각국의 정치에 미국이 깊이 개입하게 하는 빌미를 제공했다. 이러한 변화는 아시아 민족해방운동이 지금까지보다 더 큰 부담과 희생을 감수해야 함을 의미했다.

이와 같이 중국과 동남아시아의 전후 시기는 결코 평탄치 못했으며 각지에서 유혈 투쟁을 불러일으켰다. 하지만 전후 아시아에는 전쟁 전에는 찾아볼 수 없었던 하나의 정치세력이 부상하는 계기가 되었다. 그것은 바로 제2차 세계대전이 아시아 민족주의 세력을 전쟁 전과는 비교도 되지 않을 만큼 강력한 정치조직으로 바꾸어 놓았기 때문이다. 항일투쟁의 경험은 일찍이 일시적 폭동이나 파업밖에 저항수단이 없었던 동남아시아의 반체제 세력이 항일군 또는 친일파 현지인 부대 등으로 조직화된 무력을 가지게 되었고, 공산당까지도 전국적인 조직으로 만들었다. 일시적으로 해체되기도 했지만 서구 열강이 아시아를 지배하려고 할 때마다 강력한 저항세력은 끊임없이 출현했다.

1 지배를 둘러싼 공방

일본군이 패배하자 연합군이 아시아 각국을 지배하게 되었다. 일본은 미군이, 옛 만주와 지금의 사할린 지역(일본군 점령 시 지명 카라후트), 북한은 소련이, 중국 화북의 일부와 한국은 미군이 각각 점령했다. 동남아시아의 상황도 예외는 아니었다. 필리핀은 미군이, 인도차이나 북부는 중국 국민당군이, 16도선 남쪽의 인도차이나와 미얀마, 말레이시아, 인도네시아에는 영국군이 우선 주둔하였고, 그 다음에 인도차이나와 인도네시아에 프랑스와 네덜란드가 각각 복귀했다. 다만 태국은 전쟁 말기에 '숨은 연합군'의 역할을 하고 있었기 때문에 연합군의 점령은 1945년 9월부터 그 다음해 1월까지로 끝나고 사실상 독립을 유지했다. 그러나 연합군의 주둔이 어디에서나 현지 주민으로부터 환영받은 것은 아니었다. 물론 해방군으로서 환영받은 적도 있지만 일부 지역에서는 연합군에 대해 강한 적대감과 반발을 표출했다.

구(舊)필리핀 체제의 부활

필리핀과 미얀마의 경우 8월 15일 이전에 이미 연합군이 진격하여 주둔하고 있었다. 양국에서는 일본군이 군사적으로 오래전에 패배한 상태였다. 그리고 미·영 양국의 군사적 승리와 양 지역에서의 강대한 미·영군의 존재는 두 국가를 재차 미국과 영국의 세력하에 놓이게 했다. 현지의 무장 민족주의자들은 연합군들의 군사적 지배를 받으며 당분간 재기의 기회를 엿볼 수밖에 없었다.

필리핀의 항일인민군은 필리핀 전체로 보면 고립된 세력이었다. 그들의 근거지는 루손섬 중앙부에 한정되었고, 2만 명이라는 병력도 강력한 미군과 부활한 필리핀 정부군에 비하면 약소했다. 게다가 항일군을 이끄는 필리핀공산당에게 있어 당시 미군은 항일통일전선의 동맹자였고 '해방군'이었다. 미군과 같이 복귀한 정통 필리핀 정부도 마찬가지였다(필리핀 정부는 1944년 케손 대통령의 사망으로 오스메냐 대통령이 이끄는 새로운 정부가 수립되었다). 따라서 공산당은 미군과 필리핀 정부의 복귀를 당연히 받아들일 수밖에 없었다. 그리고 소련의 지시에 의해서였는지 공산당은 1945년 초반 주력 군대인 '항일인민군(후크단)'을 해체했다. 후크단 병사들은 무장하면서 공산당의 지시와는 상관없이 중부 루손의 농촌에서 구지주들의 복귀를 무력으로 거부했지만, 결국 '후크발라하프 퇴역군인연맹'에 편입되어 버렸다.[1]

이리하여 미군의 필리핀 복귀는 일본군을 제외하면 아무런 저항 없이 이루어졌다. 그리고 1945년 2월 27일 맥아더 미 태평양군사령관으로부터 필리핀 통치권을 이어받은 오스메냐 대통령도 별다른 문제없이 정부의 행정, 사법권을 필리핀 전역에 행사했다.[2] 공화국 의회도 다시 구성되었고, 관료와 경찰, 국군도 재건되었다. 공산당도 그 활동을 의회주의적 합법활동으로 제한하고 산하의 노동자, 농민을 '민주동맹' 단체로 집결시켜 합법적인 활동을 표방했다. 미국도 1946년 7월에는 "필리핀은 미국으로부터 정식으로 독립한다"는 10년 전의 약속을 지키려고 했다. 1945년 당시 필리핀이 정치적 구체제로 복귀하는 데에는 큰 문제가 없는 것처럼 보였다.

그러나 얼마 지나지 않아서 갈등은 서서히 드러났다. 중부 루손에서 농민과 지주들과의 대립은 폭발 직전이었다. 지주들이 경찰과 사병을 조직하여 후크단에 속해 있던 농민들을 폭력적으로 지배하려 했기 때문이다. 정부 내부에서도 마찬가지였는데, 그것은 오스메냐 대통령이 전쟁 중 일본에 협력한 사람에 대해 책임 추궁을 하려고 했기 때문이다. 전쟁 중에 일본의 입장을 대변했던 '허수아비 의회'에 소속된 여당인 내셔널리스트당 의원들은 대통령에게 반발하고 적대감을 표출했다. 내셔널리스트당 내에서는 오스메냐 대통령과 대립하는 친일 협력자들이 점차 파벌을 형성하고 대표자로 로하스 상원의장을 선출했으며, 이윽고 오스메냐 대통령을 추방할 계획을 세웠다. 1946년에 들어서면서 이러한 갈등이 표면화되었고, 필리핀에는 새로운 격동기가 찾아왔다.

영국의 미얀마, 말레이시아 복귀

미얀마에도 1백만 명에 가까운 영국군과 인도군이 주둔하게 되었다. 영국군과 인도군은 일본군이 지배하던 시기에 2만 명 규모의 미얀마인 병력을 보유하고 최대 정치세력이 된 타킨당과 항일조직 반파쇼기구의 움직임을 억제하면서 큰 세력이 되었다. 영국은 군사력을 기반으로 미얀마를 다시 지배하려고 했다.

영국의 지배 야욕은 1945년 5월의 『미얀마백서』에 명시되어 있다. 영국은 이 백서에서 미얀마를 영국 내의 자치국으로 삼고 향후 3년간 의회를 두지 않으며 영국인 총독과 그가 임명하는 행정평의회를 통해 통치한다는 기본 방침을 발표했다. 물론 이 백서가 발표되자 반파쇼기구는 강하게 반발했다. 반파쇼기구는 1945년 8월 19일 성명을 통해 영국을 강하게 비난하고 즉각적인 완전 독립과 보통선거를 통한 인민정부 수립을 요구했다. 그리고 이와 함께 반일 조직이었던 반파쇼기구를 반영 투쟁의 주력으로 전환하고 명칭도 '반파쇼인민자유연맹(AFPEL)'으로 바꿨다.

그러나 반파쇼기구의 독립 요구는 받아들여지지 않았고 오히려 영국은 반파쇼인민자유연맹의 행보를 강하게 압박했다. 영국군 내부에서는 대일(對日) 협력자였던 아웅산 등의 타킨당 간부들을 체포하고 그들이 보유한 군사력을 해체할 것을 강력히 요구했다. 결국 1945년 9월 7일 반파쇼인민자유연맹 지도자 아웅산은 미얀마 국군의 해체에 동의할 수밖에 없었다. 이 사건은 반파쇼인민자유연맹과 영국군과의 군사력 차이가 현저했음을 보여주었다. 미얀마공산당 간부가 군사력 해체에 동의했던 것도 당시 소련의 지시가 있었기 때문이었다는 지적도 대두되었다. 당시 아웅산은 약 2만 명의 군사 중에서 5천여 명을 영국 총독 지배하의 미얀마 정부정규군에 편입시키는 데 성공했다.

반파쇼인민자유연맹은 겉으로는 즉각적인 독립을 주장했지만 사실상 별다른 성과 없이 후퇴하고 있었다. 그 결과는 영국의 미얀마 지배를 더욱 공고히 할 뿐이었다. 1945년 10월 16일 미얀마가 영국 정부로부터 영국 총독 지배체제로 이행한 후 반파쇼인민자유연맹은 내각인 행정평의회의에 주요 각료로서 입각할 것을 제안했으나 영국 총독은 그들의 요구를 단호히 거절하고 1945년 11월 반파쇼인민자유연맹을 제외한 내각을 발족시켰다.[3]

1945년 미얀마에서의 영국 지배는 착실히 부활되고 있었다. 영국의 강경한 민족운동 탄압과 민족주의적인 군사력의 해체는 반파쇼인민자유연맹 내부는 물론 일자리를 잃은 미얀마 병사들 사이에 강한 반감을 불러일으켰다. 영국에 저자세로 일관했던 아웅산에 대한 반발도 더욱 거세졌다. 1946년 즉각적인 독립과 이를 위해 무장봉기를 외치는 주장이 점차 커져 결국 폭발하기에 이르렀다.

말레이시아에서의 영국군 주둔은 미얀마와는 달리 1945년 9월 상순부터 시작되었다. 이곳에서도 영국은 크게 힘을 기울이지 않고 지배력을 회복할 수 있었다. 말레이시아에도 항일인민군은 존재했고 일본이 항복한 1945년 8월 15일 이후에는 각처에서 그 모습을 드러냈다. 영국은 항일군에 대해 교묘한 작전을 썼다.

영국은 말레이시아 전역에 군대 배치가 마무리되는 1945년 10월 중반까지 말레이시아 항일인민군의 행보를 조용히 지켜보기만 했다. 6천 명의 항일군에게 약간의 급료까지 지불하며 마을의 치안 유지를 일임했다. 그러나 영국군의 배치가 끝난 1945년 10월말 들어 태도가 급변했다. 영국군은 항일군을 냉대하고 공산당에게는 항일군을 해체하도록 노골적으로 요구했는데, 이에 말레이시아공산당은 영국군의 요구에 쉽게 응하고 말았다.

결국 1945년 12월 말레이시아공산당은 항일인민군 해체를 결정했다. 이에 총 6천여 명의 항일군은 영국군에게 무기를 건네는 대신 돈과 직업을 보장받았다. 그러나 이때 수백 명 또는 더 많은 항일 게릴라들이 무기를 소지한 채 모습을 감추었고 또 일본군으로부터도 많은 무기를 탈취한 후 정글 속에 숨겼다고 한다.[4] 표면적으로 말레이시아 항일인민군은 소멸하고, 공산당은 노동운동과 그 외의 대중운동을 통해 합법적인 활동에 들어갔다. 영국은 말레이시아를 다시 지배하기 위한 최대 난관을 해결함에 따라 곧바로 말레이시아의 경제 재건에 착수했다.

저항하는 인도차이나

1945년 필리핀과 미얀마, 말레이시아에서 연합군은 순조롭게 복귀했다. 그런데 인도차이나와 인도네시아에서 연합군은 처음부터 적지 않은 유혈 저항에 직면했다. 두 지역에서는 일본군이 항복한 1945년 8월 15일과 연합군이 실제로 상륙한 9월 중순 사이에 '권력의 공백기'가 있었다. 이때 현지 민족주의자들은 제각기 독립을 선언하고, 연합군과 일부 구식민지 정부군에 대해 무력으로 저항했다.

인도차이나에서 일본군이 항복하자 전국 지하조직인 베트민이 일제히 봉기하여 8월말까지 베트남 전역의 주요 지역을 장악했다. 일본군의 꼭두각시 바오다이 황제는 베트민의 위력에 압도되어 8월 26일 퇴위하고 말았다. 드디어 9월 2일 하노이에서 새로운 베트남공화국 정부가 수립되고, 지도자로 선출된 호찌민은 전국에 베트남의 독립을 선언했다.

독립을 선언했다고 해서 연합군이 쉽사리 인정할 리는 없었다. 프랑스는 인도차이나에 대한 지배 야욕을 버리지 못했다. 연합국간의 협정에 의하면, 프랑스군과 영국군이 주둔할 지역은 16도선 이남의 인도차이나에 한정되었고, 그 이북인 북베트남 지역과 라오스에는 중국 국민당군이 주둔하게 되어 있었다. 북쪽에 중국군이 주둔하게 된 것은 프랑스가 인도차이나를 지배하는 데 중대한 장애가 되었다.

중국군은 자국과 인접한 인도차이나 북부에 프랑스가 다시 지배하는 것을 원치 않았다. 이미 중국군 주둔하에서 베트민 정권이 북베트남 내의 모든 정치적 권리를 행사할 수 있도록 허가하고, 사실상 호찌민 정권의 독립을 암묵적으로 승인했기 때문이다. 이러한 중국의 승인은 베트민 정권이 군대를 강화하고 경제를 재건하여 지배체제를 확고히 하는 데 크게 기여했다. 그러나 베트민의 강화가 꼭 베트민 내부에 있는 공산당 그룹의 세력 강화를 의미하지는 않았다. 통일전선인 베트민에는 중국군에 우호적인 베트남국민당 외에 다른 세력이 포함되어 있었는데 그 세력도 만만치 않았다. 그래서 인도차이나공산당은 1945년 11월 11일, 베트민의 단결을 강화하기 위해 공산당을 해산하고 '마르크스주의연구회'라는 단체로 스스로를 재조직했다.

중국군 주둔하의 베트민 정권 강화가 프랑스에게 반가운 일은 아니었다. 1946년 3월 프랑스는 중국 정부에게 중국에 대한 프랑스의 특권(치외법권, 경제이권 등)을 포기하는 대신 북부 인도차이나에서 중국군이 퇴각해 줄 것을 요구했다. 그러나 그 지역에 주둔하려고 했을 때 프랑스군은 베트민 정권의 동의 없이는 주둔할 수 없다는 현실을 깨달았다.

중국군은 라오스에서도 독립 라오스 정부에 대해 간섭하지 않았다. 라오스의 독립은 1946년 4월 중국군 대신 프랑스군이 들어올 때까지 유지되었다.

1945년 8월 15일 이후 프랑스가 다시 지배할 수 있었던 지역은 남베트남과 캄보디아뿐이었다. 그것도 남베트남 주민의 심한 저항 때문에 곤란에 직면했고 이윽고 끝없는 '베트남전쟁'의 수렁 속으로 빠져들어 갔다.

남베트남 민족주의자들은 8월 하순 코친차이나의 수도 사이공에서 실권을 장악하고, 8월 25일 결성된 베트남 남부위원회를 통해 통치했다. 그러나 이 남부통치위원회는 발족 당시부터 심각한 저항을 받았다.

남부위원회의 중심세력은 인도차이나공산당이었는데, 그들은 연합국이 베트남의 독립을 승인하도록 압력을 행사하기 위해서는 공산당이 남베트남을 충분히 통치할 수 있는 능력이 있음을 보일 필요가 있다고 지적하고, 남부위원회가 남베트남의 치안을 담당해야 한다고 주장했다.

이러한 공산당의 주장은 남베트남에서 강력한 힘을 가진 트로츠키스트, 까오다이, 호아하오교도와 친일단체의 지도자들로부터 반발을 샀다. 그들은 남베트남의 사회혁명, 즉 반지주투쟁과 함께 주둔하고 있는 프랑스인들을 공격해야 한다고 주장했던 것이다.[5] 남베트남 사회혁명주의파는 9월 2일 사이공에서 열린 독립기념 시위를 이용하여 참가자를 선동하고, 프랑스인에 대한 테러와 주거지 침략을 일삼고 농촌 대지주를 향한 직접 공격에 나섰다. 물론 사회혁명주의파의 이러한 치안 파괴 행위는 베트민 남부위원회를 분노하게 했고, 베트민은 과격파 그룹을 체포, 살해하고 사이공에서 추방했다. 남베트남이 독립을 하기는 했으나 민족주의자들 사이에서 독립을 둘러싼 내부 대립에 끊이지 않았다.

수백 명의 프랑스군 선발 부대와 인도 및 구르카(Gurkha, 훌륭한 군인 자질을 지닌 깃으로 알려진 네팔 민족: 역주) 병사를 주력으로 하는 영국군 약 1개 사단이 사이공에 도착한 9월 중순은, 마침 베트민이 반대파를 일소하고 사이공의 지배권을 재장악할 때였다. 프랑스군과 영국군이 도착하자 베트남 국민들은 단결하여 각지에서 프랑스에 저항했다. 치안 유지를 위한 베트민 지도부의 만류에도 불구하고 베트남 국민들은 곳곳에서 자연발생적인 투쟁을 일으켰다. 이러한 베트남인들의 저항은 프랑스인을 자극하여 물리적 충돌이 불가피했다.

1945년 9월 23일 이른 아침, 구프랑스령 인도차이나군을 포함한 약 1천5백 명의 병사가 사이공의 주요 기관을 장악했다. 베트민은 뜻밖의 공격에 아무런 저항도 못하고 사이공에서 도망쳐 나왔다. 이날 프랑스군은 사이공에 남아 있던 베트남인들을 닥치는 대로 공격하자 베트남인들도 프랑스군의 쿠데타에 즉시 반격했다.

사이공 교외의 농촌으로 도망간 베트민은 10월 중순까지 영국군과 협상을 시도하고 사이공을 중심으로 한 군사활동을 통해 어떻게든 수도를 되찾으려고 안간힘을 썼다.[6] 그러나 2만 명이 넘는 영국군이 사이공과 그 주변을 장악하자 베트민은 10월 중순 이후 전략을 바꾸고, 사이공 주변과 메콩삼각주, 중부 해안선의 농촌 등지에서 민족주의자들과 함께 대지주에 항거하여 일어선 농민들을 결집시켰다. 그리고 영·불 양군과 연합군의 명령으로 치안 유지를 담당하고 있던 일본군을 상대로 광범한 게릴라전에 돌입했다.

물론 게릴라 부대는 강력한 영국군과, 계속해서 증강되는 프랑스군을 상대로 쉽게 승리를 거둘 수 없었다. 소총, 경기관총, 수류탄 등을 사용하여 연합군에게 공격을 시도했으나 1945년 말에 연합군이 계속적으로 압박해 오자 중부 산악지대와 메콩삼각주의 갈대평원 등지로 내몰렸다.[7] 그러나 그들은 결코 소멸되지 않고 산악지대와 삼각주를 거점으로 연합군에 끈질기게 저항했다. 영국군이 철수한 1946년 3월 이후에는 인도차이나 전역을 독점 통치하려는 프랑스군을 상대로 악착스럽게 게릴라전을 펼쳤다. 이들의 투쟁은 1차 인도차이나전쟁 즉 1960년 이후의 베트남전쟁을 통해 집요하게 계속되었다.

한편 프랑스가 캄보디아에 복귀하는 데에는 큰 문제가 없었다. 10월 16일 영국군이 캄보디아에 들어가자, 시아누크(Norodom Sihanouk) 국왕은 프랑스에 대해 우호적인 태도를 보여 지배체제가 손쉽게 부활하였다. 그러나 '자유크메르'로 불리는 소수의 반프랑스 캄보디아인 조직은 태국이 프랑스로부터 빼앗은 북캄보디아 지역에서 무력저항을 전개했으며, 1945년 12월 북캄보디아가 태국에서 프랑스로 반환된 후에도 계속 저항했다.[8] 캄보디아 메콩삼각주에서는 베트민의 영향력이 강화되었다. 이 지역의 반프랑스 세력은 나중에 '크메르루주(Khmer Rouge, 적색혁명정부)'로 불리게 된다.

자바의 독립전쟁

1945년 8월 17일 인도네시아 자카르타에서 독립공화국이 수립되었는데,

독립정부를 만든 것은 베트남과 같은 항일운동단체가 아니었다. 세계대전 전부터 강력한 반정부 조직이나 강력한 항일세력이 존재하지 못했던 인도네시아에서는, 예외적으로 친일 지도그룹이 독립국가 수뇌부를 차지했다. 즉 8월 17일 인도네시아의 독립선언은 일본군이 결성했던 독립준비위원회의 의장 수카르노가 낭독했던 것이다.

수카르노는 1930년대 전반 인도네시아에서 가장 유명한 반네덜란드 운동가였다. 수카르노는 일본군 점령기에 친일, 반네덜란드 선전을 위해 전국 순회연설을 하면서 점점 더 알려졌다. 그는 일본군으로부터 친일 독립정권의 지도자로 예정되어 있었기에 많은 인도네시아인들은 새로운 독립국의 수장으로서 수카르노를 자연스럽게 인정했다. 물론 친일파인 수카르노가 신생 인도네시아의 지도자가 되는 것에 반발하는 민족주의자들도 일부 있었지만 그들은 스스로 독립정부를 수립할 수 있는 능력이 없었다. 인도네시아에서는 수카르노를 대통령 겸 수상으로, 하타를 부대통령으로 하는 신생 친일정권이 수립되었다. 새 정부의 최고기관으로 8월 29일 발족한 중앙국민위원회는 일본군이 임명했던 기존의 독립준비위원회에 몇 명을 추가한 것에 지나지 않았다. 이 중앙국민위원회는 서구적 의미의 의회는 아니었으나 5년마다 국정 최고권자인 대통령을 선출하는 기능도 가지고 있었다. 즉 공화국은 의회책임 내각제가 아니고, 대통령 독재체제였다.

그러나 새로운 정권이 누구에 의해 수립되었는지를 떠나 처음으로 독립정부를 수립하게 된 흥분과 기쁨은 자바와 수마트라를 중심으로 하는 인도네시아 전역에서 많은 민족주의자들을 고무시켰다. 자바와 수마트라의 주요 도시에서는 방위의용군 병사와 청년단원들이 일본군 기지를 습격하여 무기를 빼앗고 공공시설을 점거하면서 각지에 자치조직을 세웠다. 노동자와 농촌에서 일자리를 찾기 위해 올라온 사람들, 일본군 밑에서 일하던 많은 사람들이 무기를 손에 넣고 병사로 탈바꿈했다. 조국의 독립에 의기양양하여 구네덜란드 협력자와 화교를 기습 공격하기도 했지만, 많은 병사와 청년들은 어떻게 해서든 이 독립을 지키려고 안간힘을 썼다.

1945년 9월 하순 연합국으로부터 인도네시아 점령을 위임받은 영국군의 인도인 부대가 소수의 네덜란드군과 함께 자카르타, 수라바야, 메단 등 자바와 수마트라의 거점에 상륙하기 시작했다. 이때부터 10월 초순까지가 바로 자바와 수마트라에서 독립을 지키기 위해 병사들이 각 마을에 자치조직을 내세운 기간이다. 네덜란드군과 함께 영국군이 도착하자 인도네시아 병사들은 독립을 지키기 위해 각지에서 영국군과 네덜란드군에게 거세게 저항했다. 그 중 가장 격렬했던 것은 10월 25일 자바섬 수라바야에 상륙한 영국군과의 전투였다. 5천 명에 달하는 영국군의 인도인 부대는 인도네시아 독립군에게 무장해제를 요구했으나 독립군은 이에 굴하지 않고 10월 28일부터 과감히 공격을 개시하여 영국군에게 큰 타격을 입히고, 수용소에 있던 많은 네덜란드인과 영국인 포로들을 살해했다. 10월 중순 영국군이 자바섬 스마랑을 점령했지만, 11월부터 12월에 걸쳐 독립군의 집요한 공격에 시달렸다. 그러나 자카르타에서 연합군은 독립군을 단번에 몰아내고 11월 초순 수도를 점령했다. 한편, 수마트라에서는 11월 중순부터 북부 메단, 남부의 팔렘방(Palembang)을 중심으로 영국군에 대한 게릴라전이 시작되었다.

자바에 10개 사단, 수마트라에 6개 사단(총 40만 명)이 편성되었던 인도네시아의 독립군[9]은 네덜란드의 지배를 거부하기 위해 이처럼 결사 항전했으나, 점차 연합군에게 밀려 해안 마을에서 밀려나 내륙 산악지대로 쫓겨났다. 독립군이 수세에 몰리게 되자 결국 자카르타의 수카르노 정권은 입지가 약해졌다. 그 결과 11월 11일 친일파 수카르노 대통령은 중앙국민위원회의 결정에 의해 내각을 조직하는 권한을 빼앗기고, 국민위원회를 의회로 하는 새로운 내각이 수립되었다. 11월 14일 네덜란드 유학 시절부터 네덜란드 좌익 그룹과 친하고 전후 친일파 수카르노에 대해 비판적이었던 구국민당 좌파 자유파의 간부 샤프릴을 수상·외상·내상으로 정하고, 또한 전쟁 전부터 항일과 친네덜란드를 외쳐 일본군에 억류당했던 비밀 공산당원 샤리푸딘을 공화국군의 책임자인 정보장관으로 임명했다. 이것은 공화국이 친네덜란드 노선을 선택했음을 의미했다. 수카르노는 대통령의 지위를 그대로 유지하였다.

　1946년 1월 4일 수카르노 독립정부는 네덜란드의 군사 압력에 못 이겨 본거지를 자카르타에서 자바섬으로 이동했다. 샤프릴 수상은 자카르타에 남아 네덜란드와의 교섭을 계속 전개했다.

2 1946년의 새로운 전란(戰亂)

일본의 패배 후 1945년 후반 동남아시아의 필리핀, 미얀마, 말레이시아에서는 급속히 구세력이 부활했고 인도차이나, 인도네시아에서는 프랑스와 네덜란드에 대한 민족주의자들의 저항이 거세게 일어났다. 1946년 프랑스와 네덜란드의 구식민지 복귀 문제만 종결되면 동남아시아의 전후 정치 문제는 대부분 해결될 것처럼 보였다.

그러나 1946년 동남아시아에서는 전혀 다른 결과를 초래하는 사태가 일어남에 따라 전후 정치 문제를 해결하고 평화적인 분위기를 기대하는 상황은 조성되지 않았다. 인도차이나에서는 정치적 상황이 악화되어 전운이 남에서 북으로 확대되었고 급기야 연말에는 '1차 인도차이나전쟁'이 터졌다. 인도네시아에서는 1946년 한 해만 놓고 보면, 네덜란드가 군사적 우위를 점한 상태에서 수카르노 정권이 양보를 하여 정치적인 화해가 조성되었으나, 1947년에 네덜란드에 의해 이 분위기가 깨지고 말았다.

1946년에는 인도차이나와 인도네시아 외의 다른 곳에서도 전쟁이 일어났다. 필리핀에서는 후크단의 무장반란이 일어났으며, 미얀마에서는 그동안 반영 투쟁을 준비해 오던 과격파 민족주의자가 무력투쟁을 개시했다. 영국에서는 온건파 민족주의자들에 의해 미얀마의 독립을 승인하는 분위기가 조성되었다. 태국에서도 점차 새로운 정치적 위기가 다가오고 있었다. 동남아시아와 인접한 중국에서는 국민당과 공산당의 대립이 격화되어 11월에 결국 전면적인 내전이 일어났다. 이리하여 1946년 아시아에서는 많은 지역에서 또다시 전쟁이 일어났다.

1차 인도차이나전쟁 발발

인도차이나와 인도네시아의 분쟁에 대해 살펴보면, 1946년 전반은 '타협의 시기'였다. 미·영·소 3국은 그때까지만 해도 화해와 타협으로 세계 각지의 분쟁을 해결하려는 입장을 취했다. 프랑스와 네덜란드의 열강들과 현지의 민족주의자들에게도 상호 타협을 통해 사태를 해결하도록 압력을 가했다. 주둔 중인 프랑스나 네덜란드의 군사력 또한 현지의 민족주의자들을 한꺼번에 물리칠 수 있을 정도로 강력하지 않았고 민족주의자들의 군사력도 열강들을 몰아낼 만큼 우세하지 못했다. 이유야 어찌됐든 1946년 전반 양 지역에서는 화해 무드가 조성되고 있었다.

1946년 전반 구프랑스령 전역을 탈환하기 위해 모색 중이던 프랑스는, 남베트남에서는 게릴라의 끈질긴 저항에 직면한데다가 미·영·소로부터는 분쟁의 평화적 해결을 재촉 받았다. 프랑스는 우선 남베트남을 평정한 후 북베트남과 라오스로 세력을 확장할 계획을 세우고 있었는데 무력으로 제압할 수 있는 곳은 무력으로, 그렇지 않은 곳은 타협을 통해 목적을 달성하고자 안간힘을 썼다. 남베트남 게릴라를 물리치기 위해 프랑스군 병력을 증강시켜 무력으로 평정하는 계획을 세우는 한편, 북베트남에서는 베트민과 대화를, 중국군과 물밑 교섭을 통해 어떻게든 세력을 확장하기 위해 열을 올렸다. 1946년 2월말부터 3월에 걸쳐 프랑스의 이러한 작전은 주목할 만한 성과를 올렸다.

즉 프랑스는 중국을 상대로 여러 형태의 외교적 절충을 통해 중국군 20만 명을 인도차이나의 16도선 이북에서 중국 영내로 철수시키기 위해 노력했으며, 그 결과 1946년 2월 28일 중국군의 인도차이나 철병(撤兵)이 결정되었다. 이것은 커다란 성과였으며 이로 인해 프랑스는 북베트남과 라오스에 주둔할 수 있는 권리를 연합국들로부터 얻어 냈다.

그러나 프랑스군이 북베트남에 주둔하기 위해서는 베트민의 양해가 필요했다. 사이공에 주둔한 1만 5천 명의 프랑스군으로는 북베트남 정복이 불가능했기 때문이다. 그런데 이러한 타협을 통해 북베트남에 입성하려던 프랑스의 목적은 의외로 단기간에 해결되었다. 프랑스가 일정한 정치적 양보를 하자 1946년 3월 6일 베트민은 프랑스와 체결한 협정에 의거해 프랑스군의 베트남 북부 주둔을 인정한 것이었다.

프랑스의 정치적 양보 내용은 다음과 같다. 프랑스가 북베트남의 베트민 정권을 인도차이나연방 및 프랑스연합 내의 하나의 국가로서 인정하며, 당시 베트민 정권과 프랑스로 이분되어 있던 통킹과 안남, 코친차이나 등 세 지역의 합병에 관해서 국민투표로 결정하고, 프랑스군은 1952년까지 기지관리부대를 제외하고 북베트남에서 철수한다는 것이었다.[10] 베트민은 이러한 요구사항과 맞바꾸는 조건으로 프랑스군의 북베트남 주둔을 인정했는데 그 이유에 관해서는 여러 가지로 생각할 수 있다. 군사적, 경제적으로 약하기 때문에 프랑스와의 전투를 피하고 싶다는 것이 베트민의 공식 견해였는데, 여기에는 소련을 중심으로 하는 국제공산주의운동의 연합국에 대한 타협적 자세도 크게 작용했다. 베트민의 주력을 이루는 공산당원들이 협정을 지지했던 반면, 국민당 등의 비공산세력에서 이 협정에 반대하는 목소리가 높았다는 점에서도 알 수 있다. 이렇듯 프랑스는 '미래'의 정치적 양보로 '현재'의 군사적 이익을 획득하는 데 크게 성공했다.

1946년 3월 6일의 협정에서 프랑스가 일방적인 이익을 취했음은 이후 남베트남 지역에서 전개한 정책에서 드러난다. 즉 프랑스는 이권이 집중되어 있던 코친차이나 지역에서 "국민투표를 실시하여 그곳을 베트민 정권지구를 포함한 인도차이나연방에 포함시킨다"는 베트민과의 협정사항을 전혀 실행할 의사가 없는 것이 아닌가 하고 의심할 만한 정책을 연이어 내놓았다.

프랑스는 첫째, 3월초 영국군이 인도차이나 남부에서 철수한 뒤 군사력을 증강하여 남부 게릴라에 대한 탄압을 한층 강화했다. 둘째 이러한 탄압과 함께 코친차이나에 프랑스의 허수아비 정권을 세우려는 작전에 착수했다. 즉 프랑스는 1946년 2월, 인도차이나의 최고 책임자인 프랑스 총독(변무관)의 자문기관으로 프랑스인과 프랑스 국적의 베트남인으로 구성된 '코친차이나 자문평의회'를 발족시키고 의원 12명을 임명했다. 그런데 사실은 이 평의회를 이용하여 코친차이나에 형식상 북부 베트민 정권과 대항할 수 있는 '자치공화국'을 만들고자 했던 것이다. 이 방침에 근거하여 평의회는 5월 26일 코친차이나에 자치공화국 수립을 결의하고, 프랑스의 승인을 얻어 6월 1일 '코친차이나 자유공화국'을 발족시켰다.

한편 1946년 1월 프랑스는 캄보디아를 프랑스 총독의 감독하에 두는 협정을 캄보디아 정부와 체결했으며, 4월에는 라오스를 침공하여 친프랑스 정권을 수립했다.

이와 같이 프랑스는 1946년 전반, 인도차이나에 대한 지배체제를 부활시켰고, 베트민 지구를 제외한 전역을 프랑스 허수아비 정부의 지배하에 두는 데 성공했다. 이와 같은 성공은 3월 6일에 있었던 베트민과의 협정을 사실상 무시하는 것이었다. 프랑스는 지배체제를 공고히 하면서 증강된 군사력을 배경으로 베트민과의 협정을 자국에게 유리하게 해석했다. 프랑스 총독이 인도차이나연방에 대한 실질적인 지배자였으며 그 아래에 각 자치정부가 평등하게 참가하여 연방의회를 구성했던 것이다. 또한 국민투표를 약속했지만 이러한 허수아비 정권하에서 공정선거가 이루어질 것이라는 확신은 어느 곳에서도 찾을 수 없었고 더구나 프랑스는 코친차이나에서 전세가 수습될 때까지 총선거 실시는 불가능하다고 주장했다.[11]

물론 이러한 프랑스의 주장은 베트민을 납득시킬 수 없었다. 인구가 많은 북베트남 지역이 인구가 적은 라오스나 캄보디아와 대등하게 취급받고, 게다가 프랑스 허수아비 정권과 함께 프랑스 정부가 군사, 외교, 경제의 실권을 쥐고 있는 연방에 참가할 의사는 더욱 없었다. 결국 프랑스가 주도권을 쥐고 있는 연방정부와 베트민 정부는 대립했고 '3월 6일 협정'은 실현 불가능하다고 판가름 났다. 양측은 일단 대화가 필요하다고 판단하여 1946년 7월 파리 교외에서 프랑스 대표와 호찌민이 참가하는 회의가 열렸으나, 기본적 합의도 이루어지지 못한 채 호찌민은 10월 하노이로 돌아갔다.

교섭은 결렬되었다. 이제 무력 충돌만이 기다리고 있었고 양쪽 모두 전투 준비가 착착 진행되었다. 프랑스는 베트민에 일격을 가할 수 있는 유리한 교두보를 이미 확보하고 있었다. 프랑스군은 3월 6일 협정에 의해 북베트남의 요지인 하노이, 하이퐁에 주둔하고 있었다. 전투는 1946년 11월 23일 프랑스군이 하이퐁에서 베트민 진지를 공격하면서 시작되었다. 공격이 시작된 후 짧은 시간이었지만 마지막까지 어떻게든 문제를 해결해 보기 위해 휴전이 시도되었다. 그러나, 12월 19일 프랑스군이 하노이를 총공격하자 전투가 재개되었고 베트남 전역으로 전쟁이 확대되었다. 이날 호찌민은 전 지역에 항전을 명령했으며, 이로 인해 1차 인도차이나 전쟁은 시작되었다.

인도네시아의 협상

인도네시아의 경우 1946년 한 해만 보면, 네덜란드와 수카르노 대통령의 공화국은 상호 군사 대결과 분쟁, 정치협상을 적절히 사용하여 정치적인 해결점에 도달했다. 이것은 양쪽이 서로 병력을 증강시키면서도 군사적으로 상대를 제압할 결정적 수단이 없었다는 점에 기인한다. 또한 철병을 서두르는 영국과 미·소가 평화적인 해결을 촉구했으며 수카르노 정권 내부에서 네덜란드와 협상할 것을 주장했던 샤프릴이 계속 수상 자리를 지키면서 무력해결파를 제압하는 데 성공했기 때문이다. 그러나 1946년 11월 15일에 조인된 정전협정은 네덜란드와 수카르노 공화국의 힘의 차이를 반영하여 네덜란드에 매우 유리하게 작성되었다.

이 협정은 구네덜란드령 인도 전역에 대한 수카르노 공화국의 주권 요구를 거부하고, 공화국의 영토를 자바섬과 마두라섬, 수마트라섬으로 한정했다. 그 외 보르네오, 셀레베스, 서뉴기니 등의 광대한 지역은 이미 네덜란드군의 통치가 이루어지고 있음을 감안하여 네덜란드 지배하에 둘 것을 결정했다. 게다가 이 협정은 공화국이 지배하고 있는 자바와 수마트라, 마두라에서조차 외국인의 재산과 권익을 존중하고 유지할 것을 인정하고 있었다.[12] 또한 협정은 쌍방의 군대로 하여금 관할 지역권 내로 철수할 것을 결정했다. 결국 수카르노 공화국은 지역적으로 한정되었을 뿐 아니라 인도네시아 경제의 주요 부분인 외국인이 운영하고 있던 농장과 광산 등에 관여하지 않겠다고 약속할 수밖에 없었다.

따라서 이 협정은 결코 수카르노 공화국의 승리를 의미한 것이 아니었다. 당시 민족주의자 내부에서는 반대의 목소리가 높았다. 군 간부와 병사, 청년들은 네덜란드군과의 항전을 외쳤다. 공화국 영토가 축소된 것뿐만 아니라 공화국 주권하의 영토에서조차 네덜란드인 등의 외국인 자산에 대해 관여하지 못하는 것에도 불만이 컸다. 왜냐하면 네덜란드와의 전쟁이 시작된 이후, 제2차 세계대전 당시 일본군 관리하의 네덜란드인 농장을 몰수하는 운동이 자바와 수마트라 각지에서 이미 농민과 병사들에 의해 이루어졌기 때문이다. 이미 탈환한 물건을 다시 '적'에게 순순히 반환하는 것은 쉬운 일이 아니었다.

그러나 반네덜란드를 주창했던 강경파가 공화국 내에서 입지가 굳건하지도 못했다. 샤프릴 등 타협파의 정부 수뇌 및 그들을 지지하는 군과 정치단체들이 강경파를 반대했다. 협정을 지지하는 단체 중에는 1945년 10월 재건된 인도네시아공산당도 있었다. 이 공산당 지도부에는 해외에서 오랜 망명생활을 마치고 돌아온, 26년 봉기의 지도자 사르조노와 알리민 등도 포함되어 있었으며, 사르조노는 당의장이 되었다. 당시 그들은 연합국과의 타협을 권유하는 모스크바의 지시에 따르고 있었다.

게다가 강경파는 1946년 내내 샤프릴 정부로부터 수차례 탄압을 받았다. 2월에는 공산당 내부의 과격파가 샤프릴 정부와 모스크바파(派)로부터, 7월 3일에는 군 내부의 과격파가 샤프릴 정부로부터 탄압을 받았고, 그리하여 많은 독립군 간부가 체포되었다. 한때 공산당 지도자로 '트로츠키스트'가 된 탄 말라카가 과격파의 지도자로 지목되어 체포되었다.

이와 같이 협정 반대파는 샤프릴 정부의 억압에 의해 고통을 겪었으며, 1946년 12월 부활한 국민당 등의 비좌익계 민족정당과 함께 '공화국전선'을 결성했지만, 1947년 2월 국민위원회 총회에서 협정지지파에게 패하고 말았다. 결국 샤프릴 수상은 1947년 3월 25일 네덜란드와 이 협정을 체결했다.

그러나 수카르노 정권이 반대 세력을 억누르고 어렵게 성립시킨 이 협정은 얼마 지나지 않아 네덜란드에 의해 무효가 되어버렸다. 네덜란드는 이 협정에 만족하지 못했고, 수카르노 정권이 수마트라와 자바 전역을 지배하는 것도 아깝게 생각한 것이다. 네덜란드의 배신에 대해서는 새로운 지면을 할애하여 다시 설명하도록 하겠다. 다만 이 협정을 체결함에 따라 영국군은 1946년 11월 인도네시아 전역에서 철수했다. 영국군은 이 협정을 체결하기 위해 10만 명의 병사를 인도네시아에 주둔시켰는데 이때 2천 명이 넘는 사망자가 발생했다.[13]

1946년의 필리핀 정세

인도차이나와 인도네시아에서의 긴장과 함께 1946년 필리핀과 미얀마에서도 중대한 정치적 대립이 일어났는데, 이것은 이후 양국의 정치적 향방을 결정지었을 뿐 아니라 현재에 이르러서도 계속되는 내전을 야기했다.

필리핀에서 내전을 일으킨 세력은, 지주와 그들을 지원하는 정부는 물론, 경찰군에 대항했던 중부 루손의 후크단과 '항일인민군' 병사들이었다. 1945년 후반 후크단의 지도기관인 공산당은 합법활동에 전념했으며, 그 당시 오스메냐 정부와는 긴장 관계를 유지하고 있지 않았다. 후크단이 반란을 일으킨 이유는, 후크단의 정책 변경으로 인한 것이 아니라 필리핀 정부의 변화에 있었다. 1946년 4월 대통령선거에서 오스메냐 대통령이 패하고, 로하스 상원의원이 새로운 대통령에 당선되면서 후크단을 탄압하기 시작했던 것이다.

1946년 4월 필리핀에서 대통령선거가 실시된 배경은 다음과 같다. 오스메냐 대통령이 친일파에 대한 책임을 추궁하자 이에 반발한 로하스를 비롯한 다수의 친일파 내셔널리스트당 의원들이 들고 일어났다. 1946년 초 친일파는 여당을 분열시키고 신당인 '리버럴당'을 결성하여 로하스 의장을 대통령으로 선임하기 위해 의회에서 강제로 새로운 대통령선거를 결의했다. 이처럼 대통령선거에서 로하스 의장이 승리하고 동시에 실시된 총선거에서 리버럴당이 제1당이 된 것은, 신정권이 후크단에 대한 정책을 바꿨다는 사실 이상의 중대한 의미를 가졌는데, 이것은 향후 필리핀 정부의 기본적 경제정책에 영향을 미쳤다.

필리핀 정부의 경제정책은 1935년 독립 이후 케손 대통령하에서 자립경제 건설을 목적으로 전개되어 왔다. 케손 정권은 미국과의 특별한 자유무역 관계를 청산하는 대신, 공업화와 경제의 다변화를 추진했다. 이 때문에 많은 정부자금과 민간자본이 동원되었고, 당시 필리핀의 지배계급은 경제자립을 꿈꾸며 의욕에 차 있었다.

그러나 일본군의 점령은 모든 것을 산산조각 내버렸다. 점령과 전란은 필리핀 경제를 황폐화시켰고 농업과 광업의 생산량은 격감했으며 공업은 붕괴되었다. 재건을 위한 자금과 기계, 부품, 농기구, 수송수단의 대부분이 필리핀에 존재하지 않았다. 급속히 경제를 재건하기 위해서는 외국, 즉 미국에 원조를 구하는 수밖에 없었다. 전후 필리핀에서 경제적으로 실권을 가진 자들은 모두 미국에 의존하면서 경제 재건을 도모했다. 여당 내셔널리스트당의 많은 의원들도 같은 생각을 품고 미국에 가까이 다가가고자 했는데 선두에는 맥아더 장군과 개인적인 친분이 있었던 로하스 의원이 있었다.

물론 이러한 필리핀의 요구에 미국이 응하지 않을 리가 없었다. 필리핀의 경제 자원은 당시 세계 유일의 대공업국인 미국에게 있어서 매우 중요했기 때문에 미국은 필리핀에게 경제 원조를 해 주는 대신 다른 엄청난 요구를 해 왔다.

미국의 요구는 1945년 10월 미국 의회를 통과한 '벨무역법[Bell Trade Act, 이 법안은 일정한 쿼터의 필리핀 상품이 8년(1946~1954년)의 과도기 동안 미국에 무관세로 수입되는 것을 허용하고, 그 이후에는 매년 5%씩 관세를 인상하여 20년 후인 1974년부터는 관세가 100% 부과되도록 규정하였다: 역주]'에 의해 대표적으로 드러났다. 필리핀이 미국에 '대공황 이전'과 같이 자유롭게 수출할 수 있는 대신 미국도 필리핀에 자유롭게 상품을 수출할 수 있고 필리핀 내에서 미국인이 자유롭게 토지를 취득하고 광산을 개발할 수 있는 권리를 달라는 내용이었다. 이 마지막 요구사항은 주목할 만하다. 그것은 필리핀이 1935년 미국으로부터 독립했을 때, 헌법에서 금지했던 사항이었기 때문이다. 1935년 필리핀 정계는 미국으로부터 독립을 염원하여 각종 자립경제 정책을 세우고 그 일환으로써 외국인의 토지 취득, 광업 개발을 헌법으로 금지했었다.

이리하여 필리핀은 미국의 원조를 받기 위해 헌법을 개정하고, 필리핀을 다시 독립 이전의 상태로 역행할 것인가 아닌가 하는 중대한 결정을 내려야만 했다. 당연히 정계는 분열되었다. 로하스 의원 등 대부분의 지배층은 미국의 원조야말로 계속해서 지배계급을 유지할 수 있는 특효약이었기 때문에 벨무역법의 도입을 적극 환영했다. 그러나 케손 정권의 부대통령이었던 오스메냐 등 일부 의원은 미국의 요구에 반대했고 결국 여당 내셔널리스트당은 분열했다.

이와 같은 로하스 정권의 출현은 필리핀이 1930년대의 자립경제 정책을 포기하는 것을 의미했다. 새 정권의 후크단 탄압도 이 결정을 실행하는 과정에서 일어난 사건이었다. 대통령선거와 동시에 실시된 의회선거에서 중부 루손의 루이스 타루크 등 6명의 공산당 의원이 하원에 당선되어 벨무역법에 반대했다. 농민들은 대농장주가 미국으로부터 자금을 지원받아 더욱 강력하게 자신들을 지배하는 것을 원치 않았다. 로하스 대통령에게 루손 지역의 6표는 귀찮은 존재였다. 이들이 들고 일어나면 헌법 개정에 필요한 하원의 3/4 이상의 지지표를 획득하지 못할 수도 있었기 때문이다.

그리하여 로하스 대통령은 강제적인 해결법을 선택했다. 일본군 점령 하의 후크단 게릴라 활동 중 필리핀 지주 등을 살해한 것은 불법 행위였다고 지적하고, 이러한 죄목으로 공산계열 하원의원 6명과 자신을 반대하던 내셔널리스트당 의원 1명의 의석을 무효라고 의결했다. 이것은 로하스 정권의 항일인민군에 대한 도발이며 도전이었다.

의회주의에 대한 전(前) 항일군 병사들의 신뢰는 무너졌으며, 그들은 재차 무기를 손에 들고 정부와의 대결을 준비했다. 한편 로하스 대통령도 탄압을 늦추지 않고, 중부 루손에 경찰군을 동원하여 농민병사에 대한 토벌작전을 감행했다. 루이스 타루크 등 항일군 지도부는 1946년 7~8월, 격분한 농민과 정부 사이에서 조정해 보려 했지만 정부의 태도는 바뀌지 않았다. 1946년 8월말 후크단은 정부에 대해 전쟁을 선포하고 무력 항전에 돌입했는데 즉각 완전무장한 농민병사 1만 명이 집결하였다.

필리핀 내전이 시작된 것이다. 계속되는 내전은, 필리핀 정부가 택한 대미종속형 경제정책과 이와 함께 부활한 대농장주와 지주의 지배에 대해 농민들이 끈질기게 저항하고 있음을 의미했다. 1946년 8월 당시 정부에 저항한 단체는 후크단뿐이었으며, 지도조직에 해당하는 필리핀공산당과 합법조직인 민주동맹과 노동단체는 여전히 합법활동을 고집했다. 필리핀 공화국은 공교롭게도 내전 직전인 1946년 7월 4일 정식으로 독립하였다.

미얀마의 내전과 영국과의 관계 해결

미얀마에서 내전을 일으킨 단체는, 영국 정부의 강력한 미얀마로의 복귀와 이러한 영국의 방침에 대해 저자세를 취하고 있던 아웅산 등 반파쇼인민자유연맹 간부들에 반대하던 사람들이었다. 공산당, 특히 영국에 의해 해산된 구미얀마 국군 출신 중에 많았는데 그들은 즉각적인 독립을 요구하고 무장봉기에 나설 것을 주장하며 아웅산 등의 간부들에게 압력을 행사했다. 압력을 받은 독립운동 간부들은 1946년 초 영국에 대해 즉시 완전 독립을 요구하고, 전(前) 미얀마 국군을 중심으로 하는 반파쇼인민자유연맹 민병대 '인민의용병단(PVO)'을 발족시켰다. 병력은 약 1만 4천여 명 정도였다.

이러한 의용군의 발족은 미얀마인의 반영 투쟁에 기름을 붓는 격이었다. 의용군이라고는 하지만 급여도 없는 젊은 병사들은 전후의 극심한 생활고를 겪고 있었으며 빠른 시일 내에 미얀마 독립정부로부터 정당한 대우를 받기를 원했다. 이라와디 삼각주 출신의 농민들은 영국이 다시 미얀마를 지배하게 됨에 따라 일본군 점령기에 일시적으로 붕괴되었던 인도인 지주 지배체제가 다시 부활할까 봐 크게 두려워했다. 그들 중에는 영국의 재지배에 항거하여 경찰과 충돌하고, 여러 형태로 치안을 방해하는 사람들도 속출했다. 1946년 영국 정부는 본국에서 군사력 증강에 힘을 기울이고 있었고, 미얀마에서 영국의 군사력은 격감하는 추세여서 이들의 활동을 좀처럼 억누를 수 없었다.

이러한 폭발 직전의 상황에서 1946년 3월 미얀마공산당의 강경파가 즉시 독립전쟁을 시작할 것을 주장하다 당 지도부로부터 제명되는 사건이 일어났다. 강경파는 의용군 가운데 동조하는 자들과 함께 이라와디 삼각주의 농촌에 들어가 비밀리에 반영 무장투쟁을 준비했다. 타킨당 간부였던 타킨 소(Thakin Soe)의 지휘 아래 1946년 7월 '미얀마 홍기공산당(Trotskyist Red Flag Communist Party)'을 결성하고 영국에 대한 무력투쟁을 개시했다. 이라와디 삼각주를 중심으로 1천 명이 넘는 농민병사가 조직되었으며, 이는 현재에도 계속되고 있는 미얀마내전(Myanmar civil war)의 시초가 되었다.

홍기공산당의 반란은 미얀마공산당 내 다수파에 커다란 충격을 주었다. 가만히 있을 수 없게 된 다수파 공산당은 파업을 통해 영국 정부에 압력을 가했다. 1946년 9월 다수파의 지도에 따라 경찰과 공무원이 총동맹 파업에 나섰다. 미얀마 사태, 의용군의 발족, 홍기 반란, 공산당의 과격화 등 1946년에 일어난 일련의 움직임은 영국 정부를 바짝 긴장하게 만들었다. 영국 정부는 인도차이나와 인도네시아, 미얀마에서도 민족주의자들의 저항에 직면했는데 이것은 영국 정부에게 커다란 부담이었다. 차라리 타협적인 민족주의자들과의 대화를 통해 독립을 허용해 주는 편이 유리하게 판단되었다.

그리하여 미얀마 정책에 극적인 변화가 일어났다. 바로 1946년 9월 26일 영국 총독은 내각을 개조하고, 반파쇼인민자유연맹 위원들에게 과반수의 자리를 내준 것이다. 이것은 타협의 시작이었다. 12월 20일 영국 정부는 미얀마 독립에 대해 협의하기 위해 내각의 대표를 런던으로 초대했다. 영국 정부가 타협적이라고 판단한 아웅산 등의 반파쇼인민자유연맹 간부를 중심으로 한 대표단은 1947년 1월 영국을 방문했다. 1월 27일, 드디어 영국은 미얀마 대표들과 독립에 관해 합의했다.

독립협정의 내용은 다음과 같다. 미얀마는 1년 내에 완전히 독립하고, 4개월 내에 총선거를 치르며 아웅산 내각을 승인한다. 영국의 권익을 보호하고 영국은 미얀마에 경제원조를 수행하며 지금까지 영국 직할령이었던 샨고원과 카친고원 등의 산악지대를 미얀마에 조기 합병할 것 등을 결정했다. 이러한 과정을 거쳐 미얀마는 독립을 달성했으나 독립에 이르기까지의 1년 동안과 그 후에도 미얀마에는 중대한 정치적 위기가 계속되었다.

태국 민족주의의 후퇴

1946년 인도차이나와 미얀마 사이에 위치한 태국에서는 1930년대 후반

왕성했던 태국 민족주의가 후퇴의 길을 걸었다. 태국 민족주의가 후퇴한 원인은, 패전국 태국이 독립을 유지하기 위해 전후 일찍이 실현된 태국 민족주의 운동의 주요 성과를 포기해야 했던 데에 있었다.

첫 번째 후퇴의 원인은, 중국인에 대한 대폭적인 규제 완화였다. 즉 태국은 1946년 1월 23일 승전국인 중국과 사상 최초로 우호조약을 맺고 외교관계를 수립했지만, 그 결과 태국 내 중국인 이민 규제의 완화, 영내 중국인 거주·이동·직업·집회·결사·출판활동 등의 자유를 보장하게 되었다. 이것은 바로 1930년대 후반 태국 경제정책의 주요 부분을 포기하는 것을 의미했다.

두 번째 원인은, 일찍이 태국이 프랑스로부터 빼앗은 프랑스령 인도차이나의 일부를, 연합국의 압력 때문에 프랑스에 반환해야 했던 것이다. 물론 태국 정부와 군대는 큰 희생을 지불하고 얻은 영토를 가만히 앉아서 넘겨줄 수 없었다. 프랑스가 인도차이나의 재정복을 위해 전쟁을 시작하자, 태국 정부는 베트민과 라오스의 자유라오스(Lao Issara, 라오 이싸라) 그룹, 캄보디아의 자유크메르 등을 비밀리에 지원했다. 또한 태국 정부도 국경 부근에서 프랑스군과의 소규모 전투를 벌이기도 했다. 그러나 이러한 태국의 저항도 연합국의 압력 앞에 굴복할 수밖에 없어 1946년 11월 결국 프랑스에 영토를 반환하고 말았다.

연합국에 협조하기 위해서이기는 했어도 1930년대 태국 혁명의 성과물을 이처럼 강제로 포기당한 것은, 전후 태국 정부를 장악하고 있던 자유태국과 지도자 쁘리디의 위신을 실추시켰다. 국민들, 특히 군부에서는 다시 피분 시대를 그리워하는 목소리가 높아졌다. 더구나 6월 아난다 국왕이 누군가에 의해 암살되자, 3월에 수상이 되었던 지도자 쁘리디가 8월 21일 책임지고 사퇴하는 사건이 일어났다. 쁘리디 수상이 사퇴하자 국민들은 민족주의가 후퇴하는 것이 아닌가 하는 초조함을 느꼈고 자유태국 정권에도 위기가 엄습했다.

이외에도 동남아시아에서는 영국이 1946년 4월, 지금까지 영국의 보호
령이었던 말레이시아반도의 모든 주를 합병하고 영국 총독이 지배하는
'말레이시아연합' 아래 복속시켰다. 각 주를 지배하고 있던 술탄(귀족)들
은 이러한 영국의 정치개혁에 반대했고 이것을 계기로 말레이시아에서는
처음으로 민족자결을 옹호하는 정치운동이 대두했다.

1947년의 동남아시아

미·소 대립과 동남아시아

1946년 동남아시아 및 중국에서는 각지에서 전란이 끊이지 않았다. 제2차 세계대전에 따른 정세 변화로 야기된 이러한 정치적 분쟁과 전란은 사실 아시아만의 문제는 아니었다. 이러한 움직임은 중동에서 발칸반도, 유럽 등 세계 각지로 퍼지고 있었다. 그리스와 터키에서의 공산당 쿠데타, 팔레스타인 문제, 동유럽의 공산당 세력과 보수파의 분쟁, 서유럽에서의 공산당 세력의 증대 등을 둘러싼 분쟁들이 계속 이어졌다. 이러한 분쟁은 아시아에서 일어난 분쟁과 동일하거나 또는 그 이상의 수위로 세계대전 이후 새로운 세계질서 구축에 몰두하고 있던 미·영·소 3국에 심각한 문제를 제기했다.

물론 미·영·소 3국은 '연합국 동지'로서 협조를 전제로 해결을 도모했으나 아시아의 경우와 마찬가지로 미·영·소의 의도와는 상관없이 흘러가는 경우가 많았다. 프랑스나 네덜란드 같은 나라들은 3국의 규제에서 벗어나 자국의 이익만을 도모했고, 자칭 공산주의자들 중에서도 모스크바의 지령을 쉽게 무시하는 경우도 많았다. 결속이 이루어지지 않는 것은 자본주의 진영이나 공산주의 진영이나 마찬가지였다. 그 결과 분쟁은 각 지역으로 확대되었다.

분쟁 중에는 공산주의와 자본주의 세력의 갈등으로 표면화되는 경우도 많아졌다. 분쟁을 해결하기 위해서 강대국 3국이 아무리 신중하게 행동한다 하더라도 자본주의 진영과 공산주의 진영의 종주국으로서의 미국과 소련 사이에는 차츰 불신과 의혹이 깊어졌다.

1946년 후반부터 미·소 간의 상호불신과 갈등은 눈에 띄기 시작했고, 1947년 양국은 공공연히 대립했다. 양국은 서로 협조를 통해 문제를 해결하기보다는 독자적인 행동을 취하기 시작했다. 세계는 미·소 대결의 시대에 접어든 것이다.

1947년 먼저 적극적으로 행동을 개시한 것은 미국이었다. 미국은 자본주의 세계 최고의 지도자로서, 각지에서 일어나고 있는 공산주의자와 과격한 민족주의자들의 체제 파괴활동을 언제까지나 방치할 수 없다고 결의했다. 미국의 결의를 극적으로 표현한 것은, 1947년 3월 트루먼 대통령이 그리스와 터키의 공산당 쿠데타를 저지하기 위해 미국 정부의 지원을 선언한 '트루먼독트린[Truman Doctrine, 1947년 미국 트루먼 대통령이 의회에서 그리스, 터키 양국에 대한 원조를 요청하면서 선언한 미국의 새로운 대외정책 원칙이며, 특히 '공산주의 세력 저지를 위해 어떠한 군사적, 경제적 원조도 제공한다'는 내용이 핵심이다. 이른바 미국의 대(對)공산주의 봉쇄정책의 서막을 알리는 정책이다: 역주]'이었다. 그 후 미국 정부는 세계 각지의 분쟁에 '세계의 경찰관'으로서 사사건건 개입하였다.

1947년 5월 8일 미국 정부는 소련과의 합의 없이 일본과 독일에 대해 경제원조를 전개한다는 성명을 발표했다. 또한 6월 5일 그 유명한 '마셜플랜[Marshall Plan, 정식 명칭은 유럽부흥계획(European Recovery

Program, EPR)이며, 전후 1947~1951년 동안 미국이 서유럽 16개국에 대해 실시한 대외원조계획이다. 이 계획이 실행된 후 유럽은 실질적으로 서유럽과 동유럽으로 나누어지는 결과를 가져왔다는 평가이다: 역주'을 발표하고, 유럽 전역에 원조를 통하여 달러의 위력을 과시하며 소련의 유럽 진출에 대항할 것을 명확히 했다. 미국의 적극적인 반소련 정책에 부응하여 미군이 주둔하고 있던 서유럽 각국은 잇따라 미국 진영에 합류할 것을 결의하였고, 프랑스와 이탈리아에서는 공산당원을 배제한 정부가 성립되었다. 동시에 미국 정부는 국내에서도 공산당 활동과 노동운동에 대한 탄압을 개시하여, 6월에는 기간산업의 노동쟁의를 대통령령으로 중지시킬 수 있다는 '태프트하틀리법[Taft-Hartley Act, 정식 명칭은 미국의 전국 노사관계법(Labor-Management Relations Act)으로, 이 법의 제안자 이름을 따서 태프트하틀리법이라고 일컬어지고 있다. 1935년 미국의 노동헌장이라고 불리고 있는 와그너법이 친노동자적이라는 경영자의 비난에 따라 이것을 수정하기 위해 제정되었다: 역주'을 만들었다.

미국의 공세에 대해 소련도 좌시하지 않았다. 1947년 소련은 우선 군사 지배하에 있던 동구권의 공산화에 주력하여 폴란드, 헝가리, 루마니아, 체코슬로바키아에서는 공산당이 주도권을 잡아 보수파의 세력을 눌렀다. 유고와 아르메니아에서는 현지 공산주의자가 이미 정권을 잡았다. 서구에서는 공산당에 의한 노동 총파업과 데모가 연이어 일어나고, 정부의 친미 정책에 대해 공산세력의 저항이 계속되었다.

소련은 세계 공산주의자들에게 중요한 정책 변경사항을 지시했다. 이 지시는 1943년 5월에 해산했던 코민테른이 1947년 10월 '코민포름[Cominform, 공산주의자 정보기구(Communist Information Bureau)의 약칭이며, 소련공산당 주창 아래 유럽에 있는 9개국 공산당이 참가하여 창설되었다. 참가국은 소련을 비롯해 체코, 불가리아, 루마니아, 헝가리, 폴란드, 유고슬라비아, 프랑스, 이탈리아 등으로, 미국을 중심으로 한 서유럽의 반공체제와 투쟁할 것을 선언하고 행동의 통일, 정보 교환, 활동의 조정을 위해 설립되었다: 역주' 으로 재건되었을 때, 그 창립대회에서 소련 대표 주다노프(Aleksandrovich Zhdanov)가 선언한 내용이다. 소위 '주다노프 테제('테제'란 독일어로 정립이라는 의미이며, 또 다른 뜻으로는 정치, 사회적 운동에서 그 기본방침을 규정하는 강령을 말한다: 역주)'는 미국의 반공정책을 강력하게 비난하고, 세계의 공산주의자들에게 미국과 그 동조자인 영국과 프랑스, 네덜란드, 벨기에 등 식민지 지배국에 대해 단호히 투쟁할 것을 촉구하며, 인도차이나와 인도네시아 등에서의 민족주의자들의 무력투쟁을 강력하게 지지한다는 내용을 담고 있었다. 이 테제는 매우 중요한 의미를 내포했다. 테제는 각국 공산당에게 독일과 소련 전쟁 이후의 반파쇼 통일전선과 그로 인한 구미 정부, 자본가, 지주와 맺었던 협력관계를 공식적으로 파기하고, 앞으로 무력을 포함한 모든 수단을 동원해서 미국 중심의 자본주의 정부와 지배계급을 타도하는 투쟁에 동참할 것을 호소하고 있었기 때문이다.

1947년 유럽을 중심으로 한 미·소 대결의 시작은 아시아에도 중대한 영향을 끼쳤다. 미국은 이미 아시아에서도 행동을 개시하고 있었다. 그러나 여기서 주의해야 할 것은, 이 시기 미국이 아시아에 관심을 갖고 있던 곳은 중국과 극동지역뿐이었다는 점이다. 따라서 1947년 미국의 반공세력은 중국에 있어서는 국민당에 대한 지원 강화와 중국 정책의 거점이 되는 한반도, 일본 그리고 필리핀에서 반공정책을 강화하는 데 그쳤다. 그 외의 동남아시아 지역 특히 인도차이나와 인도네시아 분쟁에 대해서는 민족자결의 입장에서 평화적으로 문제를 해결할 것을 프랑스와 네덜란드에 요청하여 1946년과 정책상의 큰 변화는 없었다.

이러한 미국의 입장 표명에도 불구하고 1947년 동남아시아에서는 분쟁과 혼란이 한층 고조되었다. 그 원인에는 여러 가지가 있다. 인도차이나와 인도네시아에서는 프랑스와 네덜란드가 미·소 양국의 대립 상황을 이용하여 독자적인 분쟁 해결 방침을 세웠는데 오히려 이것이 오히려 분쟁의 장기화를 초래했다. 미얀마와 태국에서는 주로 국내 요인에 의해 정치적 대립이 격렬했고, 이러한 대립이 미얀마에서는 내전을 격화시켰다. 태국에서는 '1932년 혁명' 이후의 태국 혁명정권을 변질시키고 급기야 태국 정권이 친미 진영으로 바뀌게 만들었다. 1947년 말레이시아에서는 말레이시아공산당 내부에서 모든 당원에게 커다란 충격을 주는 사건이 발생했다.

1947년은 동남아시아에서는 원인과 배경에는 각각 차이가 있었지만 각지에서 새로운 대립과 위기가 발생했고 그 과정에서 미국을 비롯한 구식민지 제국이 자신들의 지배력을 강화하고 유지하기 위해 집요한 작업을 전개했으며, 전체적으로 동남아시아의 민족자결투쟁이 새로운 시련을 맞는 시기가 되었다. 1947년 말 동란과 위기 속의 동남아시아에 불과 기름을 끼얹는 외부로부터의 충격이 있었으니, 앞에서도 밝힌 주다노프 테제에 근거하여 모스크바로부터 새로운 지령이 각국의 공산당에게 내려진 것이다. 그것은 1948년 동남아시아에 새로운 반란의 폭풍우를 가져왔다. 이러한 상황을 고려하면서 1948년 정세를 서술하기 전에 먼저 1947년 동남아시아의 움직임에 대해 살펴보자.

미국·프랑스·네덜란드의 공세

필리핀의 경우 1947년은 미국이 필리핀을 향후 20여 년에 걸쳐 완전한 반공 요새로 만들기 위해 기초를 다지는 시기였다. 대미 경제원조를 받기 위한 헌법 개정이 의회에서 통과된 후 1947년 3월 11일 국민투표에 의해 최종 승인되었다. 이로 인해 필리핀은 1974년 7월 3일까지 미국과 특수한 종속 경제관계를 유지하게 되었다. 국민투표가 있은 3일 후 필리핀 정부는 미국과 군사조약을 체결하고, 국내의 23개 군사기지를 앞으로 99년간 미국에 제공할 것을 결정했다. 그리고 1947년 3월 21일 미군고문단의 필리핀 파견이 결정되었으며, 4월 18일에는 로하스 정권이 중국 국민당 정부와 우호조약을 체결하고 외교적으로 미국과 입장을 같이했다. 이러한 필리핀의 친미정책에 대한 대가로서 미국의 대규모 경제원조가 이루어졌다. 그러나 이것으로 인해 후크단과 정부의 분쟁은 더욱 악화되었고, 후크단 병력은 점점 증가되었다.

인도차이나의 경우 1947년 한 해 동안 프랑스는 군사, 정치 양면에서 베트민 정권을 압박하고 몰락시키기 위해 부단히 노력했다. 프랑스군은 군사적으로 베트민 세력을 하노이 등의 주요 도시에서 추방했으나 그 이상의 군사적인 공세는 불가능했다. 프랑스는 군비를 증강하여 베트남에 1개 사단을 파견할 계획이었으나, 5월 프랑스령 마다가스카르에서 반란이 일어나는 바람에 추가 파병군은 베트남까지 오지도 못하고 인도양의 한 섬에서 중도 하차해 버렸다.

한편 프랑스는 정치적으로도 베트남 정권을 몰락시키기 위해 전격적인 작전에 나섰다. 통킹과 안남, 코친차이나를 합친 베트남 전역을 아우르는 정부를 신설하고, 그 정부 수석에 호찌민에 대항할 수 있는 인물을 기용하여 베트민 정권의 권위를 추락시키려 했다. 프랑스는 그에 적합한 인물로서, 당시 홍콩에서 생활하고 있던 안남의 옛 황제 바오다이를 지목하고 베트남 내부의 친프랑스, 보수파들을 새로운 정권 수립에 결집시켰다. 1947년 10월 홍콩에서 바오다이와 그 지지자들이 모였다. 코친차이나 공화국 대표와 반베트민의 입장을 취하고 있던 까오다이, 호아하오교의 대표 그리고 바오다이와 관계가 있는 응오딘지엠이 이 회합에 참석했다.

12월 23일 프랑스 정부는 프랑스령 인도차이나 총독에게 베트남의 평화 회복 정책대상에서 호찌민 정권을 제외할 것을 지시하는 등 새로운 계획에 박차를 가했다.[14]

한편 인도네시아에서는 1947년 3월 정전협정이 조인되었지만, 이 협정을 통해 수카르노 공화국에 많은 것을 양보하고 있다고 느낀 네덜란드는, 조인 후 얼마 되지 않아 이 협정의 실질적인 개정과 폐지를 위해 수카르노 공화국에 압력을 행사했다. 네덜란드의 압력은 5월 27일 절정에 달했다. 이날 네덜란드는 수카르노 정권과 네덜란드 통치지역 중간에서 '합동 임시정부'를 수립하고, 재정과 무역 등을 공동 관리하며 네덜란드의 군사력으로 상호 관할지역의 치안을 유지하는 내용을 수카르노 정권에 제안했다. 이것은 네덜란드가 수카르노 공화국에 합병을 요구하는 것이었다.

당연히 수카르노 공화국의 군대와 민족주의자들은 네덜란드의 입장에 반대하고 1947년 6월 5일, 경제적 요구는 받아들인다 하더라도 네덜란드 군이 공화국 통치지역에서 치안유지 활동까지 하는 것은 단연코 거부한다는 취지를 전달했다. 양국의 긴장관계는 팽팽해졌다. 이때 10만 명에 달하는 네덜란드의 군사력을 의식한 샤프릴 수상은 6월 19일, 인도네시아 전역에 네덜란드의 주권을 승인한다고 발표하고 위협에 대응하고자 했다. 그러나 샤프릴 수상의 발언은 지나치게 네덜란드 쪽으로 기울었으며 그로 인해 민족주의자들의 비판을 견디지 못하고 6월 26일 샤프릴은 수상직에서 물러나고 말았다. 그 후 7월 3일, 전(前) 내각의 치안장관인 샤리푸딘을 수상으로 하는 내각이 수립되었다.

그러나 친네덜란드파인 샤프릴 수상의 해임은 네덜란드가 수카르노 공화국을 군사적으로 강제하는 계기를 만들어 주었다. 샤프릴 해임 직후부터 부분적으로 군사행동을 해 오던 네덜란드군은, 1947년 7월 21일 드디어 육해공군을 동원해 자바 중심부 수카르노 공화국의 거점을 목표로 전면적인 공격을 개시하여 동서부 자바를 지배하고, 나아가서 중부 자바의 공화국 중심부까지 이르렀다. 네덜란드군은 수마트라의 대부분을 수중에 넣은 것이다.

한쪽으로는 소련의 비난을 받고 또 한편으로는 네덜란드의 행동을 견제하기 위해 미국과 영국이 국제연합(UN)에서 수행한 인도네시아 정전 결의에 따라 네덜란드는 1947년 8월 4일 일단 전군에 정전을 명령하지만, 그 후에도 자바 중앙부에서 포위하고 있던 수카르노 공화국에 대해 사실상의 군사공격을 멈추지 않았다. 네덜란드는 군사적 침략으로 확보한 거점을 공고히 하기 위해서 1947년 후반부터 연달아 '자치국', '자치지구'를 수립했다. 이 허수아비 국가들에는 셀레베스 주위의 섬들을 합친 '동인도네시아국', 보르네오섬의 '동남보르네오자치구'와 '동보르네오자치구', '서보르네오자치구', 수마트라섬의 '동수마트라국'과 '남수마트라국', 자바섬 서부의 '파슨당국'과 동부의 '동자바국', '마두라국' 등이 있다. 즉 수카르노 공화국은 1947년 말 자바섬의 약 1/3과 수마트라의 일부 지역을 빼앗겼다.

수카르노 공화국의 군사력은 아직 건재했지만 수카르노 대통령과 샤리푸딘 수상은 이와 같은 상황에서 네덜란드와 타협하고 결국은 네덜란드에 크게 양보하여 공화국의 생존을 도모할 수밖에 없다고 결론지었다. 샤리푸딘 정부는 1948년 1월 17일 자카르타 해상에 정박 중인 미군함 렌빌호에서 네덜란드와 정치협정안을 조인했다. '렌빌협정(Renville Agreement, 네덜란드와 인도네시아 사이에 체결된 정전·정치협정으로서, 인도네시아공화국에 인도네시아연방의 독립주권국으로서의 지위를 부여하고, 자바·수마트라·마두라 각지의 귀속은 국민투표에 의하여 결정한다는 내용이 핵심이다: 역주)'이라 불리는 이 협정은 정전협정보다 더욱더 수카르노 공화국에 불리했다. 이제 자바와 수마트라의 일부를 다스리는 일개 지방정권으로 전락해 버린 수카르노 공화국은 네덜란드의 허수아비 정권과 평등한 입장에서 향후 인도네시아연방공화국에 참가할 것과 새로운 연방이 결성될 때까지 인도네시아 전역에 대한 네덜란드의 주권을 승인할 것을 약속했다. 아울러 새 연방은 네덜란드 국왕이 통치하는 네덜란드의 연합국가로 편입되었다. 그러나 이 렌빌협정은 인도네시아의 민족주의자들을 분노하게 만들었고 1948년 후반 수카르노 공화국이 일시적으로 붕괴하는 정치적인 위기를 가져왔다.

태국 · 미얀마 · 말레이시아의 동란

1947년은 태국에 중대한 정치적 전환기가 되었고 미얀마와 말레이시아에도 새로운 정치적 위기가 발생하는 해였다.

쁘리디가 이끄는 자유태국 정권이 프랑스에 영토를 반환하고 화교에 대한 규제를 완화하는 등 태국 민족의 위신을 크게 손상시키는 정책을 실시하여 점차 여론이 악화되고 있었다는 것은 이미 서술하였다. 이와 같은 지지도의 하락은 자유태국에 정권을 빼앗긴 후 일시적으로 정계와 군부에서 은퇴했던 피분 원수에게 정계로 복귀할 수 있는 기회를 제공했다. 피분 원수는 복귀를 원하는 군부와 많은 민중들의 요망에 부응하여 1947년 3월, '1932년 혁명의 민주적 이상'을 실현하기 위해 정계로 돌아왔다.

이에 따라 태국 정치의 실권은 다시 피분 원수의 수중에 들어갔으나 그의 재등장과 1948년에 재개한 민족주의 확장정책(반중국인 정책)은 아시아 정세의 급속한 소용돌이 속에서 태국을 1970년대까지 '반중국=반공=친미국형' 정권으로 만들었다.

1947년 미얀마에도 중대한 전환기가 찾아왔다. 1월 영국은 미얀마의 아웅산 등의 반파쇼인민자유연맹 지도부에게 1년 후 독립을 보장하겠다고 약속했다. 4월에는 독립을 위한 제헌의회 선거가 실시되고, 반파쇼인민자유연맹은 압승을 거두었다. 미얀마의 독립은 아웅산이 이끄는 반파쇼인민자유연맹의 주도하에 머지않아 달성될 것처럼 보였다. 그러나 7월 19일 엄청난 사건이 일어났다. 아웅산을 비롯한 5명의 예비 정부각료들이 회의 중에 테러리스트의 기관총에 사살되고 2명의 각료가 치명상을 입었다. 이 사건으로 미얀마 전역은 큰 충격에 싸이고 시국이 흉흉해졌다.

사건의 주모자로 정통 친영(親英)파인 정치가 우소(U Saw)가 지목되자 즉시 체포되어 사형 당했다. 아웅산의 후임에는 각료회의에 참석하지 않았던 우누가 임명되었다. 그러나 미얀마 민족주의 운동을 적극적으로 이끌어왔던 젊은 지도자 아웅산을 32세의 젊은 나이에 떠나보냈다는 충격은 시간이 흐를수록 더욱 커져갔고, 후임인 우누는 도저히 이 충격의 여파를 견뎌낼 수 없었다. 홍기당원들은 이라와디 삼각주에서 정부군에 대항하여, 갈론군 병사와 같이 죽음을 두려워하지 않는 돌진을 계속했으며, 미얀마공산당은 우누 정부를 동요시키기 위해 파업과 데모를 주도했다.

한편 우누는 이 이외에도 감당해야 할 또 다른 강적이 있었다. 그것은 미얀마에 살고 있는 많은 소수 민족 가운데 하나인 카렌족이었다. 동북부의 산악지대와 구영국직할령에 살던 카친, 샨 등의 다른 소수 민족들은 영국령 시대에 자치를 인정받았고, 1948년 1월 미얀마 독립 후에도 자치권과 향후 미얀마로부터 분리할 수 있는 권리를 조건으로 독립 미얀마에 참가하기로 되어 있었기 때문에 당장은 큰 문제를 제기하지 않았다. 그러나 카렌족은 이라와디 삼각주 인구의 1/4을 차지하는 것에서도 알 수 있듯이 미얀마족과 거주지를 공유하고 있었다. 게다가 영국령 시대 카렌족은 식민지 정부의 군인과 공무원 등으로 많이 채용되었고, 미얀마족보다 우위에 있었던 역사적 사실로 인해 그 사이가 상당히 나빴다. 이 때문에 카렌족은 미얀마의 독립에 참가하는 것에 반대하고, 자신들의 국가를 삼 각주에 설립할 것을 요구했다.

물론 곡창지대인 이라와디 삼각주에 '외국'이 생기는 것을 미얀마 지 도자는 인정하지 않았고, 이로 인해 두 민족의 관계는 1947년에 들어서 긴박하게 돌아갔다. 우누는 복잡하고 어려운 이 문제를 해결해야만 했다. 그러나 우누가 공산당과 카렌족 등의 위협에 대해 가장 먼저 취한 대책은 영국에 붙어서 경제와 군사원조를 받으면서 정권을 강화하는 일이었다. 1947년 8월 29일 우누 정부는 영국과 군사조약을 체결하고 경제원조도 받기 시작했다. 이에 대해 1947년 10월 영국은 젊은 친영정권을 1948년 1 월 4일에 독립시킬 것을 최종적으로 승인했다. 이러한 친영정책은 성공 을 거두어 우누의 독립국은 1948~1949년에 걸쳐 공산당과 카렌족의 도 전을 영국의 군사원조를 통해 물리칠 수 있었다.

한편 말레이시아에서도 1947년은 정치적 대립의 시기였다. 1946년 영 국이 설립한 말레이시아연합이 말레이시아인 술탄의 자치권을 소멸시켰 다고 하여 말레이시아인들이 크게 반발해 왔다. 이에 대한 반성으로써 1947년 7월 새로운 정치개혁이 일어났는데 이것이 대립의 주요 원인으로 작용했다. 말레이시아인 술탄이 이끄는 자치국 연방을 결성하고 그 중앙 정부를 영국 총독과 내각 그리고 임명제 의회로 구성하는 것이 개혁의 내 용이었다. 이 연방은 말레이시아연방이라 불렸으며 싱가포르를 제외한 영국령 말레이시아 전역을 포함했다. 영국은 이때, 1946년에 실시한 말레 이시아 거주 중국인과 인도인 등 외국인은 말레이시아 출생이므로 말레 이시아 국적을 취득할 수 있다고 한 정책을 개정하고, 여기에 국적 취득 을 위한 규제조치를 실시했다. 인구가 말레이시아인과 비슷하거나 더 많 을 수도 있는 중국인이 말레이시아 정치에서 발언권이 커질 것을 두려워 하여 이루어진 조치였다. 중국인 중심의 싱가포르가 말레이시아연방에서 제외된 것도 같은 이유였다.

　이 개혁안은 당연히 중국인 사회로부터 큰 반발을 샀다. 그들은 태평양 전쟁과 전후의 중국 내전 등으로 중국 본토와 교류를 끊고 말레이시아를 제2의 고향으로 삼고 지냈으며 말레이시아 정치에 대한 관심이 높았다. 그래서 말레이시아인 술탄의 정치 지배를 승인하고 중국인에 대한 국적 취득의 제한과 싱가포르를 배제하는 영국의 정치개혁에 반대했다. 중국인 좌익 그룹은 일부 말레이시아 좌익단체와 같이 연방의회를 공개선거제로 바꿀 것을 요구했다. 게다가 중국인을 중심으로 한 고무농장과 주석광산의 노동자들은 전쟁으로 인한 조업 중지, 실업, 전쟁 이후의 쌀 부족, 물가 상승 때문에 고통 받고 있었으며, 이로 인해 반정부 감정이 고조되어 있었다. 1947년 후반 중국인들은 민주당이나 공산당과 함께 반정부 파업을 전개했다.

　그러나 이러한 반영운동을 지도하고 있던 말레이시아공산당은 1947년 충격적인 사건에 휩싸였다. 말레이시아공산당은 항일인민군을 해산한 후 합법적인 활동을 통해 정치운동을 지속해 왔다. 경제적 어려움이 지속되고 말레이시아 민족주의의 대두로 인해 중국인 사회의 이익이 침해당하고 있는 상황에서 언제까지 합법투쟁만을 고집해야 하는가에 대한 의문이 점차 당내에서 고조되었다.

4 미·소 대결과 1948년의 아시아 내전

1948년의 미·소 대결

1948년 동남아시아에서는 말레이시아공산당, 미얀마공산당, 인도네시아 공산당이 각각 말레이시아 정부, 친영파 미얀마 정부, 네덜란드와 타협적인 수카르노 정권에 대해 무장투쟁을 일으켰다. 주다노프의 지시를 받은 '소련파' 공산당의 반격이 시작된 것이다. 공산당의 공격은 소련의 반미 정책에 동조하고, 친미 진영인 네덜란드와 영국에 타격을 주기 위한 것이었다. 이러한 움직임은 이미 동남아시아에서 계속된 각국의 투쟁과 맞물려 태국 이외의 전역이 분쟁에 휩싸이게 되었고, 상대적으로 조용했던 태국도 이러한 정세와 무관할 수는 없었다. 그리하여 1948년의 동남아시아는 이전보다 훨씬 큰 규모의 전란과 정치 대결의 장소가 되었다.

그러나 이러한 공산세력, 민족주의 세력과 미국 진영의 무력 충돌은 단순히 동남아시아에서만 볼 수 있었던 것은 아니다. 중국과 극동아시아 그리고 유럽 및 미국 대륙까지 퍼져갔다.

국민당과 공산당의 내전이 격화되고 있었던 중국에서는 국민당 정부군의 패색이 짙어졌다. 국민당은 1948년 10월말 만주를 포기하고 12월에는 공산당의 베이징 공격에 직면했다. 한편 동남아시아 서쪽의 인도 대륙에서는 1947년 8월 인도와 파키스탄이 분리독립한 후 힌두교도와 이슬람교도 사이에 유혈 대립이 계속되었다. 급기야 1948년 1월 30일에는 간디 암살사건이 일어나 인도 전역은 커다란 혼란에 빠졌다. 중동에서는 이스라엘 건국을 둘러싼 팔레스타인 전쟁이 계속되었고, 터키와 그리스에서는 공산당의 투쟁이 끊이지 않았다.

소련은 유럽에서 소련군이 주둔하고 있던 동구권 국가의 공산화를 서둘렀다. 소련에 충성을 다하는 현지 공산당원을 이용하여 1948년 2월 체코에서 사회주의 혁명을 성공시키고, 3월 루마니아 총선거에서 공산당이 승리하도록 이끌었다. 또한 4월 1일 소련은 '베를린봉쇄(Berlin blockade, 소련이 제2차 세계대전 후 서방국가들이 서베를린에 대해 가진 모든 권리를 포기하도록 하기 위해 베를린과 서방 측 점령지구 간의 모든 육로와 수로를 봉쇄한 조치: 역주)'를 강행하여 동독을 서독에서 분리시키는 형태로 공산화하는 데 성공했다.

특히 1948년 전반 공산당의 급속한 확장은, 1947년 후반 이후 공산권에 대한 반격을 준비하고 있던 미국을 크게 자극했다. 1948년 2월 10일 미국은 본토에서 활동하고 있는 미국공산당 수뇌부를 일제히 체포했다. 자국의 공산당을 제압하는 것으로 첫 행보를 내딛은 미국은 3월 서유럽 16개국과 마셜플랜 원조협정을 조인하는 동시에 소련에 대해 무기 수출을 중지할 것을 요구하는 성명을 발표했다. 4월에는 이탈리아 총선거에서 미국 원조를 지지하는 반공세력이 승리하였고, 7월 미·영·프는 소련의 베를린봉쇄에 대항하여 서독정권의 수립을 결정했다. 연말에는 미국의 서유럽 군사원조체제를 전제로 하는 북대서양조약기구(NATO) 조약의 초안이 완성되었다. 미국은 1948년 한 해 동안 전력을 기울여 서유럽 방위에 주력했다.

한편 중국과 그 주변 지역에 대한 미국의 반공 공세도 강화되었다. 중국 본토의 국민당에 대한 원조를 강화하는 한편 한반도와 일본에서의 반공체제 구축에 돌입했다. 일본 정부는 사회당의 가타야마 데츠(片山哲) 내각에서 민주당의 아시다 히토시(芦田均) 내각, 나아가서 우익인 민주자유당의 요시다 시게루(吉田茂) 내각으로 이동하면서, 그 후 23년여에 걸친 '반공=친미=반중국'의 일본 보수 정권체제가 발족되었다. 1948년 말, 미군은 기시 노부스케(岸信介), 오가와 슈메이(大川周明) 같은 반공 전범을 석방했다. 또한 미국 정부는 이 시기에 일본에서 경찰군(현 자위대) 설립계획에 착수했다. 7월 미군은 일본 공무원의 노동쟁의권 중지를 명령하고 노동운동을 거세게 탄압했다.

이 기간 동안 한반도에서는 미군에 의한 남한의 반공화가 진행되었다. 1948년 8월, 남한에서는 미군정이 폐지되고, 대한민국 정부 수립이 선언되었으며 이승만이 대통령에 취임했다. 대한민국은 건국 후 즉시 미국과 군사협정에 조인했다. 이승만 대통령은 10월 19일, 일본에서 요시다 내각이 발족한 날 일본을 방문하여 맥아더 장군과 회견하고 한미일 반공동맹을 맺었다. 한편 대한민국의 건국에 대항하기 위하여 소련군이 주둔하고 있던 북한에서는 9월 김일성을 수령으로 하는 '조선민주주의인민공화국'이 수립되었고, 한반도는 1970년대 초까지 이어졌던 미·소 및 미·중 대결의 정치체제에 들어갔다.

이상과 같이 1948년은 공산세력과 미국 진영이 격렬하게 대립하고, 그 결과 각 지역의 정치세력이 공산 진영과 미국 진영으로 분리되어 가는 시기였다. 그리고 이러한 정세는 동남아시아에서도 기본적으로는 마찬가지였다. 각국이 미국 진영에 들어가거나 공산 진영에 참여하는 형태가 아니라, 각국 내부에서 미국 진영 세력과 공산 진영 세력이 출현하여 서로 무력으로 충돌했다. 다만 인도네시아에서는 공산당의 투쟁으로 약화된 수카르노 공화국이 네덜란드에 재침략을 당하고, 이로 인해 민족주의자들은 또다시 처음부터 독립투쟁을 시작해야 했다.

모스크바파 공산당의 반란

일본군의 후퇴 이후 1947년까지 이어진 동남아시아의 전후 동란을 더욱 악화시키는 계기가 된 1948년 모스크바파(派) 공산당의 반란은, 같은 해 3월 말레이시아공산당과 미얀마공산당이 연이어 무장투쟁 개시를 결정한 것에서 비롯되었다.

말레이시아공산당이 무장투쟁을 결정하게 된 것은 국내적으로 1948년 2월 1일 중국인에게 불리한 말레이시아연방 계획이 영국에 의해 강제로 실시된 것과 전후 경제불황의 연속 등에 기인하고 있지만, 국제적으로 2월 인도의 캘커타에서 열린 소련 주최의 아시아 공산주의자 회의에서 주다노프 지령이 말레이시아공산당 대표에게 전달되었기 때문이다. 말레이시아공산당은 3월 중앙위원회에서 지금까지의 합법투쟁을 포기하고 무력투쟁에 들어가기로 결정했다. 항일인민군을 재소집하여 6월초까지 약 3천 명의 항영(抗英)인민군이 새롭게 편성되었다.[15]

말레이시아공산당의 전략은 먼저 말레이시아반도 북서부의 산악과 정글지대에서 정부공무원, 경찰력, 고무·주석 산업 경영주들을 추방하고 해방구를 만들어 1948년 8월초까지 공산정권을 수립하는 것이었다. 4~5월경부터 이미 무장투쟁을 개시한 공산당은 6월에는 오지에 있는 정부와 자본가 세력을 일제히 공격했다. 각지에서 유럽인 경영주와 중국인 부유층, 국민당 간부와 경찰, 공무원 등이 공격을 받거나 사살되었다.

공산당의 공격이 시작되자 영국 총독부는 즉시 방어에 나섰다. 1948년

6월 18일에는 말레이시아연방 전역에 비상사태를 선포하고 연방정부 지휘하의 13개 대대 정부군과 대부분 말레이시아인으로 이루어진 약 1만 명의 경찰군을 공산군 토벌에 동원했다.[16] 8~9월에 걸쳐 영국군 1개 대대, 구르카병 1개 여단이 홍콩으로부터 증강되었다. 연방정부는 정규군의 증강 외에 오지의 고무농장과 주석광산 경영주들을 보호하기 위해 특별경찰군 편성에 착수하여, 9월 말경에는 대부분 말레이시아인으로 구성된 2만 4천 명의 특별경찰조직이 체계를 갖췄다.

정부 측의 군사력 증강은 수적으로 열세인 공산군을 곧바로 수세에 몰아넣었다. 공산당은 8월 해방구에서 공산당 정권을 수립하기 어려워졌을 뿐만 아니라 정부군의 추격을 피해 산과 정글 속으로 도망하여 현지 중국인 부락에 숨었다. 공산당은 패배하기는 했지만 정글을 중심으로 반정부 게릴라 공격을 멈추지 않았다. 말레이시아 내전은 1948년 말경부터 장기 지구전의 양상을 띠었다.

아웅산의 죽음 후 기반이 약화된 우누 정부에 대한 공격을 강화한 미얀마공산당은 1948년 1월 4일, 미얀마 정부가 독립정부를 선언한 이후에도 친영 허수아비 정권으로 규정하고 파업과 봉기를 일삼았다. 이에 우누 정부는 1948년 3월 28일, 공산당이 정권 탈취를 위해 쿠데타를 계획하고 있다고 판단하고 공산당 간부 전원을 체포했다. 정부가 선제공격을 해 오자 미얀마공산당은 바로 지하로 숨어 무력을 통한 정부 타도에 들어갔다.

정부에 의해 합법적 정치무대에서 추방당한 미얀마 공산당원들은, 그 후 랑군과 만달레이를 잇는 농촌지대에서 수백 명의 병력으로 정부군에 대한 게릴라전을 펼쳤다. 홍기공산군과 이미 대치 중이었던 정부군은 새로운 반군을 맞게 된 셈이다. 게다가 12개 대대(미얀마인 5개 대대, 카렌족 3개 대대, 기타 소수 민족 4개 대대)를 보유한 정부군이 결코 안심할 수 있는 전력은 아니었다. 미얀마인 부대에는 공산당원이 다소 섞여 있는 것

같았고 카렌족들도 자신들의 독립국 수립을 목표로 하고 있어 우누 정권에 대한 충성심은 의심스럽기 짝이 없었다. 1만 명 이상의 미얀마 의용군의 충성심도 완전히 신뢰하기는 어려웠다. 머지않아 정부군에 소속된 부대들이 차츰 우누 정부로부터 이탈하여 반란을 꾀하기 시작했다.

1948년 7월, 우누파 군대의 붕괴가 시작되었다. 의용군에서 수백 명의 병사가 탈주하여 독립적인 제3의 반란군이 되었다. 8월초에는 정규군인 미얀마인 2개 대대가 반란을 일으켰다. 그 중 1개 대대는 랑군 교외에 주둔했다. 충격을 받은 우누 정부는 북방 카친족 병사를 수송하는 한편, 2~3천 명의 미얀마족 의용병을 새로이 모집하여 랑군 방위에 임했다. 그러나 사태를 이것으로 마무리할 수는 없었다.

미얀마족 사회의 내전이 독립을 위한 호기라고 여긴 카렌족은 1946년 8~9월에 각지에서 봉기를 일으켰다. 카렌족의 일부는 9월 3일 미얀마 동부의 도시 모울메인(Mawlamyine)을 점령하고 사실상의 수도로 삼았다. 무정부상태가 된 이라와디 삼각주의 카렌인 거주지 등에서는 임시 행정 조직이 세워지고 모울메인으로부터 명령을 받기 시작했다. 즉 카렌족은 독자 정부를 수립한 것이다. 사태가 이렇게 되자 정부군 내부의 카렌족 3개 대대도 가야 할 길이 정해졌다. 1948년 말 우누파 의용군이 지방에서 카렌인 수십 명을 살해한 사건을 계기로 카렌족 3개 대대는 우누 정권에 공공연하게 반기를 들고, 이라와디 삼각주부터 태국 국경에 걸친 약 3백만 명의 카렌인과 카렌족 정부 밑으로 들어갔다. 1949년 전반에 걸쳐, 카렌족 무장세력은 미얀마 중심부의 마을을 대부분 공략하여 랑군을 완전히 포위했다. 같은 시기에, 미얀마 주요 도시들은 카렌족이 제압하고 농촌지역은 카렌족과 홍기공산당 및 미얀마공산당이 분할 지배했으며, 우누 정부는 랑군에 고립되었다. 1949년 이후의 움직임은 추후 서술하기로 한다.

마디운 봉기와 수카르노 정권의 몰락

말레이시아와 미얀마에서 모스크바파 공산당이 연이어 무장투쟁에 돌입하고 있을 때, 인도네시아 자바섬 중앙부의 수카르노 공화국에서도 공산당원들이 투쟁을 준비하고 있었다.

인도네시아의 수카르노 정권은 1948년 1월, 네덜란드에 대한 전면 항복이라는 렌빌협정에 조인한 후 국내 민족주의자들에게 이 협정을 설득하기 위해 부심했다. 협정 조인 책임자인 샤리푸딘 내각은 조인 일주일 후에 도저히 국내에서는 지지를 얻지 못할 것이라 판단하고 총사퇴하고 말았다. 그 후 렌빌정책 실시를 주요 내용으로 하여 하타 부통령을 수상과 치안장관으로 하는 일종의 비상내각이 발족했다. 공산당이 공격 목표로 정한 것은 바로 이 하타 내각이었다.

수카르노 공화국의 공산당원들은 1945년 8월부터 1948년 초까지 기본적으로는 네덜란드와 협의하여 독립을 달성하려는 샤프릴과 샤리푸딘 정부의 노선을 지지해 왔다. 이것은 아마도 모스크바의 지시에 따른 것이라 예상된다. 비밀 공산당원이었던 샤리푸딘 수상이 렌빌협정에 조인한 것도 역시 마찬가지일 것이다.

그러나 지도부의 네덜란드 타협노선은 갈수록 공산당 내부에서 강한 반발을 사게 되었다. 당의 영향력이 미치고 있던 노동조합과 일부 군대에서는 정부의 타협노선에 대해 반감을 드러냈고 당 지도부에 대한 비판으로 이어졌다. 샤리푸딘 내각의 붕괴는 정부의 타협노선에 대한 반발감이 민족주의 단체뿐만 아니라 공산당 그룹에도 영향을 끼친 결과일 것이다. 결과적으로 샤리푸딘 내각의 붕괴는 지금까지의 타협노선을 버리고 네덜란드에 대한 강경노선, 즉 렌빌협정과 하타 내각을 반대하는 방향으로 급진전했다.

1948년 전반 하타 내각은 쌀과 일용품의 부족, 물가 상승, 재정난을 극복하기 위해 당시 60~70만 명에 이르는 공화국 군대와 공무원을 감축하려고 했다. 그러나 이러한 정책 실시로 인해 군부 내의 공산당 부대와 노조가 해체될 위험을 내포하고 있었다. 공산당은 하타 내각의 계획을 타파하기 위해 파업 등의 수단을 동원하여 대항했고 공산당과 하타 내각의 대결은 급속히 격화되었다.

공산당과 하타 내각의 대립이 일거에 무력충돌로까지 확산되는 데는 역시 단순한 국내적 요인만으로는 불충분했다. 스탈린의 절대적 권위에 기반을 둔 모스크바로부터의 지령이 여기서도 작용한 것이다.

인도네시아공산당의 경우, 스탈린의 지령을 받고 돌아온 것은 1920년대 공산당 간부를 지내고 1926년 봉기 실패 후 거의 모스크바에서 생활하고 있었던 무소였다. 1948년 8월 11일 무소는 인도네시아 공화국의 수도 욕야카르타에 돌아가 즉시 공산당 지도자로 복귀했다. 무소의 복귀 후 하타 내각의 군축계획에 반발하던 군대 내의 공산당 부대를 지도하여 수카르노와 하타 정권을 타도하기 위해 무장봉기를 하기까지는 약 1개월밖에 걸리지 않았다. 1948년 9월 18일 밤 수카르노 공화국의 동부 자바 근처에서 '무소공산당'으로부터 지시를 받은 몇몇 공화국 군대가 무장봉기를 일으켰다. 이것이 바로 '마디운 사건'이다.

공산군은 그날 마디운[Madiun, 인도네시아 동자바주(자바티무르)에 있는 도시: 역주]과 부근 마을들을 점령하고, 독자적인 정부 수립을 선언하여 수카르노 정권에 대항했다. 그러나 이 쿠데타는 사전 준비가 너무 미흡했고 병력도 부족했다. 수적으로 압도적 우세를 보인 정부군에 의해 바로 압도당했고 곳곳에서 패배하고 말았다. 봉기는 실패하였고 마디운은 1948년 9월말 정부군에 의해 탈환되고 지도자 무소는 10월말 도망 중에 전사했다. 샤리푸딘 전 수상은 12월에 총살되었고 젊은 당 간부들은 비밀리에 해외로 도피했다. 이리하여 마디운 봉기는 어이없게 끝나고, 인도네시아공산당은 다시 무너지고 말았다.

수카르노 공화국의 내부 분열로 인해 국력이 약해진 틈을 타서 네덜란드는 인도네시아를 다시 점령하기 위해 최종 장애물을 제거할 수 있는 절호의 기회를 잡았다. 네덜란드군은 즉각 행동을 개시했다.

1948년 12월 18일 렌빌협정을 파기한 네덜란드는 다음날 공수부대를 투입하여 순식간에 공화국의 수도 욕야카르타를 점령했다. 수카르노와 하타 등 공화국 지도자들은 체포되었다. 수카르노 공화국은 마디운 봉기를 계기로 1948년 말, 인도네시아는 주인 없는 공화국, 수도를 빼앗긴 공화국이 되었다. 지도자를 잃은 공화국 군대는 중부 자바에 있는 산과 농촌을 거점으로 네덜란드군과의 게릴라전에 돌입했다. 1949년 인도네시아에서는 다시 인도네시아 민족주의자들과 네덜란드군과의 무력투쟁이 벌어졌다.

1948년의 필리핀 · 인도차이나 · 태국

1948년 필리핀과 인도차이나, 태국에서의 정세는 크게 변하지 않았다.

필리핀에서는 1948년 초 정부군과 1만 명을 넘는 후크단이 전면전을 벌였다. 3월 로하스 대통령은 후크단과 동맹단체인 '전국농민연맹'을 불법화하고 후크단 타도를 천명했다. 공산당과 그 합법조직인 '민주동맹' 및 산하 노조는 그때까지는 합법적이었다. 그러나 정부와 후크단의 전쟁은 1948년 4월 15일, 반공투사인 로하스 대통령이 돌연 병사하여 일시적으로 중단되었다. 키리노(Elpidio Quirino) 부통령이 로하스의 뒤를 이어 대통령에 오른 뒤 내전 종식을 위해 후크단에 평화를 제안하자 루이스 타루크 사령관과 키리노 대통령은 6월 중순부터 7월말에 걸쳐서 평화교섭을 진행했다. 그러나 후크단이 무장해제를 한다면 농촌에 일정 수준의 복지정책을 도입하겠다는 정부의 제안을 거부했기 때문에, 결국 협상은 결렬되고 9월초부터 다시 내전에 돌입했다. 내전이 재개된 뒤 후크단은 인민해방군으로 이름을 바꿨다.

인도차이나에서 베트민을 농촌과 산악지대로 몰아넣은 프랑스는, 1948년 베트민에 대항하기 위해서 베트남 중앙통일정권 수립에 착수했다. 그러나 프랑스의 바오다이 정권 수립 계획은 좀처럼 진척되지 않았다. 그 이유 중 하나는 바오다이 자신이 프랑스의 앞잡이라고 불리는 것을 두려워하여 출마조건을 까다롭게 요구한 탓이다. 즉, 새로운 정권은 독자적인 군사력과 외교권을 보유해야 한다고 주장하여 프랑스를 당황하게 만들었다. 또 다른 이유는 남베트남에 특별한 이해관계를 갖고 있던 자본가들이 '그들의 코친차이나'를 베트남과 함께 통치하는 것에 반대했기 때문이었다. 그러나 프랑스는 1948년 5월 코친차이나 분리주의자들의 반대를 무릅쓰고 코친차이나와 프랑스군 점령하의 북·중 베트남을 모두 아우른 상태에서 '임시 베트남 중앙정부'를 수립하는 데 성공했다. 그런데 프랑스는 중앙정부 수석에 즉각 바오다이를 앉히는 데 실패하면서, 임시 대통령에 코친차이나 공화국의 대통령이었던 프랑스군 소속 베트남인 응우옌반상 장군을 선출할 수밖에 없었다. 결국 바오다이의 대통령 선출은 1949년으로 미뤄졌다.

1948년 프랑스는 군사적으로도 이렇다 할 성과를 거두지 못했다. 약 12만 명(프랑스군 4만 5천 명, 그 외는 베트남군과 외인부대)의 프랑스군은 10만 명으로 추정되는 베트민군과 일진일퇴의 공방을 계속했다.

한편 태국에서는 1948년 다시 정권을 차지한 피분 원수가 '1932년 혁명'의 이상(理想)을 실현하기 위해 민족주의 정책을 다시 펴고, 쁘리디 정권에서 중단되었던 화교에 대한 탄압을 재개했다. 중국인 학교 수를 감소시키고 중국인 이민 수용인원을 연간 1만 명에서 2백 명으로 크게 줄였다. 중국인 정치활동에 대한 탄압은 더욱 심했다. 피분 원수는 태국 내에 5만 명의 중국인 공산주의자들이 있으며 이들이 정부 타도를 계획하고 있다고 주장하여, 1948년 5월 화교 단체와 출판사 등에 대한 대규모 탄압을 전개하고 6월에는 공산당 화교 수십 명을 국외로 추방했다.

그러나 1948년 피분 정권이, 전통적인 반화교정책을 1930년대와 달리 경제자립을 위해서뿐만 아니라 반공 이데올로기를 대의명분으로 하여 사용하기 시작하면서, 태국 정권의 정책 방향은 차츰 자주노선에서 '반공=친서유럽'으로 변모되었다. 실제로 1948년 후반, 태국 정부는 인접국인 말레이시아에서 중국인 공산주의자들에게 시달리고 있던 영국군과 친밀한 관계를 유지했다. 태국 정부는 영국의 말레이시아 공산군 토벌작전에 적극 협력하는 대가로 영국에 무기원조를 요구했고, 1949년 봄 영국은 이에 동의했다. 반공정책에 협력한 대가로 자본주의 진영으로부터 군사와 경제원조를 약속받겠다는 태국의 방침은, 이윽고 태국을 '친미=반공=반중국' 정책노선으로 전환하게끔 하였다. 결국 피분 원수 자신이 이루고자 했던 자립경제 건설과 '태국 민족주의'의 고양이라는 '1932년 혁명'의 꿈은 무참하게 무너지고 말았다.[17]

5　1949년의 동남아시아

1948년의 동남아시아는 전쟁이 정점에 도달한 격동기를 보내고 있었다. 격화되고 있었던 미·소 대립을 반영하듯 각 지역마다 공산 진영과 서방 측 진영의 격돌은 점점 심화되었다. 1948년 동남아시아 전역은 서방 측 세력과 민족주의, 공산주의 세력과의 격렬한 투쟁으로 얼룩졌고, 인도네시아와 태국을 제외한 지역에서는 서구 열강이 지원하는 중앙정부와, 공산세력을 중심으로 하는 반정부세력의 무장투쟁이 계속되었다.

현재의 시점에서 1948년의 동남아시아를 돌이켜보면, 1950년대와 1960년대로 이어지는 동남아시아의 가장 특징적인 정치상황이 이미 이때 형성되었다고 볼 수 있다. 전후 1945년 후반부터 시작된 전쟁과 분쟁들이 마침내 1948년에 이르러 현재의 동남아시아의 원형을 형성한 것이다. 게다가 1948년부터 시작되어 1970년대까지 이어진 동남아시아의 정치적 구도는 1949년에 이르러 더욱더 구체화되었다. 1949년은 전후 동남아시아의 최종적 형태, 현 동남아시아의 원형을 만들어낸 해였다. 아울러 1949년 동남아시아에서는 4개의 독립국이 탄생했고 중국 대륙에서는 10월 1

일 중화인민공화국이 수립되었다.

즉 1949년의 아시아는 정치지도가 새롭게 작성된 해였다고 할 수 있다. 1949년의 동남아시아는 일반적으로 신흥독립국이 새로운 결의에 차서 당당하게 국제사회에 등장한 해이기도 했다. 그러나 이미 언급했듯이 '희망에 찬 신흥독립국'이라는 전후 동남아시아에 대한 일반적인 이미지는 현실과는 매우 동떨어진 것이었다. 동남아시아 각국과 중국은 그 당시에도 또한 그 이후로도 끊이지 않는 정치적 대립과 내전에 시달렸고, 그러한 의미에서 1949년 이후의 동남아시아를 '신흥독립국의 시대'라고 규정할지라도 각국은 모순과 고난에 찬 힘든 시기를 보내고 있었다.

계속해서 1949년 동남아시아의 동향은 어떠했는지, 어떤 의미에서 1949년이 '동남아시아 현대사'와 '동남아시아 현재'와의 접점이 되는지를 살펴보고자 한다.

1949년의 동남아시아는 기본 구조에 있어서는 1948년과 별 차이가 없었다. 그러나 1950년 이후의 동남아시아의 정치구조를 규정하는, 전후 동란의 막바지라고 할 만한 움직임이 엿보였다.

필리핀에서 눈에 띄는 움직임은 키리노 대통령이 반공정책을 더욱 강화하는 동시에 장제스 총통을 초대하는 등 아시아 반공동맹 설립을 목적으로 하는 공작을 전개한 것이다. 그러나 이 반공동맹은 장제스 총통, 이승만 대통령, 태국의 피분 원수로부터 지지를 받은 것 외에는 다른 나라들로부터 관심을 끌지 못했다. 키리노 대통령은 1949년 11월, "사상 최고의 부패 선거"라고 일컬어지는 대통령선거를 통해 반대당 내셔널리스트의 살바도르 라우렐(Salvador Laurel) 후보를 누르고 재선에 성공했다. 필리핀 정권은 영국으로부터 군사원조를 받아 말레이시아 공산군 소탕에 협력하는 등 서방 측과의 관계 강화에 힘을 기울였다.

태국에서는 같은 해 2월 자유태국과 장교단의 쿠데타 계획이 발각되어 많은 장교가 처형되었다. 그러나 이러한 국내 저항과 공산당 계열 중국인의 움직임을 감시하기 위해 태국 정부는 국내 통제를 점차 강화했다.

1949년 초중반에는 말레이시아 공산군 활동이 1948년에 비해 크게 약해졌다. 정부군의 반격 때문에 공산군은 정글 속에 숨어들어 전열을 재편성하고 반격의 기회를 노리고 있었기 때문이다. 공산군이 후퇴하자 정부군은 바싹 추격 준비를 했다. 말레이시아인과 국민당 계열 중국인을 중심으로 경찰대를 증강하고, 1949년 2월에 결성된 국민당 계열의 '말레이시아중국인협회'를 치안에 동원하기도 했다. 그러던 중 공산당에게 결정타를 가한 것은, 1949년 2월 실시된 '전략촌' 계획이었다. 공산당 게릴라에게 식량을 제공해 왔던 정글 속의 중국인 부락을 정부 관할구역으로 강제 이전시켰다. 그리하여 당시 약 50만 명의 촌락 농민 중 2~3만 명만이 정부 관할지로 이동했다. 또한 말레이시아 정규군의 증강도 착실히 이루어졌다.

그러나 1949년에 우위를 점했던 정부군의 기세는 10월에 들어서면서 상황이 급변했다. 중국 대륙에서 중화인민공화국이 수립된 사실은 말레이시아 공산군의 사기를 드높여 반격에 나서게 했다. 공산군의 대규모 공세가 두드러지자 일시적으로 정부에 협조했던 중국인들도 태도가 변하기 시작했다. 1950년에 들어서자 공산군에 대한 중국인의 태도는 결정적으로 변화했다. 1950년 1월 6일, 영국이 중화인민공화국을 하나의 국가로 승인하자 말레이시아 전역이 들썩거렸다. 이것을 계기로 중국인 사회에서는 일제히 공산군을 우호적으로 대했다. 결과적으로 말레이시아인이 군과 경찰, 행정의 요직을 장악하고 경제권을 쥐고 있는 중국인과 맞서게 되었는데, 이것이 1960년대 이후의 말레이시아 정세 변화에 있어 매우 중대한 요인으로 작용했다.

한편 1949년 전반 미얀마에서는 우누 정권이 랑군에 고립되어 있었다.

카렌족이 미얀마 중앙부의 통킹에 임시정부를 수립하여 랑군 교외에서 우누 정권을 압박했으며, 홍기공산당과 속칭 '백기'라고 불린 미얀마공산 당, 예전의 인민의용군 반란분자, 정규군 반란군대가 각각 농촌 각지를 분할 지배했다. 그러나 신임 네윈 사령관의 지도하에 영국군의 원조로 확충된 정부군이 전투에서 용감히 싸웠고 급파된 영국과 인도군이 속속 도착하여 1949년 중순 우누 정권은 고립에서 점차 벗어났다. 5월에는 랑군 교외에서 카렌의 주력군이 격파되었고, 정부군은 1949년 전반에 각종 반란군에 대해 공세로 돌아서서 대도시들을 수복했다. 1949년 후반부터 1950년 전반까지 정부군의 진격이 계속되기는 했지만 일부를 회복하는 데 그쳤고, 이러한 정황은 1970년대까지 계속되었다.

인도네시아에서는 프랑스군과 베트민군과의 대결 구도에 기본적인 변화는 없었으나 정치적으로 프랑스가 계획했던 허수아비 정권의 수립은 성과를 거두었다. 1949년 3월, 프랑스는 마침내 독립 베트남 중앙정부의 원수로 전(前) 안남 황제인 바오다이를 내세우는 데 성공했다. 바오다이가 군사, 외교권을 프랑스에 넘겨주는 형태로 프랑스연합 내에서의 '독립' 베트남 정부를 인솔할 것을 마침내 받아들인 것이다. 그 결과 1949년 6월 14일 베트남은 독립을 달성하고, 같은 해 7월 1일 바오다이를 원수 겸 수상으로 하는 바오다이 정권이 출범했다. 그러나 바오다이 정권의 성립은 베트민으로 하여금 프랑스에 대한 적대감을 한층 견고하게 할 따름이었다. 또한 베트민의 배후에는 향후 그들의 강력한 지원자가 될 중국공산군이 점점 접근해 오고 있었다. 중국공산군은 1949년 12월 마침내 베트남 국경에 도달하여 베트민 해방구의 가장 든든한 이웃이 되었다.

또한 프랑스는 1949년 캄보디아와 라오스에게도 각각 프랑스연합 내에서의 독립을 부여했다. 라오스는 7월 19일, 캄보디아는 11월 8일에 독립했다. 물론 모두 프랑스의 허수아비 정권에 의한 독립이었다. 라오스의 독립은 방콕으로 망명해 있던 자유라오스를 분열시켰다. 1949년 10월, 자유라오스 망명정권은 스스로 해방을 선언했다.

끝으로 인도네시아에서는 1949년 전 국토의 주요 지역이 네덜란드군의 지배하에 들어갔고, 민족운동 지도자인 수카르노 대통령과 하타 부통령 등이 네덜란드군에 체포되었다. 그러나 1948년 12월 19일, 네덜란드군의 수카르노 공화국 공격은 1949년에 들어서면서 반대로 네덜란드군을 궁지로 몰아넣었다. 네덜란드군의 '진주만 공격'이 소련은 물론 미·영 등의 서방 측으로부터도 강한 비판을 받았기 때문이다. 소련의 비난은 당연하다고 할지 몰라도, 미·영의 반발은 자원이 풍부한 인도네시아를 네덜란드가 독점 지배하는 것을 견제하기 위한 것이었는지도 모른다.

네덜란드는 또한 인도네시아 국내에서도 불리한 입장에 놓였다. 수카르노파의 게릴라 부대가 자바 중부는 물론 수마트라 각지의 옛 점령지에서 점점 공세를 강화하고 있었고, 허수아비 정권의 점령지에서도 반네덜란드군의 게릴라 활동이 두드러졌기 때문이다. 허수아비 정권에 위협을 가한 세력 중에는 수카르노파도 있었으나, 무엇보다 네덜란드군을 괴롭힌 것은 서자바 '빠순단(Pasundan)국'의 이슬람교군이었다. 빈농을 주력으로 한 이슬람교군은, 회교도 지도자가 이상적인 회교국을 건립하고자 일으킨 운동으로서 베트남의 네덜란드 교도, 미얀마의 갈론군 등과 일맥상통하는 특징을 가졌다. 그들은 1948년 3월 '이슬람교국'을 수립하고 농민군을 주력으로 네덜란드군을 공격했다. 이슬람교군은 1949년에도 서자바 네덜란드군을 상당히 괴롭혔다.

국내외적으로 여러 가지 압력에 시달린 네덜란드는 수카르노 정권 지도자와 다시 한 번 회담을 가지고 인도네시아 문제의 정치적 해결을 도모하지 않을 수 없었다. 네덜란드는 연금 중이던 수카르노와 하타에게 회담을 제안하자 무력으로 네덜란드군을 타파하는 것에 회의적이었던 두 사람은 회담에 흔쾌히 응했다. 1949년 6월말 네덜란드군은 욕야카르타에서 철병하고, 7월에는 수카르노 등을 석방하고 수카르노 공화국을 복귀시켰다. 8월 23일부터 네덜란드 헤이그에서 헤이그원탁회의가 열렸는데, 여기에는 인도네시아 문제의 정치적 해결을 위해 수카르노 정권 대표와 네덜란드 정부 및 15개의 허수아비 정부 대표가 참석했다. 회의 결과, 1949년 말까지 마침내 네덜란드가 서뉴기니를 제외한 전 네덜란드령 동인도의 주권을 수카르노 공화국과 그 외의 허수아비 국가가 참가하는 인도네시아 연방공화국에 이양하기로 합의했다. 네덜란드군이 철수하고 구네덜란드 식민지 정부군의 연방국군으로의 편입에 대해서도 합의가 이루어졌다. 한편 네덜란드의 정치적 양보에 대해 연방정부는 구네덜란드의 경제적 이권을 보장할 것을 약속했다. 그러나 군 통합, 네덜란드 경제 이권의 존속, 아울러 서뉴기니가 아직 네덜란드에 복속되어 있다는 사실은 1950년대에도 인도네시아의 민족주의자와 친네덜란드 세력 간에 유혈 충돌을 초래했다.

인도네시아 연방공화국은 1949년 12월 27일 성립되었고 초대 대통령에 수카르노가, 수상에 하타가 선출되었다. 헤이그원탁회의의 결과를 반영한 새 헌법은 1950년 1월말 제정되었다.

註

1) A. B. Saulo(1969), 『Communism in the Philippines』, p. 491.

2) T. A. Agoncillo, O. M. Alfonso(1967), 『History of The Filipino People』, p. 491.

3) Royal Institute of International Affairs(1955), 『Survey of International Affairs: The Far East 1946』, p. 282.

4) E. O'Ballance(1966), 『Malaya: The Communist Insurgent War, 1949~1960』, pp. 65~66.

5) エレン・ハマー(1970), 『インドシナ現代史』(河合 譯), みすず書房, p. 107.

6) B. Prasad 編(1958), 『Indian Armed Forces in World War Ⅱ: Post-war Occupation Forces; Japan and S. E. Asia』, pp. 200~203.

7) B. Prasad 編(1958), 『Indian Armed Forces in Worlds War Ⅱ: Post-war Occupation Forces; Japan and S. E. Asia』, pp. 204~212.

8) Royal Institute of International Affairs(1955), 『Survey on International Affairs; the Far East. 1942~46』, p. 275.

9) 增田 與(1971), 『インドネシア現代史』, 中央公論社, p. 210.

10) エレン・ハマー(1970), 『インドシナ現代史』(河合 譯), みすず書房, pp. 147~148.

11) エレン・ハマー(1970), 『インドシナ現代史』(河合 譯), みすず書房, pp. 155~158.

12) G. M. Kahin(1952), 『Nationalism and Revolution in Indonesia』, pp. 196~197.

13) B. Prasad 編(1958), 『Indian Armed Forces in World War Ⅱ: Post-war Occupation Forces ; Japan and S. E. Asia』, p. 238.

14) エレン・ハマー(1970), 『インドシナ現代史』(河合 譯), みすず書房, p. 205.

15) E. O'Ballance(1966), 『Malaya: The Communist Insurgent War, 1949~1960』, p. 80.

16) E. O'Ballance(1966), 『Malaya: The Communist Insurgent War, 1949~1960』, p. 83.

17) Royal Institute of International Affairs(1955), 『Survey of international Affairs, 1947~48』, pp. 365~386.

옮긴이 후기

2010년 10월 29일, 베트남 하노이에서는 제13차 ASEAN+3 정상회의가 개최되었다. 이른바 동남아시아의 10개국과 동북아시아 핵심 국가인 한국, 중국, 일본 등 3개국이 한자리에 모였다. 예년과 동일하게 동아시아 지역의 안정과 평화를 지향하고 지속 가능한 경제 발전을 도모하는 동시에, 세계정세에 중추적 역할을 수행하기 위해 서로의 입장과 의견을 제시하는 한편, 상호 이해를 토대로 의무와 책임을 다한다는 데 뜻을 같이했다. 이날 열린 정상회의는 여느 때와 달리 전 세계적으로 많은 관심과 화제를 모았으며, 참가국들은 새삼 달라진 모임의 위상과 자신들의 영향력을 실감했다.

ASEAN이란 동남아시아 국가연합(Association of Southeast Asian Nations)으로 불리고, 태국, 싱가포르, 말레이시아, 인도네시아, 필리핀, 브루나이, 베트남, 미얀마, 캄보디아, 라오스 등 10개국으로 구성되어 있으며, 역내 국가 간 평화와 자유, 그리고 우호협력을 통해 공동 번영을 추구하는 것을 목적으로 하고 있다. 그리고 40년이 넘는 역사를 지닌 ASEAN에 1997년부터 한국, 중국, 일본이 가세하면서 동남아시아 지역 및 국가의 인지도와 중요성은 더욱 높아졌으며, 세계 경제는 물론 정치, 안보, 국방 등에서 점차 영향력을 나타내고 있음은 주지의 사실이다. 그만큼 동남아시아의 위상은 분명히 크게 달라졌다.

돌이켜보면, 동남아시아의 역사는 한시도 쉴 틈 없이 전란과 투쟁에 휩싸인 드라마였다. 세계열강의 계속되는 동남아시아 식민지 지배의 욕망과 반복되는 현지 민족들의 항쟁, 그리고 제2차 세계대전에 의한 일본의 지배, 전후 동남아시아 민족들의 독립과 이로 야기된 열강 간의 치열한 대립, 한국전쟁과 베트남전쟁으로 대표되는 동남아시아의 정치경제적 격렬한 투쟁 등 지금의 동남아시아는 20세기의 세계 정치경제와 그 동란(動亂)의 역사에 있어 매우 중요한 무대였다고 해도 과언은 아닐 것이다.

특히 세계 대공황으로 인해 동남아시아는 구미(歐美) 자본주의에 종속되어 어쩔 수 없이 경제구조를 식민지 체제로 바꿔야 했으며, 이로 인해 중대한 정치적 위기를 초래하게 된다. 또한 군국주의를 표방한 세계열강의 군사 확대 경쟁과 이로 야기된 제2차 세계대전의 발발, 일본군의 점령 등은 동남아시아 경제에 일면 호재(好材)로 작용했으나, 한편으로는 선진 자본주의 경제체제로부터 더 이상 빠져나올 수 없는 경제구조로 고착화되는 모순을 가져왔다. 당연히 이들 국가들은 정치적 위기에 직면했으며, 이를 극복하기 위해 치열한 대립과 투쟁을 전개해야 했다. 대립과 투쟁은, 자본주의 팽창에 대한 열강을 상대로 한 투쟁뿐 아니라 같은 민족 간에도 격렬하게 전개되었다.

이와 같이 『동남아시아 현대사와 세계열강의 자본주의 팽창(상권)』은 동남아시아 현대사의 핵심을 이루고 있는 끊임없는 전란과 투쟁의 연속을 생생하게 묘사하고 있으며, 이를 토대로 동남아시아 각국이 지니는 독자적인 정치, 경제, 사회적 요소 또한 현대사의 중요한 부문을 차지하고 있음을 지적하고 있다. 더욱이 동남아시아 지역 및 국가들과 세계열강 간의 밀접한 정치경제적 관계를 매우 상세하게 서술하고 있어, 세계 경제의 중추적 생산 및 소비시장으로 거듭나고 있는 최근의 동남아시아가 왜 중요한가를 파악하는 데 큰 도움을 줄 것으로 사료된다.

또한 이 책의 특징은 한국과 중국, 일본 등 동북아시아 중심 국가들을 비롯한 미국과, 유럽 국가들, 그리고 심지어는 오세아니아 국가들까지, 왜 동남아시아 지역 및 국가에 대한 관계 개선 노력과 정치경제적 협력 강화의 중요성을 역설하고 있는가에 대한 궁금증을 풀어 주는 데 매우 유익한 자료를 제공해 준다. 그리고 지금 이 순간에도 세계열강의 대(對)동남아시아 자본주의 팽창의 움직임은 계속되고 있으며, 기존의 구미와 일본에 더하여 중국이라는 거대한 존재가 새롭게 추가되었다는 점에 주목해야 한다는 현실도 직시해야 할 것을 일깨워 준다.

한편 저자인 이마가와 에이치(今川瑛一)는 40여 년 이상을 동남아시아와 중동 지역의 전문가로서 활동했으며, 미국 브루킹스연구소 시절에는 미국의 대(對)세계 정치경제, 외교안보 전략에 대한 논문과 저서를 다수 발표함으로써, 미국의 대세계 패권주의화에 대한 욕망을 샅샅이 들추어냈다. 그리고 미국과 유럽의 대중동 정책에 대해서는 에너지 및 자원의 안전보장을 최우선시하는 전략의 실체를 낱낱이 파헤쳤다. 안타깝게도 지금은 세상을 떠나 만날 수 없지만, 그동안 저자는 일본 하치오지(八王子)시에 위치한 소카(創價)대학교 강단에서 "글로벌 인재육성이 곧 국가 경쟁력 제고"라는 일념(一念)으로 학생들에게 세계의 정치경제적 움직임과 변화, 특히 동남아시아를 중심으로 급변하는 세계정세를 역사적 사실에 근거하여 체계적으로 분석하여 전해 주면서 글로벌 사고를 함양하도록 강조했다.

역자 역시 저자의 제자 중 한 사람으로 국제경제학을 비롯해 저자의 많은 수업을 들었다. 저자는 역자의 '학문의 스승'이다. 이 책을 번역하게 된 요인의 하나도, 학부생 시절 저자의 '동아시아 지역 경제' 교과목에서 동남아시아 현대사 내용을 수강한 데 기인하고 있다. 당시 저자의 풍부한 지식과 시대를 초월한 현장감 넘치는 사실 묘사와 함께, 이를 체계적으로 정리하여 전해 주려고 노력하는 저자의 모습이 생생하다.

더욱이 저자는 당시 수업 시간마다 유독 '아시아적 가치', '동아시아 지역 및 국가의 협력 확대' 및 '동반 성장' 등의 중요성과 필요성을 그토록 역설했는데, 역자는 이 책을 모두 번역한 후에야 비로소 그 이유를 알게 되어, 너무나 부끄럽고 죄송스러운 마음에 고개를 떨굴 수밖에 없었다. 분명 저자는 대한민국과 일본에게 있어 동남아시아 지역 및 국가는 "공동운명체"로서, 다 함께 과거를 교훈삼아 현실을 극복하고 미래를 개척해 나가야 한다는 점을 직시해야 한다는 것을 말하려고 했던 게 아닌가 생각한다.

이 책을 손에 드는 순간, 독자들은 세계 정치경제의 또 하나의 중심축으로 성장하고 있는 동남아시아 지역 및 국가의 파란만장한 역사적 순간과 투쟁의 연속의 현장을 사실적 표현에 입각하여 심층적이고 종합적으로 파악할 수 있을 것이다. 따라서 동남아시아 관련 전문가는 물론 기업의 실무자, 전공 분야 학생, 그리고 세계정세의 변화에 관심 있는 독자 및 이를 활용하여 사업을 전개하는 분들에게는 매우 소중하고 귀중한 역사적 체험과 풍요로운 지식을 축적하고 실용적으로 활용하는 데 크게 기여할 것으로 확신한다.

반면 역자의 관련 정보 및 지식 부족 등으로 번역과정에서 저자의 의도를 완벽하게 전달하지 못한 부문에 대해서는 용서를 구하며, 앞으로 계속 수정, 보완하도록 노력할 것을 약속 드린다.

마지막으로 이 책이 번역, 출판되는 과정에서 진심어린 조언과 배려를 아끼지 않은 도서출판 이채 한혜경 대표를 비롯한 출판사 가족들에게 깊이 감사드리며, 번역 초기부터 자신의 직장과 업무보다 더 열성적으로 도와 준 이미혜와 학문적 동반자인 아내 이의정에게도 감사의 말을 전하고 싶다.

2011년 9월
옮긴이 이홍배

동남아시아 현대사 간략 연표(1929~1999년)

날짜	사건
1929년 10월 24일	세계 대공황 시작
1930년 2월 10일	베트남국민당, 옌바이 봉기
12월 22일	미얀마, 사야산의 반란
1931년 9월 18일	만주사변
1932년 6월 24일	시암(태국), 군사 쿠데타, 입헌혁명
1935년 9월 17일	필리핀 대통령선거에서 케손 당선
1937년 7월 7일	중일(中日)전쟁 시작
1939년 9월 3일	제2차 세계대전 시작. 시암, 국가명을 태국으로 변경
1940년 11월 23일	태국·프랑스령 인도차이나전쟁
1941년 5월	베트남독립동맹회(베트민) 결성
7월 28일	일본군, 남부 프랑스령 인도차이나 공격
8월 1일	미국, 대일 석유 수입 금지조치
12월 8일	일본군, 하와이와 필리핀, 말레이시아 공격
1942년 3월 8일	일본군, 랑군 점령
3월 9일	인도네시아의 네덜란드군, 일본에 항복
1945년 8월 15일	일본 항복
8월 17일	수카르노, 인도네시아의 독립 선언
9월 2일	베트남민주공화국 독립 선언
10월 5일	인도네시아 국민군 결성, 독립 전개
1946년 7월 4일	필리핀 독립
12월 19일	프랑스·베트남군, 전면전에 돌입
1947년 7월 19일	미얀마의 아웅산 총리 암살
11월 8일	태국에서 피분 쿠데타, 쁘리디 파놈용 망명
1948년 1월 4일	미얀마 독립
6월 18일	말라야(말레이시아), 공산당 반란으로 비상사태 선언
1949년 12월 27일	인도네시아연방공화국 탄생
1950년 6월 25일	한국전쟁 발발
1954년 5월 7일	베트남군, 디엔비엔푸 획득
7월 21일	제네바에서 인도차이나 휴전협정 조인
9월 8일	마닐라에서 동남아시아조약기구(SEATO) 결성 협정
1955년 4월 18일	반둥에서 아시아·아프리카회의
1956년 12월 20일	수마트라 중부에서 군 반란, 각지로 확대
1957년 2월 16일	수카르노, 민주주의를 주장

날짜	사건
1957년 8월 31일	말라야(말레이시아)연방 독립
9월 16일	태국에서 사릿 장군 쿠데타
1958년 2월 15일	수마트라에 반수카르노 정권
10월 20일	사릿 장군, 제2차 쿠데타
10월 29일	미얀마에 네윈 정권
1959년 2월 21일	인도네시아, 1945년 헌법으로 복귀
3월 4일	인도네시아 의회, 네덜란드 기업 국유화법 가결
1960년 8월 9일	라오스에서 콩레 대위 쿠데타
12월 20일	남베트남해방민족전선 결성
1962년 3월 2일	미얀마에서 네윈 장군 쿠데타
7월 31일	영국과 말레이시아연방 협정에 조인
8월 15일	네덜란드·인도네시아, 서이리안협정
1963년 9월 16일	말레이시아연방 성립
11월 1일	남베트남군 쿠데타, 응오딘지엠 대통령 살해
1964년 5월 3일	수카르노, 말레이시아 공격 명령
8월 2일	베트남에서 통킹만 사건 발생
1965년 3월 7일	미 해병대, 다낭 상륙
8월 9일	싱가포르, 말레이시아로부터 독립
9월 30일	인도네시아공산당, 쿠데타 실패
1967년 2월 9일	인도네시아 국회에서 수카르노 해임 결의
3월 12일	수하르토 장군, 대통령 대행으로 취임
8월 5일	동남아시아 5개국, ASEAN 설립 선언
1968년 1월 30일	남베트남에서 테트 공세
5월 13일	미국과 북베트남, 파리평화회의 시작
1969년 5월 13일	쿠알라룸푸르에서 반중국인 시위
7월 25일	닉슨, 괌 독트린 발표
1970년 3월 15일	캄보디아에서 반시아누크 쿠데타
1971년 7월 15일	닉슨 대통령, 중국 방문 발표
8월 15일	닉슨, 금·달러화 교환 정지 발표
1972년 2월 21일	닉슨 대통령, 중국 방문
1973년 1월 27일	베트남 평화파리협정 조인
10월 6일	제4차 중동전쟁 발발
10월 14일	태국 학생이 군과 충돌, 타놈 정권 붕괴
1974년 1월 15일	다나카 일본 총리의 자카르타 방문으로 반일 시위
1975년 4월 17일	캄보디아 공산당, 프놈펜 점령

날짜	사건
1975년 4월 30일	베트남 공산군, 사이공 해방
8월 22일	라오스에서 공산당 승리
12월 7일	인도네시아군, 동티모르·델리 제압
1976년 2월 23일	발리섬에서 제1회 ASEAN 정상회담 개최
7월 1일	남북베트남 통일
1977년 2월 24일	ASEAN 각국, 역내 특혜무역협정에 조인
12월 31일	캄보디아, 베트남과 국교 단절
1978년 3월 23일	베트남, 남부에서 사회주의 경제화 강행
12월 24일	베트남군, 캄보디아 침공
1979년 1월 1일	미국과 중국, 국교 수립
2월 11일	이란혁명
2월 17일	중국군, 베트남 국경 전 지역에 침공
1980년 4월 10일	인도네시아, 반화교 폭동
1982년 7월 9일	반베트남 세 파벌의 민주캄보디아연합정부 발족
1983년 8월 21일	아키노 전 상원의원, 마닐라 공항에서 암살
1984년 1월 1일	브루나이 왕국 독립(8월 7일, ASEAN 가입)
9월 12일	인도네시아 수도 항만 지구에서 폭동 발발, 폭탄사건 발생
1985년 1월 21일	보로부두르에서 불탑 폭파사건
9월 22일	뉴욕에서 G5 개최, 플라자합의
1986년 2월 25일	마르코스 정권 붕괴, 아키노 대통령 탄생
11월 13일	라오스 인민혁명당, 신사고(新思考) 정책 발표
12월 17일	베트남공산당 서기장에 응우옌반린 선출
1987년 2월 23일	베트남, 개인기업 장려책 발표
9월 2일	미얀마 정부, 쌀 등 곡물의 국내 거래자유화
1988년 2월 8일	라만 전(前) 총리가 통일말레이시아국민조직(UMNO) 설립
2월 16일	마하티르 총리, 새로운 UMNO 설립
3월 10일	수하르토 대통령 5선
6월 21일	랑군에서 대규모 반정부 시위 발생
7월 25일	네윈 미얀마 사회주의계획당 의장 사임
9월 18일	미얀마군 쿠데타, 국가질서회복평의회 설립
1989년 7월 20일	미얀마 군정, 아웅산 수치를 자택연금
9월 26일	캄보디아에서 베트남군 철수 완료
1990년 5월 27일	미얀마 총선거, 민주국민연맹(NLD) 압승
8월 2일	이라크군, 쿠웨이트 침공
8월 8일	인도네시아와 중국, 국교 재개

날짜	사건
1990년 10월 3일	싱가포르와 중국, 국교 수립
1991년 2월 23일	태국군 쿠데타, 아난 과도정부 총리 탄생
9월 16일	필리핀 상원, 대미기지협정 부결
10월 23일	파리에서 캄보디아평화협정 조인
11월 5일	베트남 수뇌부의 중국 방문, 관계 정상화 선언
12월 26일	소비에트연방 붕괴
1992년 1월 28일	ASEAN 정상회담에서 AFTA 결성 합의
3월 15일	캄보디아에서 UNTAC 발족
3월 22일	태국 총선거, 수친다 장군이 총리에 취임(4월 6일)
5월 11일	필리핀 대통령선거, 라모스 취임(6월 30일)
5월 19일	방콕에서 유혈의 반군 시위, 수친다 총리 사임
9월 13일	태국 총선거에서 민주당 승리, 추안 총리 탄생
11월 24일	미국, 필리핀에 수빅 기지 반환
1993년 3월 10일	수하르토 대통령 6선
5월 23일	캄보디아 총선거 투표 시작
7월 1일	캄보디아 과도정부 수립
9월 24일	시아누크, 캄보디아 국왕에 취임
1994년 6월 21일	인도네시아 정부, 「템포(Tempo)」 등 3개 잡지 발간 금지
11월 20일	중국과 베트남, 대화를 통해 영토 문제 해결하기로 합의
1995년 2월 22일	미국 국방성, 동아시아 전략보고서 발표
7월 10일	미얀마 군정, 수치 자택연금 해제
7월 11일	미국, 베트남과의 국교정상화 발표
7월 28일	베트남, ASEAN에 가입
10월 23일	필리핀 정부, 군 내부 반대파와 평화협정
1996년 2월 14일	중국과 베트남 간 철도, 2개 노선으로 운행 시작
7월 27일	자카르타에서 메가와티 파 시위
9월 27일	미얀마 군정, 수치 자택 봉쇄, 자택 앞 집회 금지
12월 1일	태국에서 차왈릿 정권 수립
1997년 1월 20일	인도네시아 선거관리위원회, 총선거 후보에서 메가와티 파 배제
1월 31일	태국 경제, 거품붕괴 현상
2월 4일	인도네시아령 칼리만탄에서 주민 시위
4월 18일	하노이와 쿤밍 간 열차 개통
5월 29일	인도네시아 총선거, 골카르당 압승
7월 2일	태국 바트화 평가절하(변동환율제로 이행)
7월 23일	미얀마와 라오스, ASEAN에 가입

날짜	사건
1997년 8월 11일	태국 지원국, 160억 달러 지원 합의
8월 14일	인도네시아 루피아화, 변동환율제로 이행
11월 15일	태국, 추안 내각 발족
1998년 1월 22일	인도네시아 루피아화 급락, 각지에서 폭동 발생
3월 10일	국민협의회, 수하르토 대통령 7선 결정
4월 15일	폴 포트 사망
5월 12일	자카르타에서 군과 학생 충돌, 학생 64명 사망
5월 14일	자카르타 모든 시에서 폭동, 사망자 다수 발생
5월 21일	수하르토 사임, 하비비 대통령 취임
5월 28일	필리핀 대통령에 에스트라다 당선
7월 26일	캄보디아 총선거, 인민당 승리
9월 1일	말레이시아 중앙은행, 외환거래 규제 발표
9월 2일	마하티르, 안와르 부총리를 해임
11월 22일	자카르타에서 이슬람교도와 그리스도교도 충돌, 6명 사망
1999년 1월 19일	인도네시아 암본에서 이슬람교도와 그리스도교도 충돌, 사망자 다수 발생
1월 27일	인도네시아 각료회의, 동티모르 독립 승인
2월 14일	메가와티, 투쟁민주당 결성 선언
3월 25일	캄보디아 상원 발족

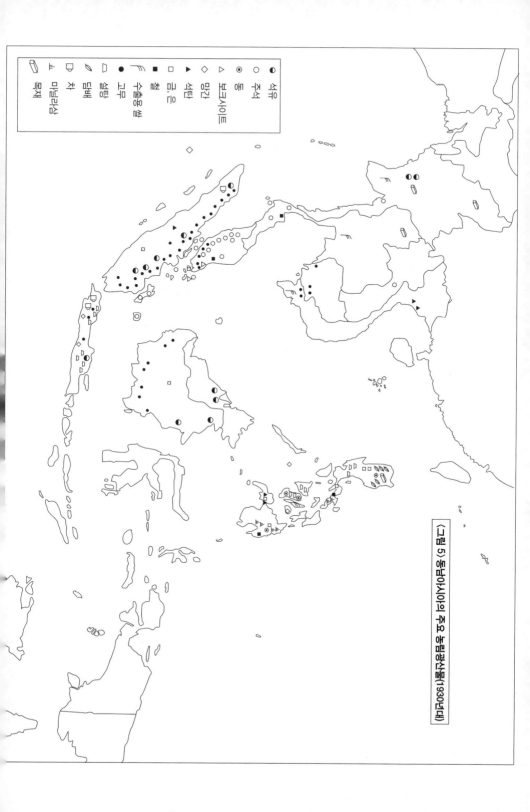

〈그림 5〉동남아시아의 주요 농림광산물(1930년대)

석유
주석
동
보크사이트
망간
석탄
금, 은
철
수출용쌀
고무
설탕
담배
차
마닐라삼
목재

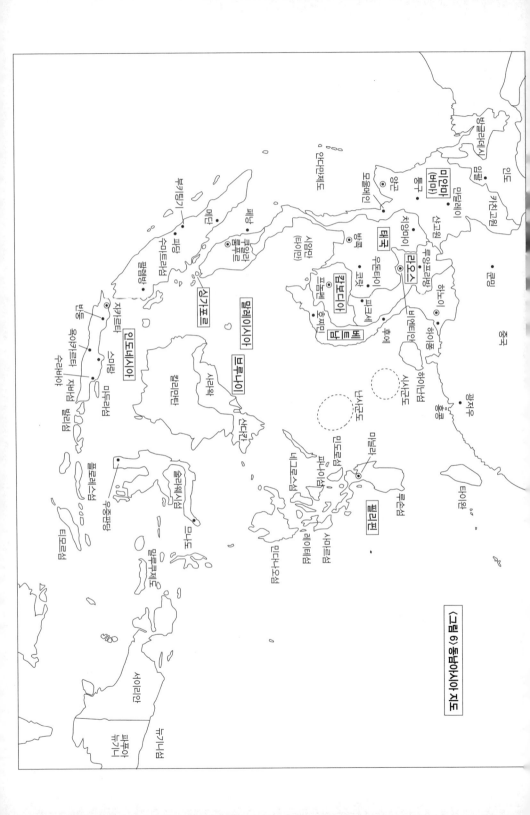

〈그림 6〉 동남아시아 지도

찾아보기